蕭山縣志稿卷二十六

人物

節烈表下 貞孝附

王師課繼妻朱氏 明節婦	沈萬裕妻王氏
沈廷宗妻朱氏	王鉅妻施氏
徐悏宗妻來氏	丁嘉路妻王氏
丁我林妻徐氏	來道夔妻曹氏
舉人來孫謀妾羅氏	丁方侯妻李氏
鄭約禮妻曹氏	丁汝英妻汪氏
王雲鵬妻來氏	韓思道妻陳氏
來玉書妻吳氏子來希元妻丁氏	瞿學山妻蔣氏
舉人孫有仁繼妻張氏 烈婦	監生陶湆妻蔡氏

來振紀女 烈女
章亦鴻妻樓氏子章甲妻俞氏
蔡睿妻劉氏蔡澈妻黃氏
鍾稽禹妻來氏
來陛掄妻胡氏嗣子希曾妻王氏
王明祐妻陳氏
方圻妻周氏
朱衣錦妻汪氏
趙軒臨妻來氏 貞女
黃嘉會妻郭氏子黃衞邦妻沈氏
曹正儒妻黃氏
沈繩武妻周氏
余家鳳妻胡氏
蔡文通繼妻章氏
來彥輝妻劉氏
陸行載繼妻沈氏
丁永清妻汪氏
方有眞妻鍾氏
沈文榮妻趙氏
陳之泮妻陶氏
鄭隆禮妻沈氏
戴廷鳳妻來氏
錢瑜妻任氏
郭廷銘妻王氏

瞿美斯妻來氏　任臺妻何氏
來璋妻韓氏　樓瓚未婚妻金氏貞女
吳遠宗繼妻柳氏　蔡錕妻金氏
湯盛德妻翁氏
以上見汪輝祖越女表微錄錄事
陳賓時妻李氏　丁式之妻馬氏
丁湘妻葉氏　沈肇成妻周氏
陳會先妻蔣氏　丁雲山妻徐氏
蔡宗柳妻鄭氏　丁嘉師妻潘氏
樓逢綱妻馬氏　謝增八妻黃氏
童魁吾妻俞氏　瞿廷棟妻朱氏
來濤妻任氏　丁良佐妻邱氏

吳仁發妻鄭氏　章南華妻顧氏
邱邦瑞妻沈氏　來潮妻王氏
鄭彭繼妻沈氏　監生丁濟安妻沈氏
徐志遠繼妻蔡氏　丁晉三妻王氏
沈日宣妻諸氏　葉吉士妻王氏
丁越千妻何氏　沈錫侯妻毛氏
王理山妻洪氏　樓祥林妻楊氏
郎文熙妻陸氏　項世耀妻汪氏
丁兆鵬繼妻周氏　瞿奕仁妻俞氏
盛元公妻韓氏　樓衡望妻蔡氏
邠州知州趙學泗妾陳氏
以上見表微錄類叙立孤

來承烈妻王氏　施德諧妻莫氏
吳道三妻童氏　馬學洪妻卜氏
富奕泰妻謝氏　丁皆木妻王氏
張理岳妻郁氏　王修智妻單氏
王理公妻沈氏　任旦明妻胡氏
樓克光妻俞氏
以上見表微録類叙撫嗣子
沈子傑妻李氏　諸生來明妻趙氏
包廷顯妻丁氏　諸生施仲元妻汪氏
監生來韓堂妻韓氏　吳楚風妻史氏
王成浩妻陳氏　俞邦祥妻瞿氏
施乾元妻蔡氏　丁維俊妻蔡氏

朱賓王妻來氏　丁景山妻李氏

夏鶴亭妻丁氏　丁浩妻來氏

以上見表微錄類叙無子

汪伯章妻朱氏明節婦　子汪廷元妻朱氏

汪達妻陸氏子汪志益妻沈氏明節婦　汪志稷妻趙氏明節婦

汪珮妻沈氏孫汪琪妻朱氏　汪志聖妻朱氏

汪沛然妻沈氏　汪文龍妻高氏

汪之璘妻章氏　汪元妻何氏

汪廷嘉妻徐氏　汪肇曾繼妻沈氏

汪學山繼妻沈氏　汪蟠妻徐氏

汪常珮妻張氏　汪士策繼妻胡氏

汪以繩妻孔氏　汪奕三妻徐氏

汪永貞妻朱氏　汪明鉉妻丁氏
汪蟠妻倪氏
以上見表微錄述譜
王國豪妻曹氏以上見越女表微錄外姻　韓士德妻黃氏
來澄繼妻蔡氏　來叔昭妻趙氏
來宗瑛妻韓氏　陳世珍妻任氏
以上見表微錄識軼
倪天章妻來氏　王子貞繼妻周氏
監生來承鈞妾朱氏　來用樑妻王氏
許燦文妻管氏
以上見表微錄續增
生員徐琮妻洪氏　生員陳國雲妻施氏

徐秉烈妻孟氏　陳炳妻蔡氏

千總徐秋崖妻單氏　韓國豪妻倪氏

徐國棨妻沈氏　韓朝清妻徐氏

俞道行妻郭氏節孝祠主作徐道行　曹永芳妻王氏

屠濟妻丁氏　王榮英妻黃氏

屠景泉妻楊氏　王榮顯妻賈氏

吳文錫妾王氏　王鎧妻趙氏

生員陳籌增妻項氏　王硯臺妻陳氏

陳惠妻魏氏　職員王在綱妻俞氏

王逢清妻來氏　趙崧妻單氏

張釆五妾周氏　沈近王妻蔡氏

張聯駟妻蔣氏　魏聖望妻俞氏

楊選元妻黃氏　傅松齡妻陶氏
黃尹東妻陳氏　生員汪炳楠妻韓氏
戴奇樂妻彭氏　周侍朝妻蔡氏
華瑞茂妻夏氏　任元發妻徐氏
鄭永章妻張氏　董清渭妻吳氏
葛郁文妻蔡氏　孔傳廉妻錢氏
駱廷宰妻彭氏　施延發妻沈氏
孔廣科妻朱氏　徐國梧妻陳氏
錢傳海妻許氏　徐家典妻陳氏
高曰琳妻包氏　倪顯祖妻孔氏
王德華妻華氏　倪雲蘭繼妻韓氏
王鼎龍妻富氏　陳礬妻周氏

王有煦妻朱氏　陳廷輔妻朱氏
王繼蘭妻勞氏　陳錦堂妻吳氏
張釆五妾劉氏　陳宗妻韓氏
張肇科妻單氏　韓瑞妻蔣氏
周大經妻王氏　韓在皋妻黄氏
金聖陶妻陳氏　金璉妻李氏
金克彥妻徐氏　孔永凝妻蔡氏
蔣學淸妻張氏　孔昭貴妻傅氏
沈偉人繼妻周氏　李思藩妻黄氏
沈鳳郊妻陳氏　魯松妻夏氏
傅鵬齡妻韓氏　監生魯沛蒼妻董氏
蔡全耀妻陳氏　魯杰妻孔氏

監生戴松齡妻汪氏	單餘賡繼妻陳氏
沃廣文妻王氏	陳景暘女陳氏 孝女
張百瀛妻陳氏 烈婦	監生來韓當妻韓氏
詹士忠妻陳氏	州同來儁妻任氏
鄭鼎臣妻陶氏	陸文源妻某氏
廩生來起峋妾朱氏	黃基妻華氏
曹次辰妻楊氏	增生陳道敷妻張氏
監生蔡澄妻陳氏	陳立大妻許氏
沈作人妻某氏	唐科一妻周氏
汪永琪妻郁氏	監生洪起噩繼妻胡氏
汪洪孺妻朱氏	何紹聞妾胡氏
汪楓妻孫氏	生員來起嶸妻丁氏

生員汪天樞妻李氏　監生俞道南妻董氏
沈世熹繼妻李氏烈婦　周華先妻徐氏
范光義妻周氏　生員周贊清妻陸氏
汪新景妻倪氏　縣丞來維寬婢秋菊
來邦耀妻郎氏　汪全懋妻魯氏
來邦翰妾陳氏　汪仲鄂妻沈氏
來鳳元妻孔氏　汪瑞其妻陸氏
來元泗妻桂氏　來肇堂妻周氏
來先階妻莫氏　來士楫妻汪氏
監生陳彬妾李氏　來安國妻章氏
陳有澡妾曹氏　來師堯妻呂氏
盛振功妻沈氏　來汝緯妻陳氏

於則維妻蔣氏　來楠妻沈氏
王孫蘭妻蔣氏　徐嘉玉繼妻來氏
王鳳梧妻陳氏　王有城妻來氏
王鳳池妻金氏　監生陳彬妻任氏
戚維義妻高氏　丁錦文妻沈氏
夏繩祖妻沈氏　方崇本妻汪氏
陸允韜妻來氏節孝祠主作允韞　主簿張學詩妻童氏
來載陽妻韓氏　來廷倫妻孔氏
盛世英妻孫氏　來登蟾妻楊氏
盛朝彬妻袁氏　來烔妻駱氏
盛啓銘妻方氏　來肇賢妻楊氏
盛天榮妻徐氏　來安邦妻詹氏

盛子周妻丁氏　來巍鼎妻何氏
王之諶妻來氏　監生來廷招妻胡氏
王雲鵬妻來氏　盛飛鳳妻馬氏
王希宰妻顧氏　蔣龍妻潘氏
王有倫妻來氏　裴甲妻陳氏
陳大儒妻王氏節孝祠主作天儒　王心敬妻胡氏
陳元侯繼妻丁氏　黃子瞻妻湯氏
王法夔妻韓氏　王有常妻孫氏
生員夏璉妻任氏　生員王允大女大姑烈女
鄒學貴妻單氏烈婦
以上道光三十年題見山陰杜寶壽越郡闡幽錄
廩生徐鳳臺繼妻俞氏　來汝金繼妻湯氏

朱國照妻施氏
朱茂公妻章氏
來成名妻宣氏
來載勳妻於氏
來朝柱妻黃氏
來承宗妻顧氏
來元瑞繼妻韓氏
來九軌妻許氏
來九敘繼妻孫氏
陳國珍妻王氏
陳肇顯妻徐氏
陳龍貴妻胡氏

廩生來汝說妻韓氏
職員來瑀祥妻丁氏
來玥祥妻王氏
陳王紀妻徐氏
陳隆見妻蔡氏
陳世與妻嚴氏
陳世倫妻傅氏
陳世德妻石氏
陳嵩妻胡氏
陳永思妻錢氏
陳殿泗妻袁氏
陳有洲妻項氏

陳書妻張氏　陳元侯妻丁氏
陳仕成妻戴氏　陳三維妻來氏
陳士尊妻賀氏　陳君耀妻任氏
陳有淙妻胡氏　監生陳正心妻蔡氏
陳苯妻洪氏　陳景新妻徐氏
陳在周妻金氏　陳螽斯妻夏氏
陳聖熙妻徐氏　陳會雲妻童氏
陳元乾妻蔡氏　陳玉梁妻沈氏
陳志照妻施氏　張庭鳳妻韓氏
潘塏妻朱氏　張名貴妻胡氏
韓文沼妻華氏　張大成妻王氏
韓錩妻蔣氏　湯兆貴妻來氏

韓兆汾妻張氏	郎世榮妻莫氏
韓炎妻於氏	郎誠妻曹氏
田穎妾周氏	王文會妻孔氏
姚應茂妻童氏	王德美妻周氏
姚彬彩妻張氏	王文炳妻虞氏
曹雲春妻虞氏	監生丁大津妻沈氏
羅朝宗妻洪氏	孔繼珪妻來氏
項國柱妻陳氏	華文英妻虞氏
史久高妻戴氏	監生華聯森妻李氏
武舉人許鑑川妻范氏	盛世瑛妻孫氏
趙成斌妻黃氏	盛東之妻韓氏
蔣德一妻俞氏	盛效賢妻繆氏

蔣之瑛繼妻潘氏　盛飛鳳妻馬氏

生員沈叙九妻葉氏　盛朝彬妻袁氏

沈國順妻周氏　盛天榮妻徐氏

謝以森妻陳氏　盛子周妻丁氏節孝祠主作于周

監生華嵩繼妻施氏　陸康妻陳氏

華文鈞妻來氏　霍德進妻沈氏

監生陳士煌妻張氏孝烈　吳樹泉妻陳氏

洪成貴妻張氏　吳國俊妻繆氏

監生徐志朋妻曹氏　職員俞紹妻韓氏

監生徐籙妻來氏　俞纘妻樓氏

生員徐恆妻史氏　倪金榜妻方氏

徐邦才妻黃氏　來德裕妻曹氏

增生徐以標繼妻董氏
於昇陽妻華氏
胡大章妻陳氏
吳希孟妻沈氏
來步聖妻王氏
來步瀛妻洪氏
來效卿妻俞氏
來景涵妻張氏
來成梅妻徐氏
來武庸妻汪氏
增生來汝龍妻王氏
來崐妾蔣氏

來鳳元妻孔氏
來源賜妻桂氏
來應魁妻張氏
陳三畏妻金氏
陳恭妻沈氏
陳鈺妻張氏
監生陳琡妻蔡氏
職員陳杰妻壽氏
陳灝妻王氏
職員陳爾猷妾崔氏
孫以成妻陳氏
孫廷魁妻許氏

來應珪妻華氏　孫維妻楊氏
來士鐘妻孔氏　孫元文妻吳氏
來雲漉妻韓氏　生員汪廷蘭妻戴氏
孫廷賢妻施氏　章建元妻韓氏
韓達妻吳氏　郎正凡妻徐氏
韓肇曾繼妻倪氏　王思英妻倪氏
韓景堯妻章氏　王汝華妻華氏
韓應麟妻汪氏　王立功妻俞氏
錢顯麟妻閔氏　王湑妻任氏
何巨川妻洪氏　王宇祥妻孫氏
張覲龍妻王氏　王士占妻陳氏
張廷祥妻來氏　王志高妻樓氏

監生楊聯妻吳氏　王洄妻魏氏

黃錦祥妻戴氏　職員任禹光繼妻王氏

王榮燧妻孔氏　任金玉妻金氏

王淇榮妻胡氏　金瑞玉妻徐氏

湯瑞德妻王氏　孔廣洲妻謝氏

湯文田妻富氏　孔廣檖妻富氏

湯應塏妻章氏　孔繼峻妻邵氏

增生丁亞蘇繼妻童氏　李錦章繼妻蔡氏

凌三尊妻湯氏　生員許履亨妻來氏

樓作元妻金氏　許召南妻來氏

周文瑞妻裴氏　許明珠妻汪氏

周象春妻蕭氏　呂恭倍妻王氏

任昆玉妻田氏　鄭昭妻莫氏
趙鶴賢妻徐氏　富廷宰妻王氏
趙倫妻陳氏　陸灝妻張氏
夏燮堂妻陳氏　陸在章妻李氏
蔡佩玲妻來氏　霍天德妻來氏
華廷建妻俞氏　莫元善妻何氏
華有光繼妻葉氏　葉佐清妻嚴氏
華瑞廷妻楊氏　生員葉吉庚妻曹氏
華正仁妻王氏
以上咸豐元年題見闡幽錄
洪蘭友妻陸氏　職員陳宗仁妻施氏
徐筌妻陳氏　陳新妻何氏

朱世貴妻李氏　陳式禮妻華氏
吳理和妻黃氏　監生陳以炎妻許氏
吳永棠妻蔡氏　陳德堯妻王氏
倪雲妻蔡氏　陳煇繼妻趙氏
生員來翔燕妾沈氏　陳蘊輝妻俞氏
來應甲妻顧氏　監生韓瓘妻郭氏
來亦廷繼妻張氏　監生韓申榮妻田氏
來文爐妻倪氏　監生韓申美妻趙氏
潘均妻盧氏節孝祠主作潘鈞　汪維鈞妻王氏
田望祖妻陳氏　汪甲妻倪氏
曹可平妻俞氏　汪啓承妻葉氏
曹企聖妻黃氏　周延年妻沈氏

曹世元妻夏氏　任驫妻曹氏
何鼎湖妻趙氏　董伯千妻黃氏
張希旦妻倪氏　孔繼洙妻蕭氏
王鎔山妻項氏　李樹蕚妾黃氏
生員王廷錦妻丁氏　許振宗妻傅氏
職員湯應鯤妻何氏　許如鑑妻屠氏
汪士珩妻陳氏　監生許墉妻蔚氏
魯祥裕妻湯氏　監生陸朝連妻孔氏
沈宗江妻婁氏　陸兆田妻項氏
生員蔡鍾英妻陸氏　陸萬選妻周氏
蔡挺岐妻陸氏　職員陸霍繼妻陳氏
舉人蔡煊妻來氏　陸采臣繼妻周氏

監生洪鈞妻趙氏　吳聖德妻方氏
洪世英妻來氏　于聲來妻張氏
施望宗妻胡氏　監生倪念祖妻王氏
徐炳妻於氏　來汝乾妻張氏
朱兆科妻孔氏　來汝翼妻韓氏
朱以標妻孔氏　曹炳奎妻董氏
監生來效蘭妻沈氏　曹夔音妻傅氏
職員來學醇繼妻孔氏　羅士朝妻彭氏
貢生來恆方繼妻楊氏　何永賢妻魯氏
來鳳詔妻蔡氏　張鴻浩妻來氏
陳師謨妻虞氏　王春煦妻沃氏
監生韓維友妻鍾氏　監生王再堂繼妻來氏

潘紹鶴妻高氏　王烔妻來氏
職員蕭濂妾桑氏　王兆明妻洪氏
蕭興彪妻汪氏　王福明妻蔡氏
曹士富妻許氏　王桂庭繼妻來氏
楊堯妻王氏　沈友玉妻陳氏
湯學賢妻蔡氏　沈大貴妻茅氏
汪文祥妻陸氏　沈秦妻洪氏
汪洋妻蔡氏　沈羽瑛妻戴氏
周裕昌妻陳氏　沈初妻蔣氏
周增妻來氏　沈福凝妻黃氏
職員金聚珍繼妻蔡氏　魯兆岳妻夏氏
任恁增妻洪氏　單廷勳妻韓氏

職員呂廷桂妻王氏
許秉型妻華氏
沈必榮妻周氏
蔡宗珪妻郭氏
生員蔡以煌繼妻曹氏
監生蔡玉英妾藍氏
蔡錦雲妻傅氏
生員戴廷揚妻沈氏
華宏妻鮑氏
以上咸豐二年題見闡幽錄
胡世祿妻倪氏
瞿以威妻倪氏

鮑其相妻俞氏
鮑懋妻王氏
賈國揚繼妻倪氏
孟國璉妻葛氏
監生陸企彬妻許氏
生員陸萬春妻陳氏
郭成立妻俞氏
郭樹達妻俞氏
郭成志妻朱氏
汪桂妻方氏
董德茂妻章氏

陳範妻曹氏　蔡佳儒妻吳氏

何栗妻陸氏　汪尙孝妻沈氏

郡庠生徐筠繼妻瞿氏　瞿燕山妻張氏

俞夏正繼妻葉氏　瞿履豐妻張氏

武生俞裕輝繼妻張氏　瞿以綱妻汪氏

瞿應廉妻沈氏　瞿福成妻倪氏

監生瞿鈴繼妻楊氏　樓光寰妻魏氏

瞿啓周妻俞氏　周文玉妻金氏

監生瞿企曾妾來氏　金愼初妻莫氏

來學傑妻丁氏　董大昌妻俞氏

陳錫純妻傅氏　董啓森妻喻氏

高良甫妻袁氏　李源妻韓氏

章曾嗣妻董氏　沈岳泗妻潘氏
姜如栴妻王氏　許大粱妻胡氏
張玉琪聘妻姚氏烈女　陸錫鈺妻韓氏
生員汪偉文聘妻翁氏烈女　生員翁吉仙女翁氏烈女
蔡永瑞妻徐氏
以上咸豐五年題見闡幽錄
來毓仁妻戴氏　監生蔡玉英繼妻黄氏
錢芳會妻蔣氏　陳甡妻陸氏
陳標繼妻來氏　韓南雷妻蔡氏
生員來福保妻陳氏　吳正暄妻陳氏
來致和妻陶氏　瞿江妻王氏
來建綱妻李氏　瞿甯齡妻湯氏

陳君煜妻沈氏

以上咸豐五年匾獎見闡幽錄

陳至誠妻郁氏　王嘉言妻陸氏

韓勝佩繼妻孔氏　王元釗妻韓氏

黃政妻譚氏　王茂三妻來氏

邵之銓妻俞氏　王學全妻陳氏

孫廷宗妻王氏　傅裕祥妻來氏

傅裕辰妻王氏　傅裕賢妻陳氏

生員傅濬心妻華氏　郎楷妻於氏

陳才妻黃氏　陳師祜妾盧氏

韓恭治妻謝氏　黃琮妻許氏

邵毓瑚妻黃氏　王體鳳妻施氏

王學楨妻華氏　傅仁邦妻來氏
傅其茂妻夏氏　王思明妻童氏
王裕青妻俞氏　詹枏彬妻陳氏
來向榮妻洪氏　傅裕培妻湯氏
以上同治十年旌見浙省節孝全録
湯楨妻陸氏　王倘禮妻孫氏
王倘錦繼妻周氏　監生沈鳳儀妻王氏
張廷傑妻黃氏　王敦桂妻沈氏
汪師明妻葉氏　王敦清妻沈氏
王敦校妻趙氏　陳沅青妻郁氏
監生潘德昌妻於氏　李守雲妻祝氏
府經歷沈鰲妻吳氏　許振宗妻傅氏

蕭山縣志稿　卷二十六

陳炳文妻何氏　湯昌妻汪氏
施德惠妻倪氏　陳才妻王氏
陳師祜妾盧氏　任埉妻徐氏
楊蘭孫妻蔡氏　王崇琪妻孫氏
傅炯文妻陸氏　王文忠妻田氏
王敦梅妻趙氏　朱沅妻賴氏
許春年妻夏氏　王敦常妻汪氏
王崇德妻陶氏　許保明妻王氏
胡學川妻單氏　沈杏栽妻錢氏
高棊妻陸氏　佾生湯烈揚妻來氏
陳以衡妻夏氏　高淦繼妻朱氏
陸相妻陳氏　金彪氏戴氏

以上光緒元年旌見浙省節孝錄

方錦標妻顧氏　陳大鰲妻朱氏

朱榮妻章氏　陳大輝妻俞氏

李亢宗妻俞氏　陳大英妻沈氏

以上光緒二年旌見節孝錄

韓榮妻周氏　郭炳揚妻金氏

陳德榮妻俞氏　曹應耀妻蔡氏

瞿允恭妻陳氏　傅賡妻俞氏

監生單應祈妾王氏　於應春妻汪氏

邱宏芳妻王氏　馮世瑞妻高氏

賈煜曾妻蔡氏　方元海女大姑 孝女

以上光緒三年旌見節孝錄

韓起鳳繼妻倪氏　盛佳鳳妻朱氏
徐光竺妻單氏　孔昭燧繼妻戴氏
從九品銜單保生妻王氏　兵馬司吏目王銓妾陳氏
高敬德繼妻徐氏　陳玉全妻田氏
監生蔡福鎮妻許氏
以上光緒四年旌見節孝錄
蔣家琜妻華氏　蔣家璨妻呂氏
蔣家琯妻俞氏　監生林永孝妻蔣氏
沈鳴吉妻王氏　沈聖佩妻楊氏
俞聯芳妻戴氏　林鍾枏妻魯氏
朱增高妻沈氏　瞿澄妻孔氏
徐一元妻王氏　瞿允升妻董氏

瞿景朝妻魏氏
施寶坤妻王氏
莫繼曾妻沈氏
朱尙川妻周氏
以上光緒五年旌見節孝錄
王福昌妻徐氏
周沛妾魯氏
監生王侗妾倪氏
候選鹽提舉何增傑妾廖氏
雲南巡撫何煊妾李氏
施炳妻吳氏
湯啓源妻董氏
周烈妻王氏
瞿麟瑞繼妻俞氏
生員鮑鳳堂妻瞿氏
以上光緒六年旌見節孝錄
朱錦標妻殷氏
朱起茂妻高氏
韓要書妻蔡氏
武生汪洋妻蔡氏
陸相妻陳氏
應朝明妻陸氏

楊華發妻蔡氏　楊正松妻王氏
俞寶書妻張氏　樓繼曾繼妻張氏
朱起秀妻汪氏　朱萬鎰妻沈氏
監生樓奉璋妻韓氏　錢友信妻繆氏
俞步雲妻謝氏　葉永保妻俞氏
朱德明繼妻史氏　朱良才妻俞氏
楊正樸妻徐氏　楊兆春妻湯氏
夏庭筠妻高氏　周邦俊妻徐氏
汪服勤妻陸氏　蔡瑛妻徐氏
以上光緒七年旌見節孝錄
朱維向妻王氏　朱大章妻王氏
朱循名妻周氏　陳之珍妻田氏

郎三寶妻湯氏　王思松妻金氏
朱啓文妻徐氏　章鶴鳴妻蔡氏
以上光緒八年旌見節孝録
朱文釗妻莫氏　田思聰妻陳氏
韓廷富妻董氏　袁秉衡妻田氏
沈繼文妻何氏　韓朝亮妻陳氏
生員莫釆汾妻蔡氏　王再卿妻周氏
張朝陽妻高氏　張順豫妻朱氏
丁永認妻俞氏　瞿宗珪妻謝氏
陸端人妻來氏　陳在瀛妻莫氏
以上光緒九年旌見節孝録
瞿大焱妻汪氏　朱元孝妻高氏

曹載清妻鄭氏　孔昭融妻俞氏
陸象熙妻汪氏　徐桂林妻黄氏
沈三義妻張氏　華松林妻陳氏
張兆祥妻沈氏　王新繼妻許氏
陳兆溶妻沈氏　陳元慶妻汪氏
監生俞彪妻胡氏　蔡禹皋妻曹氏
傅松雲妻來氏　汪玉律妻張氏
勞秉陶妻王氏　來建妻蔡氏
來天受妻霍氏　傅元堯妻華氏
汪煦堂妻王氏　何起榮妻杭氏
傅佐清妻朱氏　王葆誠繼妻陸氏
湯紹芝妻朱氏　監生傅步鰲妻張氏

陳繼道妻黃氏　傅元圭妻俞氏
瞿福林妻黃氏　楊錦昌妻方氏
姜公明妻孫氏　沈元英妻金氏
湯光聖妻高氏　吳錫球妻來氏
莫企雲繼妻施氏　張文燦妻吳氏
王虬妻裘氏　莫鶴年妻來氏
以上光緒十年旌見節孝錄
莫士蘭妻厲氏　許明鏡妻趙氏
俞文忠妻胡氏　謝仁德妻陳氏
施思煥妻邱氏　曹瑞妻張氏
莫仰山妻蔡氏　楊文沅妻章氏
董岳芳妻孟氏　謝浚川妻俞氏

單炳圖妻劉氏　朱錫光妻王氏
董岳天妻姚氏　余明揚妻張氏
李友梅妻童氏　張慶妻陳氏
陳耀昇妻李氏　施炳文妻潘氏
施克仁妻徐氏　沈庭鈺妻盛氏
候選布政司理問俞會宗繼妻梁氏　高竹舟女麗貞姑孝女
金鳳聘妻徐氏貞女
以上光緒十一年旌見節孝錄
單瑞宗妻王氏　單振得妻徐氏
單家瑄妻周氏　單成文妻章氏
單國城妾倪氏顏氏　單惟義妻吴氏
監生單鴻純妻徐氏　單克援妻任氏

單文耀妻樓氏　單濟泰妻呂氏
監生單甯宗妾王氏　單家治妻徐氏
王在楓妻張氏　徐應相妻余氏
傅榮第妻張氏　汪聲輝妻陳氏
韓敦瞿妻酈氏　徐應椿妻高氏
徐芳齡妻邵氏
以上光緒十二年旌見節孝錄
單人龍妻趙氏　單功宗妻陸氏
潘頤士妻何氏　任葆勳妻沈氏
來品金妻湯氏　戚壽松妻來氏
黃文在妻富氏　來文林繼妻王氏
潘元釗妻施氏　項芳椿妻蔡氏

以上光緒十三年旌見節孝錄

徐廷芳妻張氏　汪宗明妻洪氏

監生王文濬妻蔡氏　吳顯廷妻宣氏

孫春元妻樊氏　於秉鈞妻繆氏

陳諧妻徐氏　錢學增妻陸氏

周名揚妻姜氏　田起蟠妻黃氏

以上光緒十四年旌見節孝錄

蔡蕙妻洪氏　陳兆蘭妾鄭氏

曹師校繼妻童氏　錢士熯妻陳氏

監生范清輝妻汪氏　王森江妻來氏

來五橋妻袁氏　於鶴亭妻來氏

陳鳳岡妻黃氏　方應增妻陳氏

張松巖妻王氏　孫志鵬妻葛氏
鍾長庚妻洪氏　鍾上林妻王氏
李柏齡繼妻張氏　監生王振方妻李氏
監生李文孚妻韓氏　監生曹顯堂妻沈氏
生員鍾寶蕃妻李氏　鍾仲山妻於氏
孫十二妻王氏　邱文達妻倪氏
武生王雁標妻韓氏　郭宗濬妻來氏
陳煥和妻韓氏　陳穀和妻沈氏
來之江妻楊氏　倪芸臯妻虞氏
以上光緒十五年旌見節孝録
任文沼妻劉氏　來元崧妻王氏
瞿彭齡妻倪氏　譚立綱妻周氏

徐錫祚妻任氏　朱廣宗妻曹氏
樓堂清妻孟氏　章新員妻俞氏
監生謝光厚妻吳氏　鄭其瑞妻陳氏
譚鳳池妻俞氏　監生蔡堃妻楊氏
華景瀾妻富氏　沈錫康妻王氏
丁順法妻韓氏　鄭樹楷妻倪氏
鍾星六妻李氏　潘德昌妻於氏
俞大榮妻呂氏　范天福妻高氏
從九品陳恩紱妻姚氏　陳蔭楣妻俞氏
汪佩瑄妻瞿氏　監生瞿樹棠妻曹氏
蔡松秀妻魯氏　許兆奎妻富氏
王候觀妻陳氏　陳欽妻鮑氏

以上光緒十六年旌見節孝錄

陳三妻沈氏　王維桂妻陳氏

潘松齡妻陳氏　王康妻湯氏

王啓誠妻徐氏　王再瑞妻沈氏

丁晉藩妻姚氏　吳大全妻莫氏

陳景芳妻張氏　金朝貴妻樓氏

顧祖潮妻袁氏　戴維聰妻金氏

監生王廷堯妻陳氏　來懋堂妻陳氏

沈鳳和妻韓氏

以上光緒十七年旌見節孝錄

黃春榮妻陳氏　監生黃懷瑾繼妻鄔氏

張獻廷妻黃氏　黃致和妻章氏

倪官治妻朱氏　孫夢占妻俞氏
俞錦榮妻蔡氏　張宰榮妻黃氏
張仁壽妻倪氏　監生王振朝妻韓氏
張福慶繼妻陶氏　蔡長庚妻王氏
監生童繼賢繼妻金氏　陳產然妻來氏
胡受謙繼妻田氏　徐榮銑妻陳氏
胡金軾妻俞氏　張文臺妻章氏
以上光緒十八年旌見節孝錄
來希曾妻王氏　來希元妻丁氏
方某妻高氏　沈文榮妻趙氏
俞邦祥妻瞿氏　樓克光妻俞氏
汪廷元妻朱氏　鄭紹昌妻王氏

汪元士妻何氏　徐雲昇妻竹氏
俞聖可妻譚氏　徐宏周妻婁氏
張啓仁聘妻孫氏孝女　陳秉鑑妻孫氏孝婦
來廷翰妻陳氏　汪仲鶚妻沈氏
來鳳元妻孔氏　來先階妻莫氏
來肇堂妻周氏　俞道南妻董氏
沈世熹妻李氏　來安周妻章氏
來元泗妻桂氏　盛天榮妻徐氏
王鳳池妻金氏　徐家玉妻來氏
來肇賢妻楊氏　王有成妻來氏
來安邦妻詹氏　王有倫妻來氏
陳元侯妻丁氏　張學斯妻童氏

陳世興妻嚴氏　金匡時妻徐氏

來元瑞妻韓氏　王有常妻孫氏

蔣之瑛妻潘氏　沈國順妻周氏

謝以森妻陳氏　曹世元妻夏氏

金瑞恩聘妻項氏貞女　陳在寬妻蔡氏

陳元坤妻周氏　陳志逵妻來氏

陳肇英妻蔣氏　陳所緯妻蔣氏

汪聖瑞妻俞氏　陳元珍妻張氏

夏鼎妻孔氏妾顧氏吳氏　陳崐妻蔡氏

蔡玉英妻黃氏　陳在竹妻馮氏

陳釴妻蔣氏　毛瑞妻汪氏

朱德培妻陳氏　毛遵妻秦氏

俞品瑞妻吳氏　毛一高妻沈氏
倪炳燮妻郭氏　王尙孝妻張氏
來學杰妻張氏　張玉琪聘妻章氏烈女
來亦庭妻丁氏一作亦廷　汪偉文聘妻翁氏烈女
毛來新妻王氏　陳秋滕妻高氏
王禹勳妻周氏　蔡永瑞妻徐氏烈婦
丁堯鍾妻盛氏　林永嘉妻韓氏
來毓仁妻戴氏　陳廉方妻張氏
單贊皇妻李氏　周志儀妻趙氏
單鳳和妻富氏　曹志周妻傅氏
單成文妻章氏　樓新成妻俞氏
單百衮妻包氏　單雲從妻趙氏

單惟良妻韓氏　單國祚妻楊氏
單軼俊妻李氏　單成龍妻余氏
單紳妻張氏　單茂先妻徐氏
傅祖容妻陳氏　單永忠妻魯氏
單采其妻王氏　單紹周妻曹氏
蔡全耀妻陳氏　單瑕常妻徐氏
單繼陶妻陸氏　單搢書妻王氏
盛驥妻莫氏　單遠公妻王氏
沈良士妻鍾氏　單光遠妻婁氏
盛一蘭妻虞氏　單紀元妻陸氏
沈星垣妻黃氏　單宇清妻姚氏
鄭以康妻任氏　單德安女四姑 孝女

單震妻屠氏孝婦	王在岡妻陳氏
單明川妻張氏	單匡周妻來氏
蔡葵林妻鄭氏	單瑞林妻周氏
陸炘女陸氏烈女	單坤妻任氏
韓亮邦妻吳氏	單家瑄妻周氏
張廷富妻汪氏	顧兆升妻吳氏
高德孝妾徐氏	李春和妻蔡氏烈婦
蔚繼瀛妻王氏	來邦楷妻吳氏
王敦栻妻趙氏	來棻妻李氏
施炳傑妻方氏	葉文標妻李氏
瞿思補妻金氏	曹江妻陸氏
高瑟庵妻陸氏	周鑑吾妻孟氏

高德建妻胡氏　金繼輝妻朱氏
陸介眉妻虞氏　金繼文妻孔氏
葉可宗妻沈氏　蔡升學妻張氏
汪起發妻余氏烈婦　蔡正元妻任氏
沈象南女蕭姑烈女　鄭照妻莫氏
瞿嘉績妻謝氏　來文瑞聘妻王氏
張二妻來氏　來寅妻湯氏
俞常元妻章氏　朱邦彥妻莫氏
俞永錫妻孔氏烈婦　夏韻濤妻鄭氏
王維桂妻陳氏烈婦　陳以衡妻夏氏
任廷杞妻沈氏烈婦　陳震川妻華氏
任佐妻周氏　曹餘村妻陸氏

任鍾瑞妻王氏　王步周妻來氏
任祉妻田氏　王再堂妻來氏
任燧妻陳氏　王渭源妻張氏
任儒妻周氏　王繼曾妻吳氏
任河澄妻蔡氏　王汝舟妻陳氏
任欽惟妻戴氏　丁蔚若妻孫氏
任耀廷妻方氏　丁逸齊妻陳氏
王輅南妻倪氏　丁豫齋妻來氏
盛耀新妻繆氏　林鈞妻徐氏
於家福妻韓氏　任顯蛟妻孫氏
丁接三妻蔡氏 烈婦　任德蛟妻陳氏
林繼揆妻董氏 烈婦　任奇績妻陳氏

史倍增妻蔡氏　任榮登妻吳氏
倪錦華妻柳氏　任咸濟妻王氏
倪金三妻陳氏　任承旭妻周氏一作永旭
韓濟川妻李氏　韓仲智妻譚氏
韓叔仁妻傅氏　韓師程妻余氏
沈聖佩妻楊氏　韓瀾妻施氏
俞聯芳妻戴氏　韓榮妻周氏
施熙妻戴氏　韓卿珩妻魏氏
王福昌妻曹氏　應基堂妻周氏烈婦
周沛妻魯氏　胡全穎妻蔡氏烈婦
應朝明妻陸氏　韓鴻瑞妻王氏烈婦
朱錦標妻殷氏　韓之範妻曹氏烈婦

朱起茂妻高氏　韓英標妻趙氏烈婦
楊華發妻蔡氏　戴春榮女招姑烈女
韓要書妻蔡氏　陳美金妻蔡氏
楊正松妻王氏　翁英其妻婁氏
樓繼曾妻張氏　瞿增福妻張氏
陸湘妻陳氏　蔣家琺妻華氏
俞寶書妻張氏　蔣家燦妻呂氏一作家璨妻李氏
朱惟向妻王氏　蔣家瑄妻俞氏
朱大章妻王氏　沈鳴吉妻王氏
林永孝妻蔣氏　汪兆銓妻李氏
陳之珍妻田氏　田思聰妻陳氏
吳炳星妻楊氏　沈繼文妻何氏

徐廷芳妻張氏　韓廷富妻董氏
吳顯廷妻宣氏　韓朝亮妻陳氏
汪宗明妻洪氏　王裕秉妻盛氏
孫春元妻樊氏　俞文忠妻胡氏
王文濬妻蔡氏　謝仁德妻陳氏
何道生妻鮑氏　陳金鳳聘妻徐氏貞女
韓字妻王氏　周稼生妻陸氏
張名榮妻吳氏　徐永昌妻張氏
倪福鼎妻來氏　范聯輝妻湯氏
沈企賢妻毛氏　陳大輝妻余氏
華景瀾妻傅氏　方元海女大姑貞女
方錦標妻顧氏　張文燦妻吳氏

錢友信妻繆氏	張順豫妻朱氏
朱良材妻俞氏	張朝陽妻高氏
葉永保妻俞氏	余明揚妻高氏
朱德明妻史氏	倪應升妾胡氏流寓
周邦俊妻徐氏	倪應晉妻單氏流寓
蔡瑛妻徐氏	徐桂林妻黃氏
陳耀昇妻李氏	郭炳揚妻金氏
徐廷芳妻張氏	陳大英妻沈氏
壽起秀妻薛氏	夏庭錡妻高氏
陳諧妻徐氏	楊兆椿妻湯氏
吳錫球妻來氏	朱起秀妻汪氏
鮑鳳堂妻瞿氏	朱大本妻洪氏憲獎

朱必達妻王氏憲獎　沈潮妻孫氏憲獎

周烈妻王氏　任羽光妻王氏

周沛妻魯氏　朱增高妻沈氏

湯啓源妻董氏　瞿允升妻董氏

樓奉璋妻韓氏　徐一元妻王氏

單濟泰妻呂氏　莫繼增妻沈氏

單人龍妻趙氏　任位高妻楊氏

單文耀妻婁氏　林鍾栯妻魯氏

單人鴻妻徐氏　瞿澄妻孔氏

單瑞宗妻王氏　瞿景朝妻魏氏

任勝賢妻翁氏　施寶坤妻王氏

任廷華妻方氏　朱倘川妻周氏

任文治妻劉氏一作文沼或文詔　施炳妻吳氏
任五仁妻童氏　任瑛妻徐氏
任正國妻韓氏　任廣基妻吳氏
章新員妻俞氏　王翼堂妻丁氏
鄭其瑞妻陳氏　王君輝妻富氏
鍾星六妻李氏　朱榮妻章氏
潘德昌妻於氏　施慶至聘妻趙氏
沈錫康妻王氏　鄭樹楷妻倪氏
俞大榮妻呂氏　陳寶訓妻蔡氏
范天福妻高氏　韓玉彰妻王氏
朱廣宗妻曹氏　蔡福鎭妻許氏
許兆奎妻富氏　郁倫女郁氏孝女

樓堂淸妻孟氏　朱淮妻胡氏

謝光厚妻吳氏　瞿樹棠妻曹氏

蔡松秀妻魯氏　王候觀妻陳氏

譚鳳池妻俞氏　蔡埜妻楊氏

陳元瑾妻李氏　丁順法妻韓氏

曹嗣周妻沈氏　徐錫祚妻任氏

郭宗濬妻來氏　汪佩瑄妻瞿氏

方應增妻陳氏　高錦文妻阮氏

張松巖妻王氏　李文孚妻韓氏

鍾長庚妻王氏　邱文達妻倪氏

孫志鵬妻葛氏　王雁標妻韓氏

鍾上林妻王氏　錢士煐妻陳氏

沈鶴汀妻王氏 憲奬
陳焕和妻韓氏
王啓蛟妻沈氏
陳鳳岡妻黄氏
沈孔佩妻吳氏
陳轂和妻倪氏
沈文高妻宋氏
王振方妻李氏
洪鏡妻楊氏
范清輝妻汪氏
錢學訓妻來氏
曹顯堂妻沈氏
沈桂馥妻華氏
鍾仲山妻于氏
沈雲駒妻張氏
於鶴亭妻來氏
瞿順乾妻方氏
沈寶珊妻孫氏
單曉珊妻朱氏
沈熙轂妻高氏
沈繼慶妻王氏
朱餘江妻任氏
黄駘妻余氏
俞連貴妻戴氏

錢傳鰲妻許氏　沈紹聞妻施氏
沈周書妻洪氏　沈懷妻朱氏
曹謚國妻陳氏　何肇堂妻虞氏
王之僖妻沈氏疑即之禧　徐益森妻殷氏
錢傳佐妻俞氏　沈文明妻胡氏
楊鳳春妻胡氏　沈潯妻陸氏
方兆成妻周氏　王如恆妻沈氏
湯錫礽妻陳氏　殷北明妻徐氏
何啓順妻張氏　沈桂發妻高氏
來紹榮妻韓氏　沈寶琛妻沃氏
周元三妻姚氏　沈受晉妻朱氏
朱啓茂妻陳氏　沈繼祿妻韓氏

毛如鼇妻趙氏	來覲賢妻陳氏
趙繹先妻金氏	譚鳳修妻徐氏
陳復智妻俞氏	高元忠妻戴氏
蔣樹珊妻王氏	沈培賢妻魯氏
戴渭川妻楊氏	陳羲妻許氏
陳麒妻吳氏 乾隆志陳麒妻胡氏	魏禮奎妻朱氏
任文賢妻史氏	陳繼堂妻鍾氏
任六驪妻楊氏	任崐玉妻田氏
任元吉妻王氏	陳大任妻丁氏
任元達妻沈氏	陳子升妻周氏
任學潤妻馬氏	陳師曾妻朱氏
任荊玉妻王氏	陳之壥妻謝氏

陳鉉妻蔡氏　陳之溥妻沈氏
任士駿妻戴氏　陳之瀛妻張氏
任式膺妻王氏　陳橋妻郎氏
任楫妻史氏　陳以璁妻陸氏
任錫聖妻胡氏　陳煥妻周氏
任鈐明妻朱氏　陳聖書妻王氏
任始利妻洪氏　陳寶綸妻姜氏
任耀妻王氏　陳鋐妻戴氏
周象春妾蕭氏　韓玉章妻王氏疑與玉彰一人
沈奇勳妻倪氏妾童氏　王潮妻陳氏
王德華妻華氏　王之鉉妻陸氏
王鑑妻屠氏　王應華妻來氏

李開憲妻王氏	王桂芬妻曹氏
李開耀妻倪氏	楊人表妻陳氏
李庭桂妻單氏	楊文元妻章氏
俞炳乾妻朱氏	王沛妻何氏妾項氏
俞清和妻王氏沈氏	王懋賞妻曹氏
朱金垣妻何氏	許文梁妻梁氏
王南洲妻蔡氏	丁乃咸妻張氏
王榮獻妻賈氏 一作榮顯	傅之岱妻陸氏
王思造妻張氏	張萬春妻趙氏
吳楷妻陸氏	鍾鼎妻於氏 乾隆志鍾鼎妻作朱氏
吳炳妻林氏	吳金音妻韓氏
吳學泗妻來氏	吳世雄妻史氏

吳宇先妻徐氏　吳世豪妻鄭氏
吳鏞妻李氏　吳益章聘妻沈氏貞女
吳潤妻陸氏　吳焆妻蔡氏
吳天樞妻王氏　吳宗獻妻來氏
吳江妻鄭氏　吳恪恭妻楊氏
吳學忠妻金氏　吳潮妻蔡氏
郎禹功妻莫氏　吳堂妻蔡氏
樓緯昌妾楊氏　吳在妻蔡氏
曹永方妾王氏一作永芳妾作妻　吳壇妻朱氏
繆日昌妻陳氏　吳開圻妾魯氏
繆鉉妻王氏　吳埰妾王氏
丁泰交妻瞿氏　吳梁妻王氏

丁謙吉妻張氏　吳世綸妻俞氏
吳植信妻謝氏　吳鉷妻陳氏
吳希孟妻沈氏　王安詩妻任氏
吳應龍妻羅氏　王銓妻陳氏
以上入祀節孝祠其已載府縣志及表微闡幽節孝三錄經勘出者從略
鍾李氏　郭金氏
范周氏　朱高氏
來吳氏　李張氏
楊來氏　黃陳氏
鄭莫氏　朱章氏
盛朱氏　汪蔡氏
楊王氏　吳王氏

王陸氏　張袁氏

何趙氏　丁余氏

張陳氏　陳俞氏

施方氏　俞張氏

韓蔡氏　王施氏

夏陳氏　吳王氏

周孟氏　來李氏

胡蔡氏　單王氏

何廖氏　潘王氏

樓張氏　陳蔡氏

蔡單氏　丁王氏

孫盛氏　金朱氏

汪俞氏　應陸氏
陸陳氏　蕭李氏
鍾潘氏　蔡丁氏
郭周氏　陳何氏
金孔氏　徐單氏
瞿謝氏　張來氏
瞿謝氏　來徐氏
金曹氏　單沈氏
蔡張氏　韓倪氏
王徐氏　俞章氏
陳余氏　朱龐氏
潘胡氏　趙王氏

楊傅氏　周魯氏
朱來氏　蔡徐氏
鍾施氏　黃蔡氏
曹蔡氏　沈夏氏
方顧氏　吳夏氏
瞿陳氏　高徐氏
黃史氏　朱殷氏
蔡任氏　王何氏
韓周氏　鄭王氏
俞孔氏　王倪氏
來詹氏　楊蔡氏
王楊氏　周呂氏

孔戴氏　張蔡氏
華黃氏　陳朱氏
曹陸氏　俞章氏
來王氏貞婦　沈蕭姑烈女
倪于氏烈婦　方大姑孝女
俞孔氏烈婦　王陳氏烈婦
丁氏烈女　陳氏女
王氏二女　孫氏二女
以上入祀節孝祠有姓氏無夫名
沈大維妻何氏明末殉難烈婦未旌　王龍山妻張氏明末殉難烈婦未旌
何文德妻傅氏明節婦　生員何品妻吳氏明節婦
何世良妻魯氏明節婦　何元正妻黃氏明節婦

何元忠妻李氏 明節婦　　山東都司經歷何之望妻王氏

姚士連妻潘氏 已旌　　王載興妻韓氏

王載唐妻韓氏　　黃同壽妻夏氏

顧祖潮妻袁氏　　邑庠生顧保和妻陳氏 存

袁滋珍未婚妻鍾氏 貞女存　　朱孝康妻余氏 存

曹永和妻陳氏　　周朝綸妻何氏 已旌

周朝綱妻朱氏 已旌　　周錫山妻章氏

周元泰妻高氏　　周斌妻韓氏

周灤川妻王氏 已旌　　王自堂妾李氏

任耀妻王氏 已旌　　陳應蛟妻陶氏 清殉難烈婦

陳立元妻蔡氏 清殉難烈婦　　陳應彪妻湯氏 清殉難烈婦

陳立朝妻蔡氏 清殉難烈婦　　戴某妻沈氏

陳立灝妻王氏 已旌	戴維聰妻金氏
戴紀常妻來氏 已旌	周子相妻富氏
戴忠珍妻俞氏	庠生韓錦榮繼妻蔣氏
張元芳妻來氏	按察司照磨陳司曾妻朱氏 已旌
陳至誠妻郁氏 已旌	陳大任妻丁氏 已旌
監生陳師祜妾盧氏 已旌	陳耀邦妻曹氏 清殉難烈婦
來吉輝妻樓氏	從九品陳復旦妻陶氏 已旌
陸以南妻鄭氏	姚敬銘繼妻來氏
魯章生繼妻盧氏	周樹藹妻王氏 已旌
華以豐母諸氏繼妻來氏 清殉難烈婦	廣東羅渡巡檢韓靄亭繼妻梁氏 未旌
進士倪夢麟妻來氏 清殉難烈婦	任竹生女任氏 清殉難烈女
何慶淇妻瞿氏 存	陳氏 烈女

監生汪維楨妻裴氏 存

何鈺繼妻來氏 存

生員何光榮林氏 存

蔣愼生繼妻金氏 存

章錦文妻來氏 存

章錦寶妻陳氏 存

章少申妻王氏 存

章宗學妻徐氏 存

沈仁甫妻林氏 存

傅佐卿妻朱氏 存

屠淦妻洪氏妾韓氏 清殉難烈婦

孔繼聖妻許氏 已旌

某姓婢錢大姑 烈女

曹燦繼妻金氏 孝婦

孝子王鉽妻汪氏

王吉人女某姑 烈女已旌

朱元潮妻錢氏

周文煃妻張氏 烈婦

李登雲女笙姑 烈女已旌

監生李登雲繼妻孔氏 已旌

張士坤妻張氏 已旌張氏疑誤

蔡洽金妻徐氏 已旌

吳梯霞二女賢美德美 清殉難烈婦

廩生蔡潮金妻韓氏 已旌

鍾世堂妻馮氏清殉難烈婦未旌
鍾錫璠妻丁氏已旌
翟秉祥妻金氏
張大川妻賀氏存
賀家瑜妻湯氏
楊家鈖妻顧氏存
邱松泉妻韓氏已旌
董蓉生妻蔣氏
湯懋榮妻李氏已旌
林金鏞繼妻沈氏已旌
林壽恆妻胡氏已旌
吳炳繼妻林氏已旌

蔡福均女寶姑貞孝女已旌
鍾淥妾徐氏清殉難烈婦未旌
鍾濂妻王氏已旌
翟耀生妻金氏
賀吉善妻金氏
楊人表妻陳氏存
孔鳳池妻趙氏
吳克明妻湯氏存
湯壽鏞妻陳氏已旌
林燧妻張氏妾陳氏清殉難烈婦已旌
張性之妻傅氏已旌
吳遠宗繼妻柳氏已旌

吳天樞妻王氏

庠生吳應龍妻羅氏

柳慶貴妻陳氏 存

徐庭松妻沈氏

鄭其端妻陳氏 已旌

宋金寶妻張氏

韓學潮妻陳氏 清殉難烈婦

韓學潮繼妻張氏 存

吳佑妻王氏 已旌

武舉人吳潮妾潘氏

增生吳廷佐妻李氏

監生吳廷獻妾程氏

恩貢吳錀妾戚氏

吳潤妻陸氏

吳裕崙妻朱氏

庠生吳獻楨妻顧氏 存

吳丙煒妻許氏 清殉難烈婦

任世梅妻何氏 清殉難烈婦已旌

吳金鏞妻蔡氏 存

王肇芳妻蔡氏 已旌

許鳳浩妾沈氏 已旌

魯大聲妻蔣氏 已旌

蔡銘妻曹氏 已旌

任燕占妻張氏 已旌

陸東妻王氏已旌　湯福萃妻林氏清殉難烈婦已旌
從九品湯學洙妻林氏已旌　孔憲邦妻來氏存
周萬紀妻童氏已旌　章步雲妻許氏存
曹美齋女瑞麟清殉難烈女　姚乙履妻徐氏存
沈仁甫妻林氏存　湯受昌妻陳氏
王藎臣妻陳氏　任錦妻呂氏清殉難烈婦
曹景康妻蔣氏存　唐茂林妻方氏
任禮和妻周氏　陳蕙馥妻黃氏已旌
監生蔡榕妻陸氏清殉難烈婦　舉人陳以聰妻陸氏已旌
陳蕙疇妻丁氏已旌　陳梭妻張氏已旌
舉人陳羲繼妻許氏已旌　陳學培妻鄭氏已旌
陳新妻何氏已旌　陳奎妻瞿氏

廩貢生陳賡雲妾許氏 已旌
陳寶訓妻蔡氏 已旌
陳綱繼妻蔡氏 清殉難烈婦
陳守謙妻葉氏 清殉難烈婦
廩貢生蔡守銘妻周氏 清殉難烈女
庠生陳翰妻孫氏 清殉難烈婦
陳步聯妻蔡氏
陳寶綸妻姜氏 清殉難烈婦
湯湉妻楊氏 存
陳守諶妻林氏 清殉難烈婦
施得琴未婚妻高氏 貞女已旌
陳開綬妻陸氏
傅瑞雲妻朱氏 清殉難烈婦
生員嚴午辰妹彌姑 清殉難烈女
舉人單恩溥妻許氏 孝女已旌海寧人
工部主事施本繼妻沈氏 已旌
施慶至未婚妻趙氏 烈女已旌
蔡乾妻孫氏來氏女仙姑滿姑 清殉難烈婦女
施曰霖妻何氏 孝婦已旌
趙國模妻王氏 已旌
趙錫祥妻黃氏 烈婦
林文然繼妻陸氏 已旌
二品封湯烈揚妻來氏 已旌
五品封湯槐妻陸氏 已旌

湯廣勳妻蔡氏 已旌
湯燮妻蔡氏 已旌
嚴百川妻董氏 已旌
林壽常妻張氏 已旌
林永寧妻蔡氏 已旌
翰林銅仁府知府林式恭妾謝氏
庠生林繼揆妻董氏 清殉難烈婦已旌
洪阿龍妻湯氏
監生林繼高妻蔡氏 清殉難烈婦已旌
湯　妻董氏
庠生林繼照妻楊氏 清殉難烈婦已旌
林九松繼妻來氏 清殉難烈婦已旌
林永嘉妻韓氏 已旌
林永孝妻蔣氏 已旌
六品封湯元度妻丁氏 已旌
七品封湯克勤妻莫氏 清殉難烈婦已旌
二品封湯樹滋妻潘氏 清殉難烈婦已旌
林鍾柟妻魯氏 已旌
候選州同林鈞繼妻徐氏 已旌
候選從九品湯克炳妻蔡氏 清殉難烈婦已旌
林烺繼妻朱氏 清殉難烈婦已旌
監生五品封林繼宗妾蔣氏
監生五品封林源妻樓氏妾楊氏 清殉難烈婦
江西新城縣縣丞林芾堂妻徐氏 清殉難烈婦

舉人林福豫繼妻顧氏　瞿宗楷妻陳氏

瞿宗植妻俞氏　陳亦人妻汪氏

任諤妻某氏烈婦　徐芳聲母某氏

汪天樞妻李氏　陳位妻俞氏已旌

何植妻李氏已旌　周某妻某氏已旌

舉人戴元藻母於氏已旌　王祥妻鄭氏

王之禧妻沈氏已旌　舉人汪世鈐妻沈氏已旌

任楫妻史氏已旌　任宗本妻沈氏已旌

任永旭妻周氏已旌　任廷杞妻沈氏已旌

任咸濟妻王氏已旌　任奇勳妻陳氏已旌

任榮登妻吳氏已旌　王侗妻倪氏已旌

王允達母汪氏玄孫婦陳氏丁氏倪氏　王存旦妻瞿氏烈婦

丁兆麟妻陸氏 已旌
傅其順妻童氏 已旌
朱洛妻胡氏 已旌
徐筐妻陳氏 已旌
任文賢妻史氏 已旌
朱元學妻施氏 已旌
蔡福鎮妻許氏 已旌
生員陳模母王氏 已旌
蔡治秀妻瞿氏 已旌
蔡紹璟妻陸氏 已旌
陸自英妻鄭氏妾劉氏 已旌
何灉妻王氏 已旌

童思鏞妻蔣氏 已旌
傅仁邦妻來氏 已旌
陳鉉妻戴氏 已旌
章茂槐妻葉氏 已旌
徐家望妻丁氏 已旌
朱仁妻來氏 已旌
蔡寶書妻洪氏 已旌
蔡進妻張氏 已旌
蔡協銓妻來氏 已旌
陸宏恩妻何氏 已旌
陸海妻朱氏 已旌
何元枚妻任氏 已旌

何師妻趙氏 已旌　何克讓妻來氏 已旌
周期昌妻湯氏 已旌　周元璟妻陳氏 已旌
任學潤妻馬氏 已旌　任元吉妻王氏 已旌
湯文成妻張氏 已旌　湯鷹鯩妻來氏 已旌
許禹功妻徐氏 已旌　許潤妻沈氏 已旌
金柱客妻陳氏 已旌　金純妻唐氏妾胡氏 已旌
陳文韶妻瞿氏 已旌　王毓麟妻潘氏 已旌
王元圻妻葉氏 已旌　王修敬妻來氏 已旌
王大宗妻俞氏 已旌　鄭南鼇妻李氏 已旌
孫樹蘐妻來氏 已旌　盛倘誠妻陳氏 已旌
單家康妻來氏 已旌　單在鎬妻胡氏 已旌
缺姓企宗妻韓氏 已旌　張敏學妻蔡氏 已旌

蔡保欽妻朱氏 存
鹽大使汪思濬妻朱氏 存
歲貢鍾紹璜妻金氏 清殉難烈婦
庠生孔汝同妻倪氏 存
蔡璜妻曹氏 清殉難烈婦
庠生鍾紹球妻蔣氏 清殉難烈婦
任廷樞次女某姑 貞孝
任省川妻陳氏 孝婦
陳尃輝妻陸氏 孝婦
田琳妻周氏 孝婦
任鳳妻倪氏 孝婦
雲騎尉沈鳳池妻徐氏 烈婦
任元孝妻朱氏
于宗德妻王氏
陸奕瑭妻某氏
來周壽妻某氏
丁溶妻宋氏
周天生妻劉氏
周邦華妻沈氏
孟紹賢妻黃氏
譚國球妻張氏
何其美妻陸氏
蔡時桂妻周氏
任廷楫妻史氏

陶廷珍妻田氏　史希良妻倪氏
朱錫妻莫氏　祁宗相妻陸氏
王廷繩妻倪氏　曹宗海妻陳氏
曹一瀾妻葉氏　陳岱芳妻某氏
陳朝宗妻鮑氏　何圩妻周氏
何有良妻任氏　何鑒妻周氏
庠生何忠藻妻王氏　何道銑妻王氏
何道鈐妻張氏　何銘妻張氏
何鑲繼妻韓氏　何君錫妻高氏
何錫顯妻蔡氏　何宏德妻黃氏
何家鵬妻張氏　登仕郎何光錫妻任氏
何家麟妻徐氏　何汧妻吳氏

何孔錫妻郭氏

何元文妻朱氏

何朗妻郎氏

登仕郎何國鐘妻曹氏

何灃繼妻翁氏

何國楨繼妻蔣氏

何承烈妻胡氏

監生何泓妻趙氏 已旌

何士洙妻沈氏 已旌

庠生何炯妻鄭氏 已旌

何元枚妻任氏 已旌

何錫邕妻婁氏 已旌

何浤妻黃氏

何鼎湖妻趙氏

監生何國柱妻任氏

庠生何汝霖妻鄭氏

庠生何肇堂妻陸氏

何國校繼妻俞氏

奉直大夫何其葵妾胡氏

庠生何瀊妻王氏 已旌

監生何植妻李氏 已旌

監生何美妻陸氏 已旌

何肇春妻范氏 已旌

監生何福潤繼妻來氏

殉難廩生何福銘妻陸氏已旌
庠生何錫山妻周氏已旌
范淇妻汪氏已旌
章慶邦妻葉氏
章學浩妻吳氏
章維標妻韓氏
殉難監生顧鼎鐘妻丁氏已旌
陳大任妻丁氏已旌
張稷山妻嚴氏已旌
山西巡撫陸鍾琦妻唐氏清殉難烈婦已旌
張百椿妻鄭氏已旌
郁昌冕妻林氏

殉難儒士何祿銘妻韓氏已旌
沈仁甫妻林氏存
章貢牧妻葉氏
章亮邦妻朱氏已旌
章杏昌妻趙氏
來道晟妻金氏
仁和訓導王璣繼妻富氏已旌
來春和妻葉氏已旌
沈懷妻朱氏已旌
張福田妻來氏已旌
潘茂本妻來氏已旌
孔省三妻張氏已旌

孔毓濟妻韓氏 已旌

陳聽濤妻武氏 烈婦

杭州庠生張益齊妻唐氏

張海妻嚴氏

張弼服妻林氏

張之梧妻沈氏

張飏圃妻單氏

布政司理問韓培妻蔡氏 清殉難烈婦已旌

徐振和妻王氏 清殉難烈婦

華某妻諸氏 清殉難烈婦

徐振河妻王氏 清殉難烈婦已旌

魯序東妻某氏 清殉難烈婦

沈日新妻胡氏

從九品張憲甫妻陳氏 清殉難烈婦

張循規妻王氏

張道濟妻朱氏

張元生妻王氏

張閬圃妻陳氏

徐金梅妻陳氏 清殉難烈婦

徐汝金妻王氏 清殉難烈婦

丁半泉繼妻瞿氏 清殉難烈婦

華以豐妻周氏 清殉難烈婦

徐溶妻姜氏 清殉難烈婦已旌

胡灝源妻陳氏 清殉難烈婦

胡濬源妻唐氏 清殉難烈婦

陳沅青妻郁氏 已旌

潘德昌妻於氏 已旌

李守雲妻祝氏 已旌

沈鼇妻吳氏 已旌

陳炳文妻何氏 已旌

湯昌壽妻汪氏 已旌

施德惠妻倪氏 已旌

楊蘭孫妻蔡氏 已旌

陳才妻王氏 已旌

王崇祺妻孫氏 已旌

傅烔文妻陸氏 已旌

王文忠妻田氏 已旌

王敦梅妻趙氏 已旌

朱沅妻賴氏 已旌

許春年妻夏氏 已旌

王敦常妻汪氏 已旌

王崇德妻陶氏 已旌

許保明妻王氏 已旌

胡學川妻單氏 已旌

沈吉載妻錢氏 已旌

高棻妻陸氏 已旌

湯烈揚妻來氏 已旌

陳以衡妻夏氏 已旌

高淦妻朱氏 已旌
陸相妻陳氏 已旌
金彪妻戴氏 已旌
方錦標妻顧氏 已旌
陳大鼇妻朱氏 已旌
朱榮妻章氏 已旌
陳大輝妻余氏 已旌
李亢宗妻俞氏 已旌
陳大英妻沈氏 已旌
韓榮妻周氏 已旌
郭炳揚妻金氏 已旌
陳德榮妻俞氏 已旌
曹應耀妻蔡氏 已旌
丁掌文妻孫氏 已旌
丁繩曾妻蔡氏 已旌
丁以成妻瞿氏 已旌
方錦標妻顧氏 已旌
舉人郁昌耿妻陳氏 清殉難烈婦已旌
舉人郁昌耿胞妹瑛姑璜姑 清殉難烈女已旌
張名金妻韓氏 已旌
舉人郁樹森妻任氏 已旌
張世祿妻吳氏 已旌
張名達妻黃氏女才姑 已旌
郎楷妻於氏 已旌

陳才妻王氏 已旌　韓恭治妻謝氏 已旌
黃琮妻許氏 已旌　邵毓湖妻黃氏 已旌
王體鳳妻施氏 已旌　王學楨妻華氏 已旌
傅仁邦妻來氏 已旌　傅其茂妻夏氏 已旌
王思明妻童氏 已旌　王裕青妻童氏 已旌
屠枬彬妻陳氏 已旌　朱向榮妻洪氏 已旌
傅裕培妻湯氏 已旌　湯楨妻陸氏 已旌
王尙禮妻孫氏 已旌　王尙錦繼妻周氏 已旌
沈鳳儀妻王氏 已旌　張廷傑妻黃氏 已旌
王敦桂妻沈氏 已旌　汪師明妻華氏 已旌
王敦青妻沈氏 已旌　王茂三妻來氏 已旌
丁一鶴繼妻蔡氏 已旌　庠生傅濬心妻華氏 已旌

邵之銓妻俞氏已旌　　傅裕辰妻王氏已旌
王學全妻陳氏已旌　　王嘉言妻陸氏已旌
黃政妻譚氏已旌　　王元釗妻韓氏已旌
孫廷宗妻王氏已旌　　傅裕祥妻來氏已旌
傅裕賢妻陳氏已旌　　丁伯潮妾陳氏已旌
丁令金妻瞿氏已旌　　丁以介繼妻王氏已旌
丁兆甲妻李氏已旌　　丁鏓妻陳氏已旌
丁兆增妻李氏已旌　　丁大鏞妻來氏已旌
丁維傳妻瞿氏已旌　　丁增妻韓氏已旌
丁浩妻朱氏已旌　　丁大模妻沈氏已旌
丁士元妻孫氏已旌　　丁大津妻沈氏已旌
丁翊鳳妻金氏已旌　　韓勝佩繼妻孔氏已旌

丁兆麟妻陸氏 已旌　丁兆鵬妻周氏 已旌
丁惟俊妻蔡氏 已旌　丁士俊妻周氏 已旌
瞿允恭妻陳氏 已旌　單應祈妾王氏 已旌
於應春妻汪氏 已旌　邱宏芳妻王氏 已旌
馮世瑞妻高氏 已旌　管煜晉妻蔡氏 已旌
韓起鳳繼妻倪氏 已旌　盛佳鳳妻朱氏 已旌
徐光竺妻單氏 已旌　孔昭遂繼妻戴氏 已旌
王銓妾陳氏 已旌　高敬德繼妻徐氏 已旌
陳玉全妻田氏 已旌　蔡福鎮妻許氏 已旌
林永孝妻蔣氏 已旌　沈鳴吉妻王氏 已旌
沈聖佩妻楊氏 已旌　俞聯芳妻戴氏 已旌
林鍾枏妻魯氏 已旌　朱增高妻沈氏 已旌

瞿澄妻孔氏 已旌
徐一元妻王氏 已旌
瞿允升妻董氏 已旌
瞿景朝妻魏氏 已旌
施寶坤妻王氏 已旌
莫繼曾妻沈氏 已旌
朱尚川妻周氏 已旌
王福昌妻徐氏 已旌
周沛妾魯氏 已旌
施炳妻吳氏 已旌
湯啓源妻董氏 已旌
周烈妻王氏 已旌
姜公明妻沈氏 已旌
沈元英妻金氏 已旌
湯光聖妻高氏 已旌
吳錫林妻來氏 已旌
莫繼雲繼妻施氏 已旌
張文燦妻吳氏 已旌
王虬妻裘氏 已旌
莫鶴年妻來氏 已旌
俞文忠妻吳氏 已旌
謝仁德妻陳氏 已旌
施思煥妻邱氏 已旌
曹瑞之妻張氏 已旌

楊文沅妻章氏 已旌　　董岳芳妻孟氏 已旌
謝浚川妻俞氏 已旌　　單炳圖妻劉氏 已旌
朱錫光妻王氏 已旌　　董岳天妻姚氏 已旌
俞明揚妻張氏 已旌　　李友梅妻童氏 已旌
陳耀昇妻李氏 已旌　　施炳文妻潘氏 已旌
單振得妻徐氏 已旌　　陳金鳳聘妻徐氏 貞女已旌
單成文妻張氏 已旌　　單家瑄妻周氏 已旌
單惟義妻吳氏 已旌　　候選布政司理問俞會宗繼妻梁氏
單國城妾倪氏 已旌　　單克援妻任氏 已旌
單鴻純妻徐氏 已旌　　王再仰妻周氏 已旌
單文耀妻樓氏 已旌　　瞿宗圭妻謝氏 已旌
韓朝亮妻陳氏 已旌　　陸端人妻來氏 已旌

張朝陽妻高氏　已旌　曹載淸妻鄭氏　已旌
朱元孝妻高氏　已旌　徐桂林妻黃氏　已旌
陸象熙妻汪氏　已旌　華松林妻陳氏　已旌
沈三義妻張氏　已旌　王新繼妻許氏　已旌
張兆祥妻沈氏　已旌　俞彪妻胡氏　已旌
陳元發妻汪氏　已旌　傅松雲妻來氏　已旌
蔡禹皋妻曹氏　已旌　來天受妻霍氏　已旌
汪玉律妻張氏　已旌　汪煦堂妻王氏　已旌
傅元堯妻華氏　已旌　詹思孝妻來氏　已旌
何起榮妻杭氏　已旌　傅步鼇妻張氏　已旌
傅佐淸妻朱氏　已旌　傅元圭妻俞氏　已旌
陳繼道妻黃氏　已旌　瞿福林妻黃氏　已旌

瞿大焱妻汪氏 已旌　楊錦昌妻方氏 已旌
鮑鳳堂妻瞿氏 已旌　瞿麟瑞繼妻俞氏 已旌
朱起茂妻高氏 已旌　朱錦標妻殷氏 已旌
應朝明妻陸氏 已旌　韓雲書妻蔡氏 已旌
楊正松妻王氏 已旌　楊華發妻蔡氏 已旌
樓繼曾繼妻張氏 已旌　俞寶書妻張氏 已旌
樓奉璋妻韓氏 已旌　朱起秀妻汪氏 已旌
葉永保妻俞氏 已旌　錢友信妻繆氏 已旌
朱良才妻俞氏 已旌　朱德明繼妻沈氏 已旌
楊兆春妻湯氏 已旌　楊正樸妻徐氏 已旌
蔡瑛妻徐氏 已旌　周邦俊妻徐氏 已旌
朱大章妻王氏 已旌　朱維向妻王氏 已旌

郎三寶妻湯氏 已旌　陳之珍妻田氏 已旌
朱啓文妻徐氏 已旌　王思松妻金氏 已旌
朱文釗妻莫氏 已旌　章鶴鳴妻蔡氏 已旌
韓廷富妻董氏 已旌　田思聰妻陳氏 已旌
沈繼文妻何氏 已旌　袁秉衡妻田氏 已旌
單寧宗妾王氏 已旌　單濟泰妻呂氏 已旌
王在楓妻張氏 已旌　單家治妻徐氏 已旌
汪聲輝妻陳氏 已旌　徐應相妻余氏 已旌
徐應椿妻高氏 已旌　韓敦瞿妻酈氏 已旌
單國楨妾顏氏 已旌　徐芳齡妻邵氏 已旌
候選從九品徐汝金妻曹氏 已旌　候選從九品徐金梅妻陳氏 已旌
徐振聲妻袁氏 已旌　張世璋妻丁氏 已旌

徐光節妻倪氏 已旌

徐開文妻蔣氏 已旌

來宗熹妻戴氏 已旌

舉人丁鴻逵繼妻倪氏 已旌存

吳福堂妻毛氏

朱景鳳妻張氏

沈竹孫妻陸氏 存

以上城區訪册

許莘野妻倪氏 明節婦

吳鍾英妻姚氏 已旌鎮靖鄉

李上達妻徐氏子婦徐氏 已旌鎮靖鄉

沈祖烔聘妻方氏 貞女已旌西牧鄉

王宗玉女四姑 貞女存

陳永相女三姑 貞女存正義鄉

管錦福妻胡氏 存正義鄉

單紀芳妻魏氏 存正義鄉

郭阿六妻翁氏 存正義鄉

蔣茂華妻潘氏 存正義鄉

潘榮先妻高氏

潘皆平妻盧氏

潘學中繼妻孫氏妾馮氏 已旌

潘懷堂妻陳氏 已旌

鍾煜妻周氏　已旌
鍾亮妻張氏媳李氏孫媳陳氏曾孫媳宋氏　已旌
鍾鼎妻朱氏　已旌
鍾銓妻田氏　已旌
鍾萬定妻田氏　已旌
鍾秉鈞未婚妻高氏　貞女
鍾天呂妻陳氏　已旌
鍾瑋妻高氏　已旌
鍾仟妻潘氏　已旌
施守之妻鍾氏　存
鍾禹金妻於氏　已旌
錢德輝妻方氏
錢德建妻高氏
許如金妻汪氏
許承宗妾金氏
莫繼曾妻沈氏　已
許步洲妻汪氏
莫恭治妻項氏　已旌
莫天任妾邊氏　已旌
莫應顯妻厲氏　已旌
莫士蘭妻厲氏　已旌
莫學軾妻蔡氏　已旌

莫若金妻金氏
王玢妻范氏
朱國治妻何氏
朱榮妾陳氏
朱楠妻陸氏　已旌
朱錫妻莫氏　已旌
朱溎妻胡氏
朱國聖妾魯氏
莫聯櫺妻周氏　已旌
莫仰山妻蔡氏
莫企雲妻施氏　已旌
朱國照妻施氏　已旌
朱望焜妻徐氏　已旌
陳步瀛妻陸氏　已旌
陳端型妻俞氏　已旌
陳學棠妻沈氏　已旌
莫若益妻王氏　已旌
莫如芝妻陳氏　已旌
王新祚妻施氏　已旌
朱杏妻周氏　已旌
陳廷讚妻童氏　已旌
陳銳妻來氏　已旌
莫士璝妻蔡氏
莫延聚妻史氏

莫樹興妻徐氏　莫與尙妻蕭氏
王孫尊妻沈氏　趙學源妻夏氏
葛裕春妻陳氏　王孫恆妻倪氏
莫汝驃妻王氏　莫夏仁妻高氏
伍紀宗妻莫氏　莫嶠妻孫氏
莫寶珍妻胡氏　莫寶玉妻陸氏
莫維熊妻張氏　朱樸菴妾姚氏
朱鴻煒妻徐氏　朱守圻妻黃氏
王鳳池妻金氏　王孫萃妻倪氏
莫炳奎妻陸氏　莫傳德妻鄭氏
莫士豹妻王氏　金似麟妻單氏
金宇松妻蔣氏　陳廷錫妻王氏

陸鏡古妻蔡氏　　莫美才妻來氏存
莫延鳳妻陳氏存　　莫謙妻王氏存
莫渭載妻董氏存　　莫景源妻王氏存
莫煥珍妻杭氏存　　莫連位妻陳氏存
陳慶保妻張氏存　　陳瑞林妻趙氏存
陳阿梅妻郎氏存　　陸汝敬妻趙氏存
陳傳福妻莫氏存　　趙元照妻田氏已旌
徐阿榮妻潘氏　　趙崧妻單氏
陳永桂妻吳氏　　趙恢煥妻王氏
莫岑妻單氏清殉難烈婦已旌　　趙汝舟妻毛氏
趙煥章妻張氏　　趙錫祥妻黃氏清殉難烈婦
趙汝英妻吳氏　　王允大女大姑貞孝

趙起檀妻施氏
施恆恭妻何氏 已旌
莫士萃幼女韻蘭 貞女
徐士成妻盛氏 已旌
王人鳳妻周氏
余聲周妻韓氏 已旌
周烈妻王氏 已旌
沈鳳池妻徐氏 已旌
余家鳳妻胡氏
郁倫女寶華 孝女已旌
施炳妻吳氏 已旌
胡永祥妻陸氏 已旌
沈大華妻施氏 已旌
陳宗妻韓氏 已旌
施武鑑妻沈氏 已旌
鍾湪妾徐氏 清殉難烈婦
陳元侯妻丁氏 已旌
張順豫妻朱氏 已旌
沈元鍇妻李氏 已旌
鍾沅繼妻劉氏
汪顯廷妻李氏 已旌
潘大興妻韓氏
施得鑑妻沈氏 已旌
汪兆鐮妻徐氏 已旌

陳志濤妻陸氏已旌　汪兆鋼妻沈氏已旌

陳其昌女湘蒓貞女　蔣子賢妻張氏已旌

郭慶成女銀姑貞女流寓　陳應熊女蓮生貞女

許平世妻徐氏已旌　陳爾猷妾許氏已旌

施得琴聘妻高氏貞女已旌　許錦妻蔡氏已旌

徐筐妻陳氏已旌　陳日泰妻范氏已旌

周宗懋妻王氏已旌　周兆福妻施氏已旌

許大粱妻胡氏已旌　許如鑑妻屠氏已旌

高琦妻壽氏已旌　孫其高妻沈氏存

陳志濤妻陸氏已旌　王載清妻周氏已旌

王文高妻韓氏已旌　王鳳飛妻陳氏已旌

張雲桂妻陳氏存　張師賚妻於氏

庠生王希章繼妻葉氏 存	王阿傳妻韓氏 存
沈大貴妻茅氏	監生沈受晉妻朱氏
陳爲業妻童氏 已旌	陳安策妾朱氏 已旌
陳思遠妻俞氏 已旌	陳文潮妻瞿氏 已旌
趙成斌妻黄氏	趙國本妻王氏
趙志灝妻汪氏	趙國模妻王氏 已旌
陳國珍妻王氏	陳玉如妻傅氏
陳世興妻嚴氏	韓喜亭妻魯氏
單棟妻田氏	單應祈妾王氏
陳士煌妻張氏	陳有塤妻曹氏
陳肇顯妻徐氏	陳有洲妻項氏
陳元斌妻陸氏	陳在昌妻周氏

陳元坤繼妻周氏　陳大儒妻王氏

陳肇英妻蔣氏　陳輝繼妻趙氏

陳元珍妻張氏　陳在周妻余氏

陳元乾妻蔡氏　陳在竹妾馮氏

陳元侯繼妻丁氏　陳在寬妻蔡氏妾魏氏

陳仕成妻戴氏　陳在東妾王氏

陳有淙妻吳氏　陳譽妻周氏

陳景新妻徐氏　陳琡妻蔡氏

陳聖熙妻徐氏　陳志逵妻來氏

陳恭妻沈氏　陳君耀妻任氏

陳志濤妻陸氏　陳君煜妻沈氏

陳彬妻任氏妾李氏　陳標繼妻來氏

陳杰妻徐氏妾壽氏　陳爾猷妾崔氏
陳鈺妻張氏　陳士尊妻賀氏
陳世德妻石氏　董蓉生妻蔣氏
以上東區訪册
湯瀛秀妻陳氏　何藹堂聘妻鍾氏清殉難烈婦
屠大光妻陳氏清殉難烈婦繼妻何氏　屠守忠妻周氏存
陳翊樞妻傅氏已旌　陳莘仁妻王氏存
孔憲桂妻毛氏　蔣梅亭繼妻張氏江寧人
孔昭順妻王氏　孔昭燧繼妻戴氏
何樹芳妻李氏　何慶咸妾張氏已旌
戴勳妻來氏已旌　何元枚妻任氏已旌
孔魯達妻陳氏已旌　張灝妻陳氏已旌

李文孚妻韓氏 已旌　孔廣洲妻謝氏 已旌
戴渭川妻楊氏 已旌　戴維聰妻金氏 已旌
蔣立墀妻楊氏　蔣恆一妻倪氏
何福潮妻顧氏 清殉難烈婦已旌　李可賢妻王氏
何峻三妻田氏　陳興文妻張氏
陳永綏妻喬氏　何燦然妻丁氏
陳常泰妻邵氏　戴大耀妻來氏
童思鏞妻蔣氏　張隆達妻王氏
魯允槐妻孔氏　陳三戊妻金氏
魯兆鶴妻夏氏　沈啓浩妻田氏 已旌
葛之綸妻周氏 已旌　張聯駟妻蔣氏
王鑑清妻韓氏 已旌　葛掄先妻張氏

王再裁妻沈氏 已旌	王鑑雲妻瞿氏 已旌
鍾長庚妻洪氏 已旌	王之熊妻韓氏 已旌
鍾燦妻於氏	李開憲妻王氏
鍾紹瑺妻李氏	李開耀妻倪氏
鍾紹珍妻賈氏	宋祖蔭妻楊氏
何敏齋妻沈氏	孔韻琴妻孫氏 已旌
孔天爵妻楊氏	孔繼朝妻湯氏
沈應龍妻金氏	孔繼昂妻傅氏
孔君茂妻洪氏	孔廣裕妻魯氏
孔東霞妻田氏	孔炳乾妻戴氏
何克讓繼妻來氏	孔履安妻魯氏
錢元芳妻孫氏	沈子明妻何氏

葛鳳飛妻金氏　孔憲文妻倪氏
葛爾德妻魯氏　孔昭森妻姚氏
張遵信妻汪氏　趙步蟾繼妻孫氏
沈功宗妻王氏　宋尹山妻楊氏
沈立功妻張氏　黃行佩妻陳氏
孔長茗妻韓氏存　沈伯宗妻徐氏
王榮燧妻孔氏已旌　王清遠妻孔氏
魯錦林妻李氏　王再養妾陳氏
孔太瑞妻邵氏　王駿妻倪氏
孔憲宸妻瞿氏　王炳鍾妻周氏
何之楠妻黃氏已旌　王以成妻徐氏
何錫三妻周氏已旌　王成立妻黃氏

孔繁忠妻裘氏 存	孔昭忻妻張氏 存
孔廣瀓妾楊氏	孔憲泩妻李氏 存
趙震威妻李氏 存	王國賓妻陳氏
孔曹生妻姚氏 存	趙春泉妻徐氏 存
孔昭誠繼妻余氏 存	趙惠寶妻王氏 存
何慶城妻郭氏 貞女	鍾氏婢劉賢姑 貞女存金華人
來慎全女大花姑 孝女	來學美妻丁氏
王振芳妻李氏	王國賓妻陳氏
韓維高妻吳氏 已旌	傅宗咸妻孫氏 已旌
韓維嵩繼妻蔡氏 貞女已旌	韓步仙妻湯氏 已旌存
韓第容妻張氏 已旌	韓聖杰繼妻陳氏 已旌
韓學詩妻倪氏 清殉難烈婦已旌	俞邦傑妻許氏 已旌桃源鄉

沈鳳和妻韓氏 已旌沈村鄉　韓思均妻張氏 已旌義橋鄉

倪官治妻朱氏 已旌桃源鄉　喻大來妻傅氏 已旌浦南鄉

朱大禮妻張氏 已旌桃源鄉　陳大煇妻余氏

鮑文謨妻丁氏 已旌沈村鄉　朱廷元妻龐氏 已旌

庠生陳時敏妻何氏 已旌沈村鄉　兩淮鹽課大使韓熹妾姚氏 烈婦已旌

四川茂州南溪司韓中妻孔氏 清殉難烈婦已旌　朱儒堂妻孔氏

朱餘江妻任氏 已旌　謝維恆聘妻蔡氏 貞女

許榮銓妻丁氏 存桃源鄉　韓尙朝妻賈氏 義橋鄉

朱軒妻俞氏 桃源鄉　朱德隆妻傅氏 桃源鄉

朱祖增女夏蘭 貞女存桃源鄉　謝某聘妻朱祖慶女福寧 貞女存桃源鄉

洪仁宇妻韓氏 清殉難烈婦　朱長順女玉香 貞女存桃源鄉

朱立功妻俞氏 存桃源鄉　朱曹坤妻裘氏 存桃源鄉

庠生汪潾妻朱氏 存桃源鄉　倪增湑妻郭氏 存桃源鄉

李英生妻田氏 存桃源鄉　李汝柏妻柴氏 存桃源鄉

黄正公再繼妻曹氏　庠生黄禮繼妻蔡氏 已旌

黄承祖妻華氏　黄聲聞妻陸氏 已旌

朱倫培妻沈氏 已旌　黄汝衡妻華氏

吳正乾妻任氏 已旌　吳芝林妻來氏 已旌

于章宗妻周氏 已旌　吳正顯妻夏氏 已旌

于宗德妻王氏 已旌　于孟賢妻王氏 已旌

黄朝緯妻章氏 已旌　黄春杏妻沈氏 已旌

周之鐙妻夏氏 已旌　黄朝綸妻戴氏 已旌

黄毓英妻蔡氏 已旌　黄漢儒妻陳氏 已旌

黄永和妻韓氏 已旌　黄智妻施氏 已旌

朱明祁妻張氏 已旌
黃思宗妻郎氏 已旌
黃政妻譚氏 已旌
朱永茂妻徐氏子婦陳氏 已旌
朱榮妻章氏 已旌
黃琮妻許氏 已旌
黃駘妻余氏 已旌
吳礪泉妻王氏 已旌
黃懷瑾妻鄔氏 已旌
黃春榮妻陳氏 已旌
周立中妻謝氏陳氏 已旌
曹師效妻童氏 已旌
周濂妻鄭氏 已旌
周華選妻徐氏 已旌
黃志和妻張氏
庠生周又京妻樓氏 已旌
黃炳生妻陳氏
張獻庭妻黃氏
黃公豪妻曹氏
陳學易妻王氏
遂昌訓導黃珸妻金氏
黃錫璠妻童氏
黃照發妻徐氏
黃春森妻于氏

周秀升妻徐氏　揀選知縣周邦泰妻李氏
黃小山妻吳氏存　周樹荔妻王氏
黃孝增妻來氏存　曹克茂妻沈氏存
黃錫端妻王氏存　黃存瑞妻朱氏存
韓履奎妻黃氏存　黃沛榮妻淩氏存
庠生黃慶增妻汪氏存　黃元福妻王氏存
朱樹槐妻張氏存　黃寶和妻王氏存
朱開耀妻金氏存　朱品三妻王氏存
黃金章妻章氏存　黃慶頤妻孔氏存
黃蘭亭妻吳氏存　黃永槐妻周氏存
鍾燦妻於氏已旌　曹傳忠妻盛氏存
揀選知縣黃同壽妻夏氏富陽人　鍾長庚妻洪氏已旌

鍾紹珍妻賈氏 已旌

從九品宋祖蔭妻楊氏 已旌

鍾上林妻王氏 已旌

鍾寶樹女大姑二姑 清殉難烈女

黃道之妻韓氏 清殉難烈婦已旌

陳在興繼妻吳氏 清殉難烈婦

陳茂松妻孔氏 清殉難烈婦

黃大奎妻趙氏 清殉難烈婦

曹廷源妻張氏 清殉難烈婦

以上南區訪册

王孟瑞妻黃氏 明節婦已旌

來震妻王氏 明節婦清旌

王焞妻來氏 明節婦

鄭茂一妻盛氏 明節婦

來宣妻屠氏 明節婦清旌

來完妻孫氏 明節婦清旌

來褒妻何氏 明節婦清旌

錢塘庠生王孟寧聘妻金氏 明貞女

許肇曾妻陳氏 清殉難烈婦已旌

傅某妻蔡氏 清殉難烈婦已旌

從九品許乾妻傅氏 清殉難烈婦已旌

許肇脩妻陸氏 清殉難烈婦已旌

庠生許履亨妻來氏 已旌

許肇基妻倪氏

許兆奎妻富氏 已旌

許濟淸妻汪氏 已旌

王雲炎妻來氏

王希宰妻顧氏

陳興元妻戴氏 存

金茂榮妻李氏 存

許慶祥妻來氏 清殉難烈婦

王芝圭妻來氏 已旌

王芝明妻張氏 已旌

王學禎妻華氏 已旌

韓闕名妻宋氏 已旌

王之諶妻來氏子王雲鵬妻來氏

韓亦蓀妻來氏 已旌

庠生韓旭昭妻莫氏 已旌

韓爾玉妻任氏 已旌

庠生韓麗川繼妻楊氏 已旌

韓揖公妻王氏妾洪氏 已旌

王學潮妻韓氏

王思明妻章氏

王子靑妻來氏

監生王琢章繼妻來氏

韓鑒博妻張氏

韓學佺妻方氏　韓廣仁妻虞氏
韓肯堂妻陳氏　韓裕凡妻華氏
監生韓椒白妻瞿氏　王安生妻陳氏妾吳氏
來夔妻黃氏已旌　來仲龍妻周氏已旌
來孔詩妻吳氏已旌　來宗熹妻戴氏已旌
來思憲聘妻張氏貞女已旌　來有道妻劉氏已旌
來之隆妻孫氏已旌　來廷文妻徐氏已旌
來之炳妾張氏已旌　來爲潡妻趙氏已旌潡疑卽爲澂
來國平妻陳氏已旌　來毓春繼妻王氏已旌
來宗瑛妻韓氏已旌　來紹俊妻孫氏已旌
來學醇繼妻孔氏已旌　來博文妻張氏已旌
來鳳章妻袁氏已旌　來如濤繼妻陸氏已旌

來承鈞妾朱氏 已旌　來承烈妻王氏 已旌
來嗣范繼妻陳氏 已旌　來用樑妻王氏 已旌
來起源妻俞氏 已旌　來肇澄繼妻蔡氏 旌已
來士鍾妻孔氏 已旌　來汝說妻韓氏 已旌
來家驥未婚妻蔡氏 已旌　來汝榮妻陳氏 已旌
來聖階妻謝氏 已旌　來文瑞聘妻王氏 貞女已旌
來慶元妻孔氏 已旌　來茂炳妻湯氏 已旌
來周燾妻戴氏 已旌　來鉅妻黃氏 已旌
來元通妻霍氏 已旌　來成碧妻章氏 已旌
來師昱妻陳氏 已旌　來廷楫妻鄭氏 已旌
來應甲妻顧氏 已旌　來應奎妻張氏 已旌
來應珪妻華氏 泰月　來春和妻葉氏 已旌

來渶妻王氏已旌　來有勛妻戴氏
來鄭振妻高氏　來文耀妻戴氏
來蘇妻虞氏　來文球妻孫氏
來肇賢妻楊氏　來宗琴繼妻華氏
來嗣周妻范氏　來長齡妻章氏
來嗣釗妻李氏　來際隆妻嚴氏
來桂生繼妻馬氏　來嗣京妻楊氏
來大生妻趙氏　來蘭生妻蔡氏
來思安妻韓氏　來藻生妻王氏
來錫廷妻陳氏　來炳照妻王氏
來正垣妻張氏　來升雷妻沈氏
來思誠妻孔氏　來文爐妻倪氏

來思妙妻韓氏　來錦高妻李氏

來堯妻韓氏　來錫珽妻虞氏

來廷槐妻王氏　來炳賢妻華氏

來心治繼妻戴氏　來品金妻湯氏

來喩豔妻孫氏　來雨濟繼妻孫氏

來殿彪妻李氏　來九思妻朱氏

來瑞霖妻章氏　來楷繼妻楊氏

來仁妻趙氏　來錫麒繼妻朱氏

來樹葱妻王氏　來樹蕙妻朱氏

來錦崧妻陳氏　來馬連繼妻曹氏

來景雲妻周氏　來亨蒙妻彭氏

來樹森妻張氏 清殉難烈婦　來以春妻傅氏

來鑑心妻孫氏　來利犖妻許氏

來紹統妻王氏　來亮采妻朱氏

翰林院庶吉士來煦繼妻王氏　杭州府教授進士來鳳郊聘妻李氏烈女

來先堦妻莫氏　來鳳軫妻章氏

來靄雲妻陳氏清殉難烈婦　來懋森妻許氏

來學曾妻蔡氏　來元崧妻王氏

來炳森繼妻沈氏　來子駿繼妻李氏

單鎮南妻來氏　來鳳筠鳳蓀鳳梧孝女

來錫玘女寶姑孝女　蔣錫圭妻傅氏已旌

武生蔣依廷繼妻於氏清殉難烈婦已旌　監生王炳煥妻韓氏清殉難烈婦已旌

庠生來錫庚妻單氏女玉姑清殉難烈婦女已旌　蔣鳳臺妻楊氏已旌

王正銓妻虞氏清殉難烈婦已旌　監生韓培妻蔡氏清殉難烈婦已旌

來學專繼妻張氏 已旌　王在標妻華氏王在釗妻張氏 清殉難烈婦已旌
來炳妻勞氏 已旌　蔣春圻妻來氏 已旌
來錦昌妻徐氏 已旌　來近臣妻孫氏 存
來士英妻呂氏 已旌　來焜妻張氏 存
楊春華妻陳氏 存　王肇茂妻張氏 存
來安忠妻林氏 存　倪元文繼妻鄭氏 已旌
周會學繼妻金氏 已旌　戴光庭妻毛氏 已旌
陳永祥妻袁氏 已旌　蔡斐然妻何氏 已旌
任廷楫妻史氏 已旌　朱錫妻莫氏 已旌
吳炳妻林氏 已旌　陳在昌妻周氏 已旌
王廷繩妻倪氏 已旌　郁廷元妻許氏 已旌
湯元凱妾顧氏 已旌　郁宗相妻陸氏 已旌

陶廷珍妾田氏 已旌

戴春榮次女昭姑 清殉難烈女

傅元芳妻來氏 清殉難烈婦

傅瑞雲妻來氏 清殉難烈婦

沈羽瑛妻戴氏 已旌

戴瑞祥妻陳氏

傅綸妻方氏

張錦和妻楊氏

錢金玉妻許氏

韓寶頤妻戴氏

戴有獲妻潘氏 匾奬

戴朝綸妻葛氏 已旌

戴朝組妻楊氏 已旌

戴元政妻孔氏

戴柱朝妻周氏

湯紹芝妻朱氏 已旌

來仲銓妻韓氏 已旌

楊文淵妻章氏 已旌

俞石琴妻蔡氏 已旌

徐汝成妻倪氏 已旌

徐叶忠妻許氏 已旌

王斐泉妻來氏 已旌

俞掞庭繼妻徐氏 已旌

俞曼生妻陳氏 已旌

傅潤發妻方氏 已旌
傅桂生妻來氏 已旌
俞開文妻來氏 已旌
徐叶忠妻倪氏 已旌存
丁六筐妻金氏 存
孫順福妻曾氏 存
來紹榮妻韓氏 存
韓國球妻張氏 已旌
周邦華妻沈氏 已旌
王克昌繼妻陳氏 已旌
王鳳飛妻陳氏 已旌
張宰榮妻黃氏 已旌

趙繹先妻金氏 已旌
俞開文妻周氏 已旌
俞震妻張氏 清殉難烈婦
宣炳蘭妻虞氏 已旌存
孫指高妻蔡氏 存
孫士達妻王氏 存
戴士元妻來氏 存
孟紹賢妻黃氏 已旌
周大生妻劉氏 已旌
戴元政妻孔氏 已旌
張井如妻韓氏 已旌
王啓曾妻徐氏 已旌

張仁壽妻倪氏 已旌　周雨潤妻虞氏 已旌

汪榮祖妻毛氏 清殉難烈婦　汪如灝妻蔣氏 清殉難烈婦

汪振衡繼妻瞿氏 清殉難烈婦　汪振松妻王氏 烈婦

汪開朝妻來氏　汪有貴妻孫氏

汪孝思妻鮑氏　韓銓妻陳氏 清殉難烈婦

韓斯慶妻王氏

以上西北區訪册

王心敬妻胡氏　駱廷宰妻彭氏

駱溱來妻高氏　莫鶴年妻來氏

莫利山妻金氏　庠生陳爲業妻童氏

候選州吏目陳志濤妻陸氏　監生朱邦彦妻莫氏

王人鳳妻周氏　夏圻妻陳氏 已旌

夏九成妻嚴氏 已旌
夏宗魯妻徐氏
夏誨謙妻蔡氏
朱洛妻胡氏 已旌
許正宗妻傅氏 已旌
許保明妻王氏 已旌
李廷桂妻單氏 已旌
金安康妻婁氏
陳慶保妻張氏 存
陳永桂妻吳氏
周宗懋妻王氏 已旌
周兆福妻施氏 已旌

夏九疇妻蔡氏
夏時興妻徐氏
夏惟炳妻施氏 已旌
夏九經妻韓氏
許春年妻夏氏 已旌
李乃登妻郁氏 已旌
李元釗妻葛氏
金慶生妻周氏 存
陳瑞林妻趙氏
陳傳福妻莫氏 存
陳日泰妻范氏 已旌
王思凝妻何氏 已旌

趙國本妻王氏　趙文斌妻黃氏
趙國模妻王氏　趙志灝妻汪氏
趙煥章妻張氏　趙元照妻田氏
趙汝英妻吳氏　趙崧妻單氏
趙起檀妻施氏　趙恢煥妻于氏
全爾英妻單氏　趙汝舟妻毛氏
陳朝順妻鮑氏　金弘先妻漏氏
庠生王允大長女大姑貞孝女　王妙端姑貞孝女
陳其昌女湘蒓姑貞孝女　陳學堂妻沈氏已旌
王新祚妻施氏已旌　陳蓮生姑貞孝女存
陳瑞型妻俞氏已旌　伍紀宗妻莫氏

以上仁化鄉訪册

施恆爵妻周氏 已旌
施禧梁妻趙氏 已旌
施國禮妻孫氏承仁妻龐氏廷治妻沈氏 已旌
施寶元妻王氏 已旌
朱宗道妻張氏 已旌
施鳳華妻朱氏 已旌
朱絅文妻王氏 已旌
朱鵬妻葉氏 已旌
周鏡妻陳氏 已旌
朱學千妻高氏 已旌
施慶至未婚妻趙氏 烈婦已旌
潘學中妻孫氏妾馮氏 已旌
朱元燊妻潘氏 存
高瑟菴妻陸氏 存
高丹山妻莫氏
沈兆祥妻韓氏 烈婦已旌
同知沈兆桂妻高氏 清殉難烈婦

以上龍泉鄉訪冊

施恆仁妻鍾氏 已旌
廩生施德鵬妻沈氏 已旌
舉人施本妻汪氏陳氏 已旌
周洌妻王氏 已旌

李如錦妻朱氏　孫昌義妻王氏
徐嘉貴妻潘氏　沈受晉妻朱氏
孫瀾妻濮氏　汪全忠妻魯氏
茅茹芬繼妻張氏　陸世珍妻某氏
庠生施召南妻倪氏　舉人施耿光妻吳氏匾獎
施恩均妻沈氏　施寶坤妻王氏
施寶衡妻方氏　施道元妻項氏
施承烈妻周氏　金培篕妻濮氏
濮應森妻朱氏存　武生施步雲妻某氏
王祖蔭妻郭氏　王鳳占妻陳氏已旌
張順豫妻朱氏已旌　沈柳曾妻周氏
周湘妻陳氏已旌　沈瑞雲姑貞孝女

施大成妻戚氏　濮雲慶妻施氏

張成泰妻王氏 已旌　茅庭煥妻張氏

沈景釗妻張氏 存　張浩元妻金氏 存

孫可齋妻王氏　王桂妻邱氏

王彬妻朱氏　王相妻馬氏 存

以上龕山鄉訪冊

沈孫氏　翁邱氏

丁高氏　丁高氏

翁胡氏　高汪氏

以上靖雷鄉訪冊

楊兆霖女四姑 貞女存　陳成永女冬蘭姑 貞女存

李上達妻徐氏 已旌　李茂浩妻徐氏 已旌

陳源遠繼妻倪氏 已旌
陳章榮妻李氏 已旌
吳瑞國妻姚氏 已旌
盛士秀妻沈氏 已旌
陳立權妻曹氏 已旌
徐錫鳳妻高氏 存
趙繼高妻徐氏 存
陳荷香妻胡氏 存
顧起元妻張氏 存
周光文妻董氏 存

以上鎮靖鄉訪册

馮師堯妻徐氏 已旌
馮法妻高氏 已旌
馮思善妻高氏 已旌
馮嘉宣妻高氏 已旌
馮師亮未婚妻陳氏 已旌
馮港妻陶氏 已旌
馮匯妻胡氏 已旌
馮潢妻高氏 已旌
馮浚明妻鄧氏
馮浚泉妻盧氏
馮浚坤妻周氏
馮澯繼妻高氏

馮泰妾王氏已旌　馮士權妻高氏已旌
馮三偉妻金氏　馮武秀妻金氏已旌
馮瀾妻高氏已旌
以上赭山鄉訪册
胡世爵妻朱氏存　管錦福妻胡氏存
胡世芳妻張氏　胡世炳妻俞氏
魏世源妻胡氏　王宗玉女四姑貞孝女存
陳永相女三姑貞孝女存　楊兆楨妻施氏
單紀芳妻魏氏存　郭六妻翁氏存
沈士釆妻馮氏　朱宏道妻金氏已旌
姚永清妻周氏已旌　何英傑妻陳氏
錢大華妻戎氏　胡世爵妻朱氏

沈士惠妻施氏

以上正義鄉訪册

庠生周鎬妻樓氏已旌　周嵩彥妻來氏已旌

周元三妻姚氏已旌　于敬宗妻顏氏已旌

周樹槎妻夏氏　許宗相妻曹氏

吳兆貴妻金氏　吳桂蘭妻范氏

黃宇桂妻任氏　庠生孔昭渠妻黃氏

監生周樹棠妻孔氏　吳慶榮妻湯氏存

庠生許穎妻黃氏存　于仲容長女某姑孝女

曹一楠妻丁氏已旌　曹一欄妻葉氏已旌

曹洴妻王氏已旌　曹沂妻傅氏已旌

曹東阜妻李氏已旌　曹王潮妻丁氏已旌

曹璉妻來氏已旌　庠生曹燭繼妻來氏
曹宗海妻陳氏已旌　曹之盛妻丁氏已旌
曹鈞妻蔣氏已旌　曹江妻陸氏已旌
曹松芳妻韓氏已旌　曹以鈞妻徐氏已旌
曹溢國妻陳氏已旌　曹以松妻朱氏已旌
曹樹祖妻徐氏已旌　曹熊妻凌氏已旌
曹成章妻湯氏已旌　曹第妻戴氏清殉難烈婦
曹以烜妻金氏孝婦　曹成全女桂姑貞女
以上潘西鄉訪册
陳應恆妻吳氏清殉難烈婦已旌　陳應晉妻沈氏清殉難烈婦已旌
鄭德元妾李氏烈婦已旌　鄭寶宗妻任氏已旌
陳人英妻丁氏已旌　鄭士宏妻周氏已旌

鄭以坪妻來氏　監生陳湘坤妻來氏

以上湘東鄉訪册

李豫豐繼妻丁氏已旌　李豫亨妻童氏已旌

李豫銓妻金氏已旌　李豫嘉妻王氏已旌

李豫森妻王氏已旌　李寶珊妻顧氏已旌

李瑞徵妻鄭氏已旌　李大會妻王氏清殉難烈婦

陳照培妻何氏已旌　史阿釗妻沈氏清殉難烈婦

金阿義妻李氏　邱應成妻王氏

邱其元妻金氏　邱邦瑞妻沈氏

邱文表妻來氏　邱德豐妻孫氏

王榮貴妻胡氏存　任大增妻王氏存

吳錦寶妻王氏存　李寶生妻婁氏存

以上所前鄉訪册

韓立鳴妻范氏　邵之銓妻俞氏

金振新妻陳氏　金甫文妻王氏

俞闕福妻余氏　韓元傑妻來氏

韓繼增妻黃氏　趙耀根妻金氏存

邵生祺妻周氏存　邵增裕妻譚氏存

韓錦鵬妻周氏存　周景濂妻韓氏存

來文奎妻韓氏存　華金銘妻曹氏存

華金雲妻韓氏存　王金輝妻虞氏

華鋭南妻俞氏已旌　田起藩妻黃氏已旌

韓遠明妻張氏已旌　韓球妻陳氏已旌

韓維高妻吳氏已旌　金繼纏妻邵氏已旌

韓順連妻孔氏 已旌　周學海妻汪氏 已旌

趙文傑妻譚氏 已旌　金廣林妻周氏 已旌

金武澄妻章氏 已旌　金廣增妻倪氏 已旌

金繼輝妻朱氏 已旌　金珧妻王氏 已旌

金振妻俞氏 已旌　孔昭美妻金氏

韓貞妻余氏 已旌　金武雲妻來氏 已旌

倪望炯妻周氏 已旌　倪望煌妻陳氏 已旌

倪韶妻華氏 已旌　韓恭治妻謝氏 已旌

韓紹治妻孫氏 已旌　韓聖杰妻陳氏 已旌

虞燦庭妻杭氏 已旌　韓友長妻施氏 已旌

韓思均妻張氏 已旌　韓邏妻葛氏 已旌

韓然妻周氏 已旌　韓南茂妻孔氏 已旌

於祚庭妻葛氏 已旌

以上義橋鄉訪册

鄭茂一妻盛氏 明節婦
姚宏緒妻孫氏 已旌

喻大來妻傅氏 已旌
韓修昌妻方氏

王悅曾妻錢氏
洪興業妻郭氏 已旌

郁兆楹妻戴氏
鄭聖泰妻陶氏

丁望賢妻俞氏
鄭其彥妻姜氏

鄭鼎傑妻戴氏
鄭竹艇妻倪氏 已旌

鄭履生繼妻倪氏 已旌
鄭枚吉妻韓氏

鄭秀鶴妻周氏
韓紹昌妻倪氏

鄭仲昭妻陳氏
韓宗傳妻方氏

韓廷珈妻倪氏
郭時中妻徐氏

郭順妻裘氏　郭尚木妻王氏

郭明倫繼妻陳氏　郭廷銘妻王氏

郭宏璋繼妻鄭氏　郭宏德妻傅氏

郭燕廷妻倪氏郭禮端妻倪氏　郭世珍妻周氏

郭晉康妻楊氏　郭佳雲妻馬氏

郭宗濬妻來氏　盛彌山妻郁氏

姚茂貴妻洪氏　姚宏成妻來氏

鄭鳳岐女二姑貞孝女　丁載揚女七姑貞孝女

以上浦南鄉訪册

陳兩山妻沈氏已旌　庠生陳時敏妻何氏已旌

陳大鼇妻朱氏已旌　沈載明妻任氏已旌

顧祖潮妻袁氏已旌　鍾貞祥妻顧氏已旌

顧春芳妻何氏　顧元俊妻楊氏
顧秉鏞妻郭氏　丁士達妻宋氏 已旌
楊錦昌妻方氏 已旌　曹友文妻施氏
李宗程妻丁氏　蔣樹杉妻王氏 已旌
庠生陳大勳妻郭氏 清殉難烈婦已旌　陳大中妻胡氏 清殉難烈婦已旌
陳錫純妻傅氏子婦盧氏 已旌　陳石庵妻余氏 已旌
以上沈村鄉訪册
戴玉潤妻鍾氏 已旌　周大書妻瞿氏
周榮書妻陳氏　周易章妻沈氏
項楚珩妻傅氏　沈永標妻郭氏 存
庠生周光鼒次女琴姑 清殉難烈女已旌　監生周詩觀幼女四姑 清殉難烈女已旌
以上開明鄉訪册

卜吉美妻蔣氏

孫夢球妻卜氏 清殉難烈婦

張熊光妻傅氏 已旌

卜文榮妻瞿氏 存

俞子信妻金氏 已旌

魏文獻妻姚氏子魏聖望妻俞氏 已旌

魏禮奎妻朱氏

韓啓明妻張氏

謝餘潤未婚妻朱氏 清殉難烈女

俞道南妻董氏 已旌

庠生俞步瀛妻倪氏

俞嘉奎妻錢氏

俞禮銓妻朱氏

蔣德川妻倪氏蔣俞川妻陸氏 已旌

蔣五達妻沈氏

蔣某聘妻朱氏 清殉難烈女

俞某繼妻章氏子俞宇清妻傅氏

俞文宗妻葛氏

俞軼仁妻朱氏 已旌

俞嘉謀妻朱氏 已旌

俞嘉孚妻朱氏 已旌

俞南榮妻方氏俞南鰲妻卜氏

魏禹功妻俞氏 已旌

黄吉妻瞿氏 清殉難烈婦

兪師堯妻瞿氏
傅鏘妻兪氏已旌
金會亭妻瞿氏
樓贊玉妻金氏
金龍進妻何氏
金承顯妻傅氏已旌
金某妻倪氏清殉難烈婦
以上河上鄉訪册
汪炳南妻韓氏已旌
孫夢占妻俞氏已旌
汪福田妻郎氏清殉難烈婦已旌
卜楊生妻汪氏
瞿禹鵬妻金氏
瞿名顯妻趙氏
瞿國貴妻韓氏
瞿文豹妻華氏
瞿學聖妻俞氏
傅啓鰲妻李氏存
傅啓晉妻孟氏清殉難烈婦
瞿近奎妻高氏
瞿名芳妻俞氏
瞿鎮東妻朱氏已旌

傅丙照妻蔣氏　胡煥增繼妻樓氏

瞿光敏妻胡氏　瞿太徵妻壽氏瞿翰揮妻張氏

瞿克承繼妻董氏　瞿大維妻朱氏

胡世祿妻倪氏　孫餘德妻陳氏

瞿思補妻金氏　瞿元有妻俞氏

瞿筠友妻朱氏　瞿時瑞妻李氏

瞿大綸妻陳氏　瞿元魁妻馬氏

瞿敏功妻蔣氏　瞿在豐妻俞氏

瞿財裕妻方氏存　方維槐妻蔣氏存

瞿高行妻丁氏存　瞿南齡妻傅氏瞿昌齡妻胡氏存

瞿寶賢妻朱氏存　瞿士柟妻樓氏已旌

瞿輅元繼妻沈氏已旌　瞿鋶燦妻蔣氏已旌

瞿王選妻曹氏已旌　瞿士璇妻湯氏
瞿武功妻孫氏　瞿武臣妻蔣氏
瞿熙生妻郭氏　瞿星如妻張氏
瞿武佾妻戴氏　瞿宗楷妻陳氏宗植妻俞氏
瞿宗圭妻謝氏已旌　瞿柏茂妻傅氏已旌
瞿鰲海妻方氏　瞿長清妻俞氏
孫邦耀妻俞氏　瞿彭齡未婚妻倪氏已旌
瞿鏡湖女月琴貞孝女
以上紫霞鄉訪册
章兆璧妻何氏已旌　章國溱妻吕氏已旌
章武功妻董氏　章釗妻朱氏
章鏃妻楊氏　章全璋妻徐氏

章嘉言妻俞氏　章國光妻樓氏
章泮妻樓氏　章如樟妻俞氏
章德緒妻葉氏　章國平妻董氏
章堯錦妻酈氏　章武科妻俞氏
章瑞麟妻朱氏　章澍妻俞氏
章新員妻俞氏　章榮妻樓氏存
章周承妻金氏存　章有忠妻樓氏
章正樂妻陳氏　謝寅清妻魏氏
謝兆棠妻陳氏　謝德元妻陳氏
謝國相妻鍾氏　謝坤六妻朱氏
俞壽寶妻丁氏　俞渭德妻沈氏
應松法妻瞿氏　姚其周妻章氏存

陳煊妻章氏	陳煦妻俞氏
陳紹文妻樓氏	陳悅春妻章氏
魏禹功妻俞氏	魏元化妻張氏
以上大同鄉訪册	
祝君綬妻陳氏已旌	汪培妻朱氏已旌
汪式如妻戴氏已旌	俞天豪妻謝氏已旌
汪瑚妻曹氏已旌	陶廷相妻韓氏已旌
汪永昌妻馮氏已旌	俞名高妻傅氏已旌
俞聖德妻呂氏已旌	王國定妻柴氏已旌
蔣漢妻葉氏已旌	蔣繼豐妻俞氏已旌
曹源傑妻馮氏已旌	蔣繼鎬妻倪氏已旌
王裘良妻何氏已旌	俞尚功妻章氏已旌

俞配蒼妻黃氏 已旌
俞元道妻石氏 已旌
俞至善妻呂氏 已旌
汪翰西妻周氏 已旌
汪魁先妻陳氏 已旌
汪益聚妻朱氏 已旌
柴思朝妻來氏 已旌
汪佩瑄妻瞿氏 已旌
汪世則妻傅氏 已旌
汪啓順妻謝氏 已旌
祝和星妻傅氏 已旌
祝和福妻張氏 已旌
祝錫增妻鍾氏 已旌
蔣正廷妻李氏 已旌
俞棠妻章氏 已旌
朱燮元妻張氏 已旌
謝毓英妻王氏 已旌
謝維忻妻王氏 已旌
李景武妻吳氏 已旌
李會嘉妻韓氏 已旌
李作梅妻孔氏 已旌
李世賢妻柴氏 已旌
李守雲妻祝氏 已旌
李亢宗妻俞氏 已旌

李遇春妻陳氏 已旌
金雲莊妻郭氏 已旌
錢傳鰲妻許氏 已旌
錢士相妻陳氏 已旌
錢錦福妻俞氏 清殉難烈婦已旌
汪天森妻黃氏 清殉難烈婦已旌
謝易直妻周氏 已旌
謝協恭妻鮑氏 已旌
謝明用妻張氏 已旌
謝貞子妻朱氏 已旌
謝士恩妻潘氏 已旌
謝光裕妻祝氏 已旌

李樹嘉妻周氏 已旌
李炳林妻倪氏 已旌
錢傳佐妻俞氏 已旌
錢文爖妻丁氏 已旌
汪佐朝妻華氏 清殉難烈婦已旌
謝芝英妻俞氏 清殉難烈婦已旌
謝樹勳妻鮑氏 已旌
謝步青妻陳氏 已旌
謝錫璵妻俞氏 已旌
謝惠川妻祝氏 已旌
謝祖望妻華氏 已旌
謝廷俊妻李氏 已旌

謝仲彰妻裘氏 已旌
謝濬川妻俞氏 已旌
謝廷耀妻張氏 已旌
謝祖學妻郭氏 已旌
謝能臣妻俞氏 已旌
謝慶敭妻錢氏 已旌
謝有漢妻邱氏 已旌
謝岳陽妻張氏 已旌
謝秀郎妻蔣氏 已旌
謝硯農妻吳氏 已旌
謝緒臣妻邵氏 已旌
謝遇春妻趙氏 已旌
謝仁德妻陳氏 已旌
謝國彬妻俞氏 已旌
謝錦裕妻俞氏 已旌
謝廷爵妻俞氏 已旌
謝錫爵妻馮氏 已旌
謝大業妻蔣氏 已旌
謝武臣妻李氏 已旌
謝萬榕妻張氏 已旌
謝爲經妻俞氏 已旌
謝仁維妻曹氏 已旌
謝沛元妻顧氏 已旌
謝長豐妻朱氏 已旌

謝春山妻徐氏　已旌
謝士鑑妻章氏　已旌
謝元法妻茅氏　已旌
謝錫培妻孫氏　已旌
謝文宗妻黃氏　已旌
謝春臺妻倪氏　已旌
謝坤耀妾王氏　已旌
謝魯模妻孔氏　已旌
謝有傳妻瞿氏　已旌
謝曹江妻葛氏　已旌
謝惠靈妻傅氏　已旌
謝雲林妻俞氏　已旌
謝燦英妻李氏　已旌
謝茂貴妻錢氏　已旌
謝元華妻俞氏　已旌
謝庭玉妻蔡氏　已旌
謝行先妻陶氏　已旌
謝崐元妻王氏　已旌
謝完清妻葛氏　已旌
謝福林妻杭氏　已旌
謝世煒妻丁氏　已旌
謝岳鍾妻陶氏　已旌
謝維圻妻孫氏　已旌
謝豫慶妻姚氏　已旌

謝光國妻方氏 已旌
謝以純妻俞氏 已旌
謝啓貞妻殷氏 已旌
謝敷英妻金氏 已旌
謝瞿英妻郭氏 已旌
謝君相妻裘氏 已旌
謝彬妻王氏 已旌
謝樹秀妻金氏 已旌
謝鳳毛妻戴氏 已旌
謝寶瑛妻瞿氏 已旌
謝大成妻何氏 已旌
謝樹棠妻張氏 已旌
謝李瑞妻張氏 已旌
謝芝雲妻汪氏 已旌
謝魯直妻朱氏 已旌
謝增慶妻高氏 已旌
謝耀祖妻樓氏 已旌
謝瞿茂妻俞氏 已旌
謝啓昆妻孫氏 已旌
謝天祥妻俞氏 已旌
謝淇妻孫氏 已旌
謝樹榮妻郭氏 已旌
謝墉妻孫氏 已旌
謝鼎權妻蔣氏 已旌

謝以森妻陳氏　已旌
謝森妻孔氏　已旌
謝秀桂妻朱氏　已旌
謝申妻楊氏　已旌
謝升高妻周氏　已旌
謝維忻妻王氏　已旌
謝聖貴妻李氏　已旌
謝榮茂妻虞氏　已旌
謝昺妻韓氏　已旌
謝鳳池妻陳氏　已旌
謝懷益妻顧氏　已旌
謝玉田妻俞氏　已旌
謝寅森妻俞氏　已旌
謝稼森妻陶氏　已旌
謝青錢妻李氏　已旌
謝紹安妻倪氏　已旌
謝芹圃妻宣氏　清殉難烈婦已旌
謝祥茂妻李氏　清殉難烈婦已旌
謝蘭暉妻朱氏　清殉難烈婦已旌
謝雲英妻張氏　清殉難烈婦已旌
謝元焯妻蔡氏　清殉難烈婦已旌
謝伯塤妻朱氏　清殉難烈婦已旌
謝問渠妻田氏　清殉難烈婦已旌
謝績明妻屠氏妾洪氏　清殉難烈婦已旌

謝狆妻葛氏女七姑　清殉難烈婦已旌
謝翾妻韓氏女大姑　清殉難烈婦已旌
謝伯昌妻張氏　清殉難烈婦已旌
謝鳳江妻姚氏　清殉難烈婦已旌
謝受妻王氏　清殉難烈婦已旌
謝觀富妻朱氏　清殉難烈婦已旌
謝光曙妻馮氏　清殉難烈婦已旌
謝琪妻朱氏　清殉難烈婦已旌
謝光照妻夏氏　清殉難烈婦已旌
謝景鑅妻孫氏　清殉難烈婦已旌
謝光普妻郭氏　清殉難烈婦已旌
謝瑟甫妻陳氏　清殉難烈婦已旌
汪綺交妻倪氏
汪治妻馮氏
汪炳照妻謝氏
柴有德妻何氏
柴瑞彪妻何氏
柴有道妻鮑氏
柴金鼎妻俞氏
俞禮芳妻朱氏
李子榮妻沈氏
李向榮妻陳氏
李鳳雲妻彭氏
李鎮邦妻王氏

李東陽妻邵氏　李曹佑妻謝氏

李法妻余氏　李汝柏妻柴氏存

李英生妻田氏存　李景發妻孫氏存

李發祥妻俞氏存　李大經妻王氏存

李嘉祥妻徐氏存　李孫恩妻裘氏存

李賢龍妻陳氏存　李廣福妻虞氏存

汪潾妻朱氏存　李樹敏妻朱氏存

李錦佑妻鍾氏存　柴文浩妻孫氏存

柴文綗妻俞氏存　柴鴻朝妻張氏存

許榮銓妻丁氏存　俞韓奎妻祝氏存

蔣禹槐妻陳氏清殉難烈婦　王景山妻鍾氏清殉難烈婦

俞永錫妻孔氏清殉難烈婦　許邦紀妻朱氏

許尊仁妻朱氏許尊天妻鍾氏 清殉難烈婦已旌

以上桃源鄉訪册

樓大瑛妻瞿氏 已旌　樓秉輝妻張氏 已旌

樓繼綱妻毛氏 已旌　樓鐘永妻章氏 已旌

樓榮妻張氏 已旌　樓繼曾妻張氏 已旌

樓開雲妻章氏 已旌　樓大琩妻洪氏

樓子賢妻孫氏　樓楚環妻洪氏

樓繼輝妻章氏　樓奕朝妻俞氏

樓尊元妻傅氏　樓治英妻俞氏

樓雲鶴妻楊氏　樓雲鰲妻俞氏

樓象樞妻侯氏　樓次賓妻俞氏

樓光斗妻王氏　樓永奎女喜姑 清殉難烈女

樓文益幼女梨姑清殉難烈女　王世彩妻張氏
王周富妻馬氏　樓師法妻董氏
樓錫麟妻謝氏清殉難烈婦　樓文妻俞氏
樓行素妻傅氏已旌　樓允元妻俞氏已旌
樓逢棟妻俞氏已旌　樓東川妻張氏已旌
樓名珊妻俞氏已旌　樓鳳棲妻駱氏已旌
樓永齡妻韓氏已旌　樓維浩妻章氏已旌
樓以棟妻張氏清殉難烈婦已旌　樓浩封妻俞氏已旌
王明高妻章氏已旌　俞大德妻章氏已旌
樓雲繼妻趙氏子廣生妻魏氏道生妻朱氏趙諸暨人
樓景賢長女某姑貞女　樓文德幼女安寶貞孝女
樓俊八十二妻俞氏　樓東木妻俞氏

樓廷策妻俞氏

樓德輝妻俞氏

樓德宣妻傅氏 傅諸暨人

監生周陳妾張氏

樓泳繼妻丁氏

樓光寰妻魏氏

樓林茂妻傅氏

樓新成妻俞氏

樓瑞廷妻楊氏

樓錫慶妻俞氏

監生樓元彪繼妻章氏 清已旌烈婦

以上長山鄉訪册

華有光繼妻葉氏 已旌

華雄西妻陳氏

華景瀾妻傅氏 已旌

監生孫名道妻來氏 已旌

監生孫名逑妻韓氏 已旌

孫樹萱妻來氏 已旌

孫彪妻來氏

孫廣妻韓氏 清殉難烈婦

孫康妻王氏 清殉難烈婦

孫萬年妻韓氏 清殉難烈婦

孫鼎年妻韓氏　張鳴岡妻孫氏清殉難烈婦
庠生陸成渠妻孫氏　華允中繼妻周氏
孔繼聲妻許氏　王槐先妻孫氏存
監生汪任妾張氏已旌　汪安喜妻來氏已旌
汪振英妻王氏已旌　汪維楨妻裘氏存
汪馬元妻陳氏　汪安榮妻於氏
監生曹雲春妻虞氏已旌　監生黃式政繼妻汪氏存
監生虞以臣妻朱氏　汪雪林妻林氏存
吳三連妻鄭氏　汪一淦妻王氏清殉難烈婦
汪序欽妻沈氏清殉難烈婦　汪一深妻王氏清殉難烈婦
華傳惠妻來氏　汪汝東妻來氏
李海浩妻孫氏　韓永坤妻聞人氏

華鍾彥妻來氏　孫貞泉妻華氏
韓錫琪妻王氏　孔上林妻葉氏
韓應源妻華氏　韓應增妻來氏
監生韓文沼妻華氏已旌　巡檢韓綬亭妾梁氏存
監生韓壽祜妻孫氏存　監生韓愼勉妻章氏存
孫起莘妻傅氏清殉難烈婦　華鳳飛妻傅氏清殉難烈婦
王茂貴妻譚氏清殉難烈婦　沈德豐妻周氏清殉難烈婦
孫錦標妻來氏存　華敦仁妻蔡氏清殉難烈婦
華鳴岡女鳳鶴清殉難烈女

以上長安鄉訪册

來樹蓉妻張氏　監生來召模女先姑清殉難烈女
庠生來祖毓妻倪氏　來恆方繼妻孫氏清殉難烈婦

來金堦妻郁氏 清殉難烈婦已旌
監生來樹屏繼妻孫氏

湯勛妻徐氏 已旌
孔繼洙妻蕭氏

孔傳華妻來氏
孔繼彬妻來氏

孔廣瑞妻來氏
孔繼峻妻邵氏

孔廣書妻張氏
孔憲雲妻葉氏 存

監生來受亨妻賈氏 存
監生沈聚瑞妻來氏 存

來景朝妻湯氏 已旌
來天受妻霍氏 已旌

來景位妻許氏 存
來春林妻王氏 存

職員來琳妻韓氏 存
來勤之妻陳氏 存

庠生鄭崙聘妻來氏 清殉難烈女已旌
來肇仁妻王氏 存

來蔭緜繼妻倪氏
來鳳章妻吳氏 已旌

莫景松妻來氏 存
監生傅炳生妻章氏 已旌存

來九軌妻許氏 已旌　來承宣妻張氏
來暐煊繼妻孫氏 清殉難烈婦　庠生來光歙妻周氏 已旌
來炳森妻沈氏 已旌　來爾耕妻趙氏 已旌
來錫爵繼妻沈氏　來福豫妻施氏 存
來則悌妻夏氏　來錫恩妻傅氏 存
來先珪妻莫氏 已旌　來稻生妻華氏 存
來士鍾妻孔氏　來周壽妻戴氏
來成棟妻蔣氏　何士洙妻沈氏 已旌
來維寬婢杜氏　監生何慶城未婚繼妻郭氏 貞女
來清渠妻鄭氏 存　增生王衡妻來氏 存
庠生來鉅源妻鄭氏 存　來開芳妻陳氏 孝婦
來森季女夏英 貞孝女已旌存　來亨益女文姑 貞孝女存

庠生來甦季女慶雲 貞孝女　監生來增茂長女某姑 貞孝女
來錫玘次女寶姑 貞孝女　來學增妻蔡氏 已旌
以上長河鄉訪册
楊文淵妻章氏 已旌　戴有獲妻韓氏
戴瑞農妻韓氏　戴治徽妻周氏
戴時妻來氏　戴煌妻王氏
戴宏見妻韓氏　戴駒妻來氏
戴奕炘妻單氏　戴奕燿妻許氏
戴元秀妻嚴氏　戴杜朝妻周氏
戴廷鏞妻李氏　戴華廷妻張氏
戴伯憩妻朱氏　戴爾發妻王氏
戴廷光妻毛氏 已旌　戴元政妻孔氏 已旌

戴朝綸妻葛氏 已旌

戴朝組妻楊氏 已旌

戴樹梅妻來氏 已旌

於秉均妻繆氏 已旌

宣炳簡妻虞氏 存

孫士逵妻王氏 存

孫仁福妻曾氏 存

傅錫旗妻賀氏 清殉難烈婦同錫旗殉

傅其茂妻賀氏 已旌一作夏氏

曹鑑廷妻章氏

夏東寶妻徐氏 存

韓錦春妻曹氏

孔廣鈺妻曹氏

孔憲鎔妻許氏 存

傅與賢妻陳氏 清殉難烈婦已旌

傅與良繼妻張氏 清殉難烈婦已旌

傅與鈞妻蔡氏 清殉難烈婦已旌

傅紀邦妻來氏 清殉難烈婦已旌

傅其順妻童氏 已旌

傅與培妻湯氏 已旌

傅與庠繼妻來氏 已旌

傅仁邦妻朱氏 已旌

傅與淳妻王氏 已旌

傅與謙妻華氏 已旌

傅繼增繼妻陳氏　傅壽康妻黃氏
傅廷弼繼妻趙氏　傅元堯妻華氏
傅鼎頤繼妻韓氏　傅濬心妻華氏
傅贊予妻徐氏　傅禩澤妻戴氏
傅申初妻趙氏　傅楫繼妻王氏
俞錦墉妻蔡氏已旌　江蘇知縣田人熙妾蔡氏已旌
以上西興鄉訪册
徐翊府妻楊氏　潘洪順妻柯氏
徐彰吉妻趙氏　徐士明妻盛氏
徐應龍妻蔣氏　徐應瑞妻陳氏
徐國寧妻莫氏　徐汝賢妻施氏
候選從九品徐幼芳妻蔡氏已旌　徐在仁妻楊氏

徐在孝妻王氏　徐朝榮妻王氏
徐五美妻丁氏　徐一宏妻朱氏
徐垚謙妻王氏已旌　徐仲型妻陳氏已旌
徐憩南妻陳氏已旌　徐傳元妻沈氏沈山陰人已旌
徐學始妻單氏　監生徐渭川妻傅氏已旌
監生徐士鴻妻孫氏已旌　徐寶函妻湯氏清殉難烈婦
徐以彪妻於氏已旌　徐亦庭繼妻瞿氏
徐球妻戴氏　徐汝佩妻姚氏
徐乃麻妻任氏已旌　華艾香妻許氏存
徐永源妻沈氏　徐有學妻魏氏
徐穉升妻丁氏　徐鳳儀妻陳氏
徐成名妻胡氏

以上城北鄉訪册

凡人可傳而無事蹟可詳者則表列之亦作方志者不得已之思也潛德幽光僅存姓名吾安知動天地泣鬼神無限酸辛不在此冥冥中耶

蕭山縣志稿　卷二十六

蕭山縣志稿卷二十七

人物

洪楊之亂殉烈婦女表 專據浙江忠義録纂入

光禄寺署正陸鳳墀母陶氏妻於氏弟婦董氏女玉珍

八品銜楊清科妻張氏子婦姚氏江氏朱氏徐氏女寶恩女孫昭佑昭懋昭壽

江西龍泉縣北鄉巡檢陳其昌妾李氏子婦章氏女桃姑

候選訓導何福銘母廖氏　從九品銜於慶培妻周氏

從九品銜魯錀弟婦蔡氏　從九品銜蔡恩綬妻翁氏

從九品銜林繼高妻蔡氏　從九品銜沈世榮妻高氏

從九品銜魯鏞母周氏妻陳氏妹鳳姑　從九品銜王元佐妻孔氏

舉人蔡夢齊妻陳氏　副貢生田文炯繼妻單氏

監生樓繼成女孫蘭姑　監生陳理堂妻蔡氏子婦符氏闕氏

監生張鑑孫婦洪氏曾孫女大姑二姑
監生徐振祥妻王氏子婦何氏
監生丁渠女辰姑
監生洪鐘女五姑六姑
監生楊履端妻李氏
監生單寶田妻於氏
監生王馥亭子婦曹氏張氏女孫發姑
監生於濬源妻朱氏
監生謝一峯子婦葛氏
監生蔣春森妻錢氏
附生張柳妻蔡氏
附生任淦妻闞氏
附生陳寶綸妻姜氏女大姑
附生陸鏡蓉妻蔡氏
附生張星橋女大姑
附生陳麗中從子婦楊氏孫氏吳氏沈氏從孫女昭楨
附生蔡永桂子婦韓氏女錢姑
附生楊炳元母闞氏
附生徐燦妻丁氏
副貢生國子監典簿張鳳飛妻丁氏
卽用知府陳以咸妾楊氏女徵寶
候選知府陳圻妾戴氏

從九品銜來金生妻單氏	同知銜分發江蘇知縣王齡妻勞氏女渠姑
候選從九品何佩欽繼妻陳氏	貢生郁九陔妻陳氏子婦沈氏
從九品銜鍾寶英姪女二姑桃姑	監生來耀明妻蔣氏
監生郁九成妻趙氏	監生來召模女大姑
監生鍾寶樹子婦金氏蔣氏	道銜工部員外郎陳以昌母湯氏
候選主事陳光葆母高氏	舉人沈受謙妹鳳姑應作進士
六品軍功來樹松母任氏子婦蔣氏	生員來方庭母蔣氏
生員傅夏璜妻俞氏	
監生來鳳翔妻單氏嫂華氏弟婦蔣氏女玉姑新姑戚單許氏單珊姑僕婦張吳氏	
從九品銜湯誥女正姑	從九品銜王元佐妻史氏
候選布政司理問戴松盛妻許氏妾許氏	
候選訓導蔡葆善妻周氏僕婦孫沈氏	從九品銜陳慶萱妻張氏

從九品銜王雲飛妻周氏　從九品銜宋守恭祖母孫氏

從九品銜湯仁妻蔡氏　江蘇候補知縣陳允芬妻蔡氏女大姑二姑

從九品銜祝廣漢妻韓氏女瑞姑　從九品銜蔣浩女福英

從九品楊誦芬母李氏　從九品銜張曾德弟婦蔡氏子婦任氏

候選從九品蔡爕元子婦任氏女孫福姑

從九品銜張鑫嫂顧氏　議叙從九品徐天祥妻韓氏

從九品銜王運嘉妻蔣氏　從九品銜張錡妻任氏

候選從九品黃紹金妾金氏女香姑從子婦葉氏姪孫女秀蘭僕婦馮氏

從九品孔廣金妻夏氏　監生朱望松女生姑

附貢生蔣坤弟婦吳氏女鳳姑　監生張鎔嫂來氏

監生張懷德妻周氏女元姑

監生湯福萃妻林氏祖母某氏女僕某氏婢某姑

廩生蔡兗傳妻鄭氏　廩生來德耀妻顧氏

廩生鄭廷煊母來氏子婦於氏　增生林繼聲母周氏弟婦蔡氏

副貢生任式膺妻王氏　廩生瞿以豐妻田氏

附生瞿謙妻戴氏　附生祝樹泉妻俞氏女昭姑

監生俞公田母田氏姊妹大姑小姑妻田氏

增生謝鼎奎子婦湯氏郭氏夏氏女受祜女孫大姑

附生謝鼎藻妻田氏弟婦屠氏子婦夏氏從子妾洪氏女姪一姑

監生韓憩棠妻孔氏　監生楊竹亭妻顧氏

附生陸耀辰妻葉氏　監生何鎏叔母繆氏

監生黃仁育妻章氏子婦瞿氏

監生陳先珍母徐氏庶母錢氏叔母孔氏鮑氏張氏妻蔡氏弟婦趙氏李氏妹喜姑滿

茂姑子婦瞿氏婢靜香

監生樓簡書妻俞氏　監生倪正銘妻闕氏
附貢生桑大倫子婦孔氏　監生汪寶善妻鍾氏
監生徐天譽妻鄭氏　監生徐天明妻莫氏妾韓氏
附生勞謙妻虞氏　監生倪錦章妻孫氏女大姑
監生孔廣政母夏氏妻夏氏子婦楊氏沈氏
監生孔昭榮妻金氏子婦金氏女三姑蘭姑孫女鳳兒
監生王槐蓀妻陳氏妾史氏子婦孔氏沈氏女元姑幼姑喜姑嫁女孔王氏女孫阿春
阿蘭秋桂阿桃
監生倪振源母闕氏女三姑　監生韓師孟妻何氏
監生周嘉樂妻施氏　候選同知沈兆桂妻高氏
監生曹名玉弟婦徐氏子婦單氏女水運從孫女脩音
即用知縣林煊女湯林氏　從九品銜湯端妻闕氏

布政司理問銜王鳳銜妻湯氏	
兩淮泰州運判單壯圖妾何氏從子婦周氏王氏孫婦蔡氏	
工科掌印給事中姚慶元妻戴氏妾馬氏子婦王氏蔡氏女四姑	
署廣東雲州府同知湯恭壽母李氏	翰林院待詔許乾妻傅氏
從九品銜於宣釆妻朱氏	候選從九品陳鑑妻徐氏
從九品銜來金鼎妻徐氏	候選從九品周鑑女九蓮
候選同知王延祚祖母李氏	刑部司獄王自堂妾李氏
河南候補典史韓崙妻謝氏	從九品銜莫岑妻單氏姊妹蔡莫氏周莫氏
議叙從九品銜吳偉生妻顧氏	從九品銜張曾美妻顧氏
職員潘銑妻俞氏	已故工部尚書陸以莊妾馮氏
從九品陳世俊繼妻卓氏	都司裘兆鏞妻王氏
舉人金華縣學訓導王勉繼妻張氏	從九品銜何鱗妻王氏姊大姑

外獎五品軍功方贊清妻費氏　候選從九品蔣學揚妻童氏
職員顧枚妻傅氏　監生陸毓珊母陳氏
監生任家福妻蔡氏　舉人蔡以瑩妻曹氏妾馬氏女景李景良
監生蔡維緯妻曹氏　監生曹曼齡子婦任氏
監生曹子玥從子婦湯氏女姪寶姑　生員丁文謨妻史氏
監生韓培妻陳氏　監生湯義女寶姑嫁女陳湯氏
監生倪鈺妻項氏　監生戴松齡妻節婦汪氏
監生汪世鎮妾姚氏　舉人陸登瀛母方氏
廩生蔡乃成母節婦王氏妻吳氏　生員張肇科妻單氏子婦陳氏女孫二姑
從九品銜監生湯克勤妻莫氏　監生王雲翊女金姑
監生陳浩綸妻吳氏　監生陳貢三妻張氏
監生屠光蔚妻鍾氏　監生陸幹香妻蔣氏

生員王輝山妻某氏　廩生何金妻節婦沈氏女大姑
監生嚴治心女鳳姑　監生單傳施妻傅氏女二姑
生員沈成材女五姑　生員蔡詠桂女順姑
生員沈錫祚妻陸氏　監生王光禧母柏氏妻陳氏
監生俞承堂女七姑　監生蔡榕妻陸氏
監生胡灝源妻陳氏　生員周光鼒女春姑
監生王景逵妾李氏子婦徐氏瞿氏從子婦任氏
生員陸兆金妻王氏　生員蔡標一妻周氏女喜姑
生員金履階妻郭氏　生員周鼒臣母王氏妻王氏
監生章杲妻楊氏　生員韓學潮妻陳氏
舉人郁樹森妻杜氏次子婦陳氏女美璜
監生張在煢妻潘氏　監生張二銘妻何氏女大姑

監生張智妻楊氏　監生張煉妻來氏
監生張兆熊妻金氏　監生韓慶祥妻金氏
監生韓大泉妻周氏　監生周其康妻陸氏
監生史中祥妻張氏　監生顧守基妻俞氏
監生顧枚妻孫氏　生員李清廉妻莫氏
生員湯緯妻節婦蔡氏　佾生戴芸逵妻周氏
監生倪文杰妻節婦姚氏　生員蔡庭佐妻徐氏
生員朱震妻張氏　生員丁品藻母節婦蔡氏
監生張春臺妻周氏　監生陳立元妻蔡氏
監生倪振邦妻韓氏子婦姚氏　監生虞餘慶妻韓氏
監生楊春元妻王氏　監生陳恕妻楊氏
監生倪玉庭妾蔣氏　生員陳鍾穎妻倪氏

武舉人韓重義妻陳氏　監生陳章妻姚氏
監生高淦繼妻朱氏　監生王鉻妻來氏妾金氏
生員陳翰妻孫氏
監生戴德滋生母施氏子婦王氏女大姑五姑六姑八姑
生員黄五惇妻王氏　佾生韓樞妻俞氏
監生蔣尊位妻張氏　監生樓竹亭妻顧氏
佾生王錦榮妻丁氏子婦何氏　謝惟慓妻陳氏
謝洪妻朱氏　王念四子婦邱氏女孫大姑單杏洲妻黄氏
蔣尊飛女七姑　郁企鰲母俞氏
郁士林母戴氏妻蔡氏女大姑二姑
蔡阿四母吳氏妻闕氏弟婦張氏女昭姑女姪大姑
戴連鑣妻闕氏　蔡震占妻曹氏女大姑

王炳賢妻曹氏　　來廷棅祖母沈氏母陳氏
柳景昭孫女大姑　　陸如玉妻湯氏女大姑
孔憲忠妻洪氏　　蔡應元妻來氏
潘加彩妻趙氏女金姑　　戴連珍妻來氏
蔣珪鑑妻馮氏　　丁聚茂子婦張氏
陸垂妻任氏　　胡南培妻甘氏
傅硯香妻陳氏　　孔繼鈺妻楊氏
徐開文妻蔣氏子婦倪氏女蓮姑　　宋來復妻蔡氏
汪世鎮妾姚氏　　沈鏡湖妻陸氏弟婦湯氏姊昭姑
許肇脩妻陸氏　　鍾湘亭妻徐氏
王紀泰妻傅氏　　蔡慶元妻來氏
魯保元女毛姑　　柳廣元祖母闞氏

韓鑑堂妻史氏　王寶鑑妻韓氏

蔣天禧子婦曹氏　張詩東女孫大姑

王松年女大姑　金龍安妻朱氏

何炳章妻金氏女寶姑元姑李春茂妻周氏

鄭蔭松妻於氏　盛林妻來氏

張應賢妻何氏　潘惟標妻鄭氏

陳玉豐妻管氏　蔣學隆妻葛氏

蔣尊梅妻顧氏　蔣尊仁妻戴氏

蔣尊發妻丁氏子婦倪氏莫氏　蔣尊葵妻賈氏

蔣尊三妻孔氏　蔣立銓妻韓氏

錢坊德妻傅氏子婦陳氏　錢坊德孫婦陳氏女孫大姑小姑

沈炳熙妻丁氏　汪位中妻黃氏

祝成功子婦俞氏孫婦傅氏俞氏柴氏孫氏
陸維城母節孝倪氏妻童氏王冠三妻屠氏
王效三妻周氏　王慶邦妻周氏
王元奎妻陳氏　王暮春妻吳氏
王成學妻戴氏　王裕傳妻周氏
王純學妻周氏　王在順妻高氏
王之章妻高氏　王在鎔妻何氏
韓丙春妻董氏　湯夢庚妻瞿氏
湯綬子婦來氏　張名涇妻韓氏
蔡以悰妻莫氏女恬姑仙姑小姑　傅瀛儒妻陳氏
洪德華妻陳氏女東姑　王煦妻曹氏子婦曹氏女翠姑妻母曹蔡氏
沈錫智妻金氏　趙敬忠母闞氏妹寶姑

章佐堯妻王氏　章有曾女彩松發文英
章倫元妻金氏　章新位母俞氏妻俞氏
章禹堂妻趙氏　章正行妻金氏
章校三妻魏氏　章聖潮妻衛氏
章儒瑞妻俞氏　章正妻闕氏
章兆英妻龔氏女愛香　章禹春妻傅氏女玉春
章坎妻衛氏外孫女俞姑　章思連女彩林
孫成岳妻樓氏　張阿占妻楊氏
俞奎明妻金氏　俞阿燦妻章氏
俞海月妻穆氏　俞效先妻蔣氏
俞明春婢俞撻　韓績妻陳氏
魏禮均妻韓氏　瞿臨魁妻闕氏

孔繼權子婦徐氏女大姑二姑三姑從子婦王氏女孫艾姑戚蔣氏僕婦田氏婢惠蓮

陳堯楷從子婦孫氏僕婦靳氏黃氏　瞿以復妻謝氏

徐宗脩妻俞氏　虞阿炳母徐氏

倪文炳妻仝氏女小姑　倪小傳妻某氏子婦姚氏孫氏

倪寶山妻陳氏　曹勝臻妻孔氏

何子奇妻某氏　陳景源妻陸氏

孔繼鈺妻楊氏　徐永鳳妻王氏

倪日永母某氏嫂某氏妻任氏妹大姑女姪大姑

陳桂林妻張氏妾趙氏女大姑　陳樓林妻葛氏

陳茂盛母祝氏　陳梅林妻傅氏長子婦傅氏女孫大姑

單寶謙妻王氏　曹珍妻湯氏

湯用中妻來氏　單雲松妻節婦傅氏

張國俊妻丁氏	曹恩聰妻節婦杜氏
曹佩之妻節婦任氏	童大茂妻節婦陳氏
史元秀妻周氏	張萬清妻趙氏
王鳳林妻楊氏	周連貴妻傅氏
湯學山妻陳氏	魏貴龍妻徐氏
楊南洲妻闕氏	莫鯉庭妻單氏
方瑞相妻俞氏	周承業妻吳氏
陸增慶妻繆氏	蔡嘉言妻吳氏
沈如柄妻孔氏	邱如義妻孫氏
湯學釗妻夏氏	湯曰仁妻陳氏
童正蒙妻張氏女大姑	屠步蟾妻戴氏
徐泉之妻屠氏	沈大椿妻蔣氏

金瑞高妻屠氏　倪三元妻丁氏
金多福妻屠氏　周勉之妻洪氏
周協昌妻繆氏　屠思謙妻韓氏
屠國渠妻韓氏　蔡玉堂妻湯氏
童立占女大姑　屠觀光女一姑
倪某女寶姑　張某女尊姑
戴某女雪蘭　范沅妻張氏
蔡明遠妻張氏　周金懷妻陳氏
潘汝諧女大姑　楊以權妻戴氏
陳師錞妻節婦張氏　陸鑑蓉妻節婦蔡氏
何懷倫妻丁氏　任椿妻陳氏
陸卿妻鄭氏　洪百川妻宋氏

徐桂林妻節婦黄氏　蔡凝世繼妻曹氏
蔡宗世妻蔣氏　朱以泉妻富氏
蔡金水妻王氏　任倘妻呂氏
何炳南妻洪氏　許文潮妻吳氏
史景堂妻曹氏　王繼元妻莫氏
章駒妻吳氏　鄭蔭松妻闞氏
蔡紹襄妻韓氏　姚存標妻任氏
姚敬鈞妻陳氏　王文高妻倪氏
王元剛妻倪氏　謝六聖妻王氏
王瑞榮妻華氏　金天貴妻陳氏
王松鶴妻李氏　王九四妻倪氏
李元恩妻朱氏　李有緣妻周氏

陳大高妻金氏　陳世位妻李氏
陳增福妻朱氏　陳浩綸妻李氏
陳繼堂妻鍾氏　陳南松妻張氏
王貴一妻孫氏　孔憲鎬妻俞氏
田尙賢妻孔氏　田尙球妻徐氏
張某妻沈氏　張某妻施氏
周永熙妻金氏　周師福妻田氏
張瑞康妻繆氏　周士朝妻趙氏
沈文忠妻節婦壽氏　沈宇堂妻張氏
張廣泉妻王氏　徐桂山妾祝氏
嚴敬齋女三姑　王宗槐女荷姑
王順秀女廿七姑　田康凝女大銀姑

蔡標妻周氏
蔡治香妻節婦瞿氏
洪肇疇妻節婦陳氏
王錦榮妻丁氏
陸蘭蓀妻蔡氏
任鳳岐妻蔡氏
韓城妻來氏
張名枬妻陳氏
周俊卿妻王氏
周朝尊妻錢氏
周國望妻李氏
章思恆妻節婦魯氏
柳泰來妻夏氏
柳鶴榮妻金氏
柳鳳榮妻林氏
柳鳳高妻闕氏
柳鳳瑞妻逸氏
周繼朝妻金氏
柳春芳女大姑
王某女八姑
周朗齋女大姑
鄭景高妻樓氏
項聖林妻汪氏
任梧妻張氏

靈思禮妻沈氏　沈錫祚妻陸氏
沈錫智妻金氏　沈蓉圃女五姑
王有煦妻朱氏　湯鳳賢妻戴氏
湯曰秀妻時氏　湯德順妻韓氏
湯宏高妻吳氏　任兆祖妻節婦邱氏
周元英妻丁氏　屠榮川妻節婦嚴氏
柳家麟妻李氏　朱鎮連妻蔡氏
蔡大東妻傅氏　柴老巨妻傅氏
柴鶴春妻瞿氏　柴兆發妻何氏
謝蘭暉妻朱氏　謝觀福妻張氏
謝陸炳妻李氏　朱龍妻闕氏
孔廣芝妻郁氏　孔繼來妻節婦米氏

孔嘉言妻陳氏　孔昭𠫵妻沈氏
孔廣烈妻節婦陳氏　孔廣鐈妻郁氏
陳維然妻孟氏　陳仁芝妻來氏
陳鳳鳴妻方氏　陳敬和妻杜氏
張召奎妻楊氏　張德章妻孔氏
汪學順妻潘氏　孔憲源妻倪氏
孔憲成妻孫氏　湯景曾妻金氏
湯泰康妻洪氏　曹廷源妻張氏
吳乜毛妻戴氏　倪明雷妻於氏
陳丙曾妻沈氏　朱鎮清妻謝氏
曹應耀妻節婦蔡氏　張傅妻繆氏
李標慶妻俞氏　朱應祥妻何氏

瞿玉田妻節婦黃氏　周懷仁妻節婦陳氏
童景泉女大姑　胡景松聘妻曹氏
盛運妻陳氏　盛甡妻朱氏
盛廷駱妻蔡氏　徐兆曾妻盛氏
於品曾妻陳氏　於德嘉妻曹氏
於元保妻盛氏　於鳳妻王氏
湯新順妻俞氏　傅瑞雲妻闕氏
陸某妻蔣氏　趙賢妻張氏
孫廣助妻倪氏　韓某妻倪氏
陳某妻謝氏　陳守諶妻林氏女幼姑
洪德華妻陳氏　趙炯妻朱氏
俞鑑妻王氏　任景釗妻邱氏女大姑

徐景文妻屠氏	屠沛璜女大姑冬姑
金克和妻湯氏子婦王氏	盛軫妻沈氏嫁女徐盛氏
徐枚妻曹氏	潘茂和妻周氏女大姑
張金銑妻任氏女小姑	蔣應彪繼妻蔡氏
任友松妻李氏	金文元妻謝氏女福姑祿姑
何其燦妻韓氏女某姑	林以价妻張氏妾陳氏
王茂樟妻張氏	王茂功妻孫氏女森姑
王茂林妻韓氏	金寶生妻張氏
張朝揖妻樓氏女阿香	田康正妻李氏子婦黃氏
倪福慶妻張氏女某姑	王茂全女林姑蓮姑
王祖蘭妻何氏	何福瀚妻顧氏
蔡寶泉妻嚴氏	柳廣禮妻陳氏女某姑

柳榮尊妻王氏　柳榮祝妻沈氏女某姑

柳鳳桂妻吳氏女某姑　童思瑞妻邱氏女孫某姑

童學義妻汪氏　張佐芬妻汪氏

來星橋妻孫氏女五姑　湯泰元妻張氏女某姑

孫朝慶妻盛氏　嚴燾妻王氏

沈阿四妻管氏女某姑　陸泉祖母張氏

李春和妻蔡氏　陳秀林女大姑

金受謙妻方氏　金受恆妻黃氏

俞渭德妻節婦馬氏　李春和妻節婦馬氏

王玉瑞妻吳氏　來錦聲妻單氏

單濟妻闞氏　何松高妻周氏

樓元彭妻章氏　王爽泉妻曹氏

蔡紹廷妻王氏　陳永賢妻李氏
呂升堂女耐冬姑　王際升妻嚴氏
戴永妻陳氏　張兆賢妻節婦馬氏
李耀春妻來氏　李鳳岡妻韓氏
李光佩妻華氏　李鳳岐妻姜氏
陳如錫妻俞氏　陳炳貴妻俞氏
陳如玉妻張氏　陳鳳鳴妻樓氏
陳永治妻俞氏　陳炳松妻樓氏
樓繼松女孟樓氏　李潁松妻虞氏
李連金妻吳氏　李濱妻俞氏
李召思女芳姑　何松法妻張氏
何學鵬妻傅氏　俞逢信妻楊氏

李光崎妻韓氏　陳維洪妻節婦俞氏女金寶
王梓榮妻張氏　魏松年妻潘氏
朱校妻陳氏　朱配恩妻張氏
傅汝川妻節婦周氏　王阿桂妻周氏
傅南茂妻錢氏　方兆彰妻章氏
陸啓龍妻徐氏　金國瑞妻曹氏
王虎妻李氏　李宗朝妻王氏
樓以權繼妻戴氏　韓雙鳳妻繆氏
陸釗妻夏氏　孔繼煊女慶姑
潘瑞秀女九姑　何金生妻韓氏
蔣廷佐妻許氏　韓炳元妻黃氏
韓瑞生妻於氏　韓瑞發妻黃氏

孔繼東妻葛氏　韓天有妻來氏
韓耀女愛姑　戚繼星妻虞氏
何爲山女十三姑　韓慶祥妻金氏
韓大泉妻周氏　韓皆明妻翁氏
蔡明學妻姚氏　湯尙瀛妻金氏
金奎妻章氏　姚永福妻趙氏
傅錫旗妻賀氏　徐永炎妻孫氏妹福姑
黃紀高妻周氏女毛姑　曹思聰妻杜氏
曹止珍妻陳氏　周鳴皋妻節婦俞氏
俞美亭妻沈氏　曹廷瑋女五姑
沈宗堯妻孔氏　蕭啓高女娥姑
鄭昉妻王氏　汪金桂母潘氏

徐家讓妻節婦黃氏　張德星女翠蓮姑
張金釗祖母汪氏　汪雲母郁氏
汪立功母於氏　陳大中妻胡氏
戴舜琴姊招姑　張廷綱妻王氏子婦王氏
何大照妻金氏僕婦王何氏祝洪氏　張汝榮妻屠氏
賈培芳母傅氏　賈培棫母皮氏
賈培恩妻張氏　孫廷燦妻傅氏
賈元塏母屠氏　湯慶雲妻陳氏
吳錦濤妻李氏　蕭娜娓姑
高子安母倪氏　陳廷懷妻吳氏
沈子庚妻倪氏一作子耕　於緒廷妻陳氏
於德家妻朱氏　傅俗賢妻陳氏

賈培因母皮氏妻駱氏　湯樹滋妻潘氏
陳大妻俞氏女大姑　陳繼唐妻節婦鍾氏
單銘恭妻張氏　來金銓女十四姑
湯學棟妻章氏妹翠姑　陳寶琴妻湯氏
張名達妻王氏　丁乃咸妻張氏女大姑乃咸一作乃言大姑一作幼姑
鍾上林妻王氏　林培秀妻節婦陳氏女金姑
單鈺妻於氏　汪某女肖姑
汪某妻金氏　虞繼曾女二姑
來世績妻郁氏　徐品生妻李氏
王春圃妻節婦朱氏　王光烈女琴姑
孫禮標妻丁氏　章貢楊妻俞氏
章恩德妻魏氏　章國瑞妻詹氏

章曾言妻戴氏　章紹祥妻鄭氏
湯魯恭妻俞氏　章湯高妻俞氏
章名高妻俞氏　章國倫妻樓氏
章維坤妻謝氏　章曾榮妻俞氏
章魯書妻瞿氏　章湯元妻俞氏
章岳封妻董氏　章湖庚妻金氏
章大坤妻俞氏　章維慶妻俞氏
章樹森妻孫氏　章應通妻俞氏
章阿大妻魏氏　章望海女美英
章舜亮妻陳氏　章湖傑妻呂氏
章有岳妻陳氏　章維華妻丁氏
章應義妻徐氏　章永龍妻張氏

章曾寶妻俞氏	何如鈴母丁氏
施宗董母徐氏	張廷傑妻節婦黃氏
王某妻金氏	王某妻陳氏
金孫福妻瞿氏	孫成秀妻俞氏
孫夢球妻卜氏	孔昭顯女小姑
孔昭壬妻王氏	孔毓奇妻陳氏
孔昭仁妻俞氏	孔繼有妻朱氏
陸某妻節婦倪氏	倪祖孝妻某氏
倪阿槐母闕氏	邵阿三妻陳氏
陳拱辰聘妻傅氏	陳嘉辰聘妻吳氏
陳文信妻崔氏	潘承惠妻沈氏
徐堯佐妻宋氏	韓瑞高女桂姑

王一鰲女金姑　王阿三女多姑
韓戴鰲女滿姑　韓瑤瑞妻應氏
沈象南女蕭姑　韓連一女貞姑潔姑
虞錦文女端姑　錢某妻楊氏
徐錫源妻俞氏　王某妻錢氏
金玟妻倪氏　倪嶺梅母陳氏妻朱氏
陳應蛟妻陶氏女大姑　王榮鑛妻韓氏
王邦慶妻周氏　王炳照妻周氏
王正坤妻裘氏　王元發妻朱氏
王三順妻洪氏　王天德妻樓氏
王家齊妻孫氏　王天明妻戚氏
王丙周妻鄭氏　林天元妻金氏

王邦銀妻周氏　王淸漣妻倪氏
沈鳳和妻韓氏　葛金山妻張氏
王文光妻傅氏　王博學妻許氏
王象文妻張氏　王郊學妻錢氏
王願學妻俞氏　王賢學妻金氏
王敦學妻韓氏　王湘妻倪氏
王惠均妻沈氏　王永高妻邸氏
王球妻張氏　王汝翼妻傅氏
王可與妻夏氏　王寶全妻倪氏
王宜松妻朱氏　王正能妻俞氏
王照學妻朱氏　王宜風妻朱氏
王思全妻邵氏　王珮妻周氏

王元剛妻倪氏　王瑞榮妻華氏
王文高妻倪氏　王順忠妻孫氏
王文蘭妻沈氏　王某妻韓氏
王某妻倪氏　王某妻潘氏
王某妻吳氏　吳某妻王氏
吳某妻王氏　汪某女五姑
吳某妻王氏　王順裕妻張氏
王某女金姑　王某女八姑
張某女金姑　姚某女十二姑
郭宗溱妻周氏　曹某女大姑
余某妻陳氏　蔡松林妻李氏
蔣學潮妻王氏　蔣尊琳妻戴氏

蔣鏞妻鍾氏　蔣釗妻王氏
蔣天生妻倪氏　蔣金生妻孟氏
蔣富炳妻高氏　韓培妻倪氏
以上浙江忠義錄
蕭人士殉洪楊之難既列表傳之矣顧婦女之被禍者亦衆執德不回見危授命貞魂毅魄且將就湮併表詳之俾傳姓氏以副史家闡幽之義

蕭山縣志稿勘誤表

卷數	頁數	行數	字數	正	誤
二五	七	一〇	一九	祚	王
	八	五	一〇		落一妻字
二六	一六	二四	八	妻	氏
	三七	一四	六		落一妻氏

蕭山縣志稿卷廿八

瑣聞

遺聞軼事

夏統從父敬寧祠先人迎女巫章丹陳珠二人並有國色莊服甚麗善歌舞又能隱形匿影甲夜之初撞鐘擊鼓間以絲竹丹珠乃拔刃破舌呑刀吐火雲霧杳冥威光電發統諸從兄弟欲往觀之難統于是共紿之曰從父聞疾病得瘳大小以爲善慶欲因其祭祀並往賀之卿可俱行乎統從之入門忽見丹珠在中庭輕步佪儛靈談鬼笑飛觸挑抃酬酢翩翻統驚愕而走不由門破藩直出歸責諸人曰昔淫亂之俗興衛文公爲之悲惋螮蝀之氣見君子尙不敢指季桓納齊女仲尼載馳而退子路見夏南憤恚而忼愾吾常恨不得頓叔向之頭陷華父之眼奈何諸君迎此妖物夜與遊戲放傲逸之情縱奢淫之行亂男女之禮破貞高之節何也遂隱床上被髮而臥不復言衆親踧踖即退遣丹珠各各分散又太尉賈充謂曰昔堯亦歌舜亦歌子與人歌而善必反而後

和之明先聖前哲無不盡歌卿頗能作卿土地間曲乎統曰先公惟寓稽山朝會萬國授化鄙邦崩殂而葬恩澤雲布聖化猶存百姓感詠遂作慕歌又孝女曹娥年甫十四貞順之德過越梁宋其父墮江不得尸娥仰天哀號中流悲歎便投水而死父子喪尸後乃俱出國人哀其孝義爲歌河女之章伍子胥諫吴王言不納用見戮投海國人哀其忠烈爲作小海唱今欲歌之衆人僉曰善統于是以足扣船引聲喉囀清激慷慨大風應至含水漱天雲雨響集叱咤驩呼雷電晝冥集氣長嘯沙塵烟起王公已下皆恐止之乃已諸人顧相謂曰若不游洛水安見是人聽慕歌之聲便髣髴見大禹之容聞河女之音不覺涕淚交流即謂伯姬高行在目前也聆小海之唱謂子胥屈平立吾左右矣 晉書本傳

晉百官名曰許璪字思文義興陽羨人許氏譜曰璪祖黽字子良永興長父裴字季顯烏程令璪仕至吏部侍郎 世說新語注

齊武帝永明五年西陵戍主杜元懿以吴興歲儉會稽年登商旅往來倍歲西陵牛埭

稅官格日三千五百求加至一倍計年長百萬浦陽南北津及柳浦四埭乞爲官領攝一年格外長四百許萬武帝以示會稽使陳得失東中郎長史行會稽郡事吳郡顧憲之議曰尋始立牛埭非苟通僦以納稅也當以風濤迅險人力不捷濟急以利物耳既公私是樂故輸直無怨京師航渡卽其例也而後之監領各務己功或禁遏別道人生理外凡如此類不經埭煩牛者上詳被報蒙停格外十條從來喧訴始得暫弭案吳興頻歲失稔今茲尤饉去乏從豐良田饑棘舊格新減尙未議登格外加倍將以何術皇慈恤隱振廩蠲調而元懿幸災榷利重增困瘼人而不仁古今共疾且比見加格置市者前後相屬非惟新加無贏並皆舊格有闕愚恐元懿今啓亦當不殊若事不副言懼貽譴詰便百方侵苦爲公賈怨其所欲舉腹心亦當獸而冠耳書云與其有聚斂之臣寧有盜臣言盜公爲損蓋微斂民所害乃大也然掌斯任者應廉平則無害于人愚乂以便宜者蓋謂便于公宜于人也竊見頃之言便宜者非能于人力之外用天分地者也率皆卽日不宜于人方來未便于公名與實反有乖政體凡如此等誠宜深察武帝

從之 南史

宋孔靖會稽山陰人子靈符自丹陽尹出爲會稽太守尋加豫章王子尚撫軍長史靈符家本豐産業甚廣又於永興立墅周回三十三里水陸地二百六十五頃含帶二山又有果園九處爲有司所糾詔原之而靈符對答不實坐以免官後復舊官 宋書

賀知章年八十六臥病上表乞爲道士還鄉明皇許之捨宅爲觀賜名千秋命其男曾子會稽郡司馬賜鑑湖剡川一曲詔令供帳東門百僚祖餞御製送詩并序云天寶三年太子賓客賀知章鑒止足之分抗歸老之疏解組辭榮志期入道朕以其年在遲暮用循掛冠之事俾遂赤松之遊正月五日將歸會稽遂餞東路乃命六卿庶尹大夫供帳青門寵行邁也豈惟崇德尚齒抑亦勵俗勸人無令二疏獨光漢册乃賦詩贈行詩云遺榮期入道辭老竟抽簪豈不惜賢達其如高尚心環中得秘要方外散幽襟獨有青門餞羣英悵別深又云筵開百壺餞詔許二疏歸仙記題金籙朝章換羽衣悄然承睿藻行路滿光輝 全唐詩話

賀知章字維摩自號四明狂客李白訪賀監不遇詩東山無賀老却掉酒船回金壺記

秘書監賀知章有高名告老歸吳中明皇嘉重之每事優異將行泣涕上問何所欲泣曰有男未定名幸陛下賜之歸鄉里之榮上曰爲道之要莫如信孚者信也履信思乎順卿之子必信順人也宜名之孚再拜而受命爲久而語人曰上何謔我也我是吳人孚乃瓜下爲子豈非呼我兒瓜子也高懌羣居解頤

諸曁蕭山城隍俱祀龐公玉洪邁容齋五筆

西施實生於吾蕭今蕭山有苧蘿鄉後漢書會稽餘曁即蕭山注西施之所出以爲諸曁者誤來斯行棲菴小乘

唐天寶間有客將南泝婺州已僱舟見有神鴉集柁樓心竊疑之傍晚老翁求附至此舟舟人招之翁曰是舟明五更開後當有災忽不見舟人乃祠江使君密取亭傍石藏舟中夜半開舟風果作舟人臨把柁輒作送聲云江使君舟便帖然後人依其聲作和聲曰江使君去復來風發當復來九懷詞小序

蕭相公行九失其名少時讀書雲峯山或授之法及長爲吴越王時詞官掌文史事旦日在朝夜輒還家宿其家人竊聽唧唧疑房有他男聲妻羞之伺其行時見躡雙鵲去即屐也乃匿其屐不能去事發棄官住雲峯山巔邑有旱澇能興雲致雨且能以咒療諸疾一日城有疫癘者請君至將入城忽失所在鄉人思之塑其像於各廟院潮神之間以其無專祠故雜附之非潮神也同上

武肅王欲於錢塘江捍隄苦於怒濤所擊遂搆思爲下沉之計而江濤明日愈攻西陵王憤發因于疊雪樓架三千弓弩射之潮頭爲之斂去便命下石籠樹巨木其塘遂成宋僧贊甯傳載略

武肅王天祐丙寅思拓捍海塘先是江心有石卽秦望山脚橫截波濤中時商旅船到此輒爲風濤傾覆名曰羅刹石我國八月既望必迎潮設祭用樂舞尋更名曰鎮江石開平以來沙漲遂作木欄圍其頂今祭江亭是也同上

宋時沿江置捍江軍東風濤上尤加警備桂𦾔地理指掌圖

錢塘之渡自昔爲難孫覿志汪思恩云會稽渡錢塘舟人冒利梱載而行半渡弭檝邀取錢物暴風猝至舉舟盡溺操舟者皆善泅獨免公爲臨安守曰不戮此輩則殺人未艾也悉論殺之更造大艦十數每艦受若干人製號如其數以五采別之置吏監總渡者給號登舟其舟人給直有定估除十之一備修葺之費自此無一舟之覆蓋錢塘除暴風積水亦不甚險惟載人過甚舟力不勝則有覆溺之禍當事每以空言申勅安得如汪守者而與之講濟人之事乎案鴻慶集汪諱思溫（南雷文定）

錢尚父始殺董昌奄有兩浙得行其志士人恥之吳侍郎越州蕭山人舉進士場中甚有聲采屢遭維縶不遂觀光乃脱身西上將及蘇臺界回顧有紫綬者二人追之吳謂必遭籠罩須臾紫綬者殊不相顧促遽前去至一津渡喚船命吳共濟比遠岸杳然失之由是獲免耳後策名升朝是知分定者必有神明助之（北夢瑣言　舊志選舉前代多缺故吳侍郎科目無考）

蕭山西陵砦皮光業譔錢武肅廟碑云漁浦黿石翼張下營蕭山西陵林次列砦（錢受徵順）

存錄

富春土俗相傳凡近江處若樟巖山赤松山鹿山之巔石上有繂纜痕土中有螺蚌殼驗之不爽因是見鼈子門未鑿則富陽錢塘爲巨浸聞家堰未築則諸暨蕭山皆澤國也 富陽縣志浙江通志

高宗自建康避入浙東至蕭山有列拜於道側者揭其前曰宗室趙不衰上大喜曰符兆如此吾無憂矣 王明清揮麈錄

張卽之參知政事孝伯之子以父廕歷官司農丞授直秘閣致仕書名滿天下金人極愛重之懸餅金購募喜作擘窠大字不一時輒盡一幅絹尤工飛白自謂得中郎遺法 兩浙名賢錄

鄭庚初爲太和丞薦楊勍之勦寇有功後以官兵俘平民庚奮辨之俘者得不死監司上其事於朝當事陰格之未錄也既而庚憂去服闋補蕭山丞臨安大災廷署皆延燒有火挾文卷上狆飛颺墮西興沙間堠兵攫得之認曰此鄭長官名以獻之令則正監司所上庚前事也令嘆曰寧得非天意耶封奏之舉朝稱異始錄其前功遷職焉 洪邁夷堅

志

楊梅出予邑最佳唐鄭公虔云越州宵山有白熟楊梅宵山者蕭山之誤 西河詩話

上元放燈三夕錢氏納土進錢買兩夜今十七十八兩夜燈因錢氏添之 江鄰幾雜志

錢塘江屬錢塘疆者凡五十里郡城外龍山東南與仁和分界西南直上至廟山與富陽分界中流與蕭山分界 錢塘縣志

宋邑人王絲發地得一小青石板甚薄上刻詩三首八分小字甚工妙詩曰搖漾越江春相將采白蘋歸時不覺晚出浦月隨人又曰乘曉南湖去參差疊浪痕前洲在何處孤恨與誰論又曰家寄征南岸征人久遠遊不如潮有信每日到沙頭蓋唐人詩也見嘉泰志又有掘地得石刻爲詩四句曰疏散難成事風流不立身謹言終少禍儉用省求人蓋古人堂中戒石也 萬歷志

越人朱仲桓武云至正丙申歲大旱余在蕭山觀方士陳希微禱雨于北嶺將軍廟累日俄降筆云吾秦人厲狄也與項羽起事山陰雖功不竟而死然有德于民父老不忘

我者俾血食于此爾來幾千五百年世代雲變遂湮我姓名至蔑焉無聞故以相告目擊其事咸嘆彌日輟耕錄互見壇廟按乾隆志云余二字訛爲之忽今從輟耕錄原本更正

淨土寺唐開寶五年卽善名寺址建爲彌陀院宋太平興國七年改今名明永樂初寺塔俱廢天啓間邑人蔡三樂建湫口閘卽於山麓創屋六楹仍曰淨土寺有對聯千家郭外西天竺萬頃湖邊小普陀山陰祁豸佳書相傳爲徐天池題舊志

吾鄉率于冬至前一夕作祭享宴會謂之大冬夜亦有正用至日者槎菴小乘

元末永嘉高則誠明方谷珍據有慶元則誠避亂于鄞之櫟社以詞曲自娛因劉後村有死後是非誰管得滿村聽唱蔡中郎之句因編琵琶記見黃溥言閒中今古錄舊志將則誠入流寓並云在任氏編此記不知何據

嘉靖癸卯志自永樂二十年後凡五易初爲田惟祜訂本後屬張燭錢穀以成之者也田以解元成進士歷官潯州知府其領鄉薦時卽有邑志私本弘治間志取裁焉後三十餘年惟祜致仕家居復出訂本志乃成張以進士任刑部郎錢亦貢士以詩畫名邑

中善書者宋稱張卽之而畫則近推穀萬歷己丑邑人張諒戴文明蔡大績重修縣志諒歲貢生終府教授舊志

萬歷中教諭王學孝著學志後教諭張汝醇修之邑人何汝尹助之梓焉汝尹字克言以序貢授台州府教授詳學志天啓學志

蕭山水利事蹟錢塘顧冲著冲于宋淳熙九年宰蕭山備載六湖二堰鄭河口事蹟爲一册後作湘湖水利約勒石樹于縣庭舊志

湘湖水利圖張懋著懋于明洪武初宰蕭山繪圖刻石又作湘湖志略載顧郭楊趙四公創繼始末同上

蕭山水利事述魏文靖驥著文靖以尚書致仕家居邑中水利興廢及利害所關塘閘壩堰凡十有六勒爲成書授及門何御史舜賓舜賓遂清理湘湖忤邑令鄒魯被陷死其子競復讐事詳本傳舜賓壻富副使玹梓事蹟等書及禁革湘湖榜例至今存焉同上

天界寺僧克勤洪武七年奉使日本稱旨高皇命返初服爲山西布政使見宋景濂原鏷法師塔碑克勤本姓華吾鄉人 槎菴小乘

魏文靖爲松江訓導汲汲成就人材諸生在學者候一更攜茶往視之聞書聲者供茶一甌至二更攜粥以往尙有誦者供粥一碗如此者亦不頻數間一行之士子感激 李賢古穰雜錄

魏文靖公爲南禮侍郎時嘗積銀百餘兩置書室中失去邏者詗知爲一小吏所盜發其藏已費用一紙裹餘尙在也當送法司治罪公憐其貧且將得冠帶曰若置之法非惟壞此吏其妻子恐將失所遂釋之 陸容菽園雜記

魏文靖公讀書山寺中見一毒蛇方化鼈惡而避之俄有漁者捕之以去公懼傷人追買棄之貸僧錢以償

魏南齋先生晚年又號平齋邑人未之知也予見遺囑云區區蒙聖代六朝厚恩官階一品愧無分寸之報今年已九十又八念人之生死猶旦暮之必然得正而斃幸也兄

年且近百蓋棺之日近矣故預爲爾輩囑倘至瞑目愼勿動擾鄉里經營墳墓及諸親舊賻奠以玷予之平日至囑至囑成化七年九月十九日父平齋一叟書遺男序班完等予昔號南齋今曰平齋者近辱門下士行人何舜賓所易蓋取天壽平格之意其詳見兵部尚書友人孫原貞所爲記故併及之

荷擔僧此賀監之訛也監字瘒生舊居來蘇鄉與雲門寺相近荷是賀之誤擔僧是瘒生之誤荷擔僧宅是賀瘒生宅之誤 九懷詞小序

鄒魯爲蕭山令性苛暴有何御史者因清湖佔魯殺之其子競爲報讐魯嘗飲一玉杯甚愛之一夕置几上杯忽自躍墮地而碎魯惡之明日難作 徐楨卿異林

弘治九年當塗人鄒魯由御史降調蕭山知縣邑人何侍御舜賓因清湘湖私佔魯先受豪民孫吳二姓重賄遂計殺何侍御于餘干縣昌國寺後何孝子競報讐魯論斬事詳明史考萬歷府志職官鄒魯有二洪武二十九年會稽令鄒魯鳳陽人初爲會稽典史釋滯理冤輕刑緩役後擢知本縣爲豪家所誣逮至刑部事直上嘉其守擢大理丞

名姓雖同而賢否大異不可不別白也
來潘水膺薦嘉靖壬辰授密雲知縣時有赤肚子者居邑六十年顏色無異人皆以爲仙潘水延之賓舍問曰君仙人乎曰天下豈有神仙曰君何爲者曰偶得不死耳其言唐宋以來事甚悉因問曰吾官當若何赤肚子方趺坐兩動其膝潘水自計曰吾當兩遷耶僅及二期而罷方悟其異云來潘水傳
嘉靖三十九年漁人得銅燭臺于海中爭分之首于官令歐陽一敬曰惜一耳詰朝復得一以報一敬喜送學爲祭器鐫年月日以識之學志
嘉靖中考取入學或十八名或二十名不等隆慶萬歷間以漸加增至四十餘名天啓間多至六七十名不等同上
張楓邱公嶺罷興化歸囊飱不繼其夫人每食必故曰淸官食粥糜及爲江西左藩時逆濠盤檢無所有公歸語夫人曰此非淸官之效乎後督兩廣有獻珠母海靑嬰珠者公取大珠三貽夫人曰所以酬粥糜也西河合集

嘉靖三十年蕭山桃樹生橘上虞象山皆李樹生王瓜留青日札

萬歷間黄梅民禳禱于五祖山掘得石誌云若要黄梅安除是來蕭山厥十餘年來三聘爲黄梅令應其讖熙菴家傳

嘉靖甲寅倭寇大訌閩浙有逸倭從西陵緣錢塘而上來養仲端操與弟謀遠偵之倭之數止六十有三鳩族丁壯百十人拒險而守倭果望而懼又肸蠁間見有緋衣者騎白馬爲導遂從間道走諸暨俄而俞參將大猷以兵至歎曰倭所過殘轢無遺種是族乃獨完實得神人助哉來氏家乘

嘉靖間督學使者陳大綬貪酷無兩又偏不喜青衿凡士與民訟無不責辱士而右民者古人所謂鞭撻寗越以立威名也一月之內不黜退數名秀才則食不下咽忽入讒人之妻菲略無形影行學除名是年太史言天狗食文昌文人多殃故浙場大水而士人受學使之辱來繼韶傳

嘉靖乙酉秋試故事兩浙士子畢集直指先期試之曰堂考先是龍門嘗晝夢曰井田

封建了汝六年附學因留心搜討及堂考策問與夢合遂爲諸士冠 來龍門傳

東海杜某來守越候治舍而假館于何不問主人徑詣辟疆以爲吾治也何曰鎖閉之則太甚依附之則不甘聽其自來去而已踰日太守謝過請見乃見之杯酒成知己倡和有集已而太守不理于口何所獻替至舌敝耳聾有陰隲所排解若而人不之德也

王思任撰何太素傳

貢貞晦悦宣城人越王臺詩云風作鳴潮吹雨散山如走馬渡江來極爲警策浦長源源無錫人有潮生漁浦罾看下雨過鄰家竹許鉏之句錢塘施孟莊敬有斜日黄留漁浦樹隔江青渡海門山皆傑出之句也 明詩綜詩話

錢道人不知何許人貌清癯舉止矯異語無倫次人咸以瘋子呼之自言爲明時進士不能死又相之文爲其所作好事者考之疑即錢氏名櫝者也康熙間渡江而西渡船至中流索値道人張空拳瞪目曰咄咄舟子衲辱之遂躍入江時雨雪祈寒篙師駭救江流迅急已無及矣抵岸見道人已在江滸破衲懸冰鐸如纓絡拍手向舟子大笑曳

冰而走至西陵趺坐道旁有憐之者曰道人殆將凍斃環視之道人閉目少頃破衲中暖氣蒸蒸衲遂乾蹣跚入西城趺坐鳳堰橋坐處雪不沾近且競傳渡江事咸疑爲神仙中人邑中好事者謂試之必更有異乃閉于空舍中勿與飲食十餘日瞯之固無恙因餉熱粥一甌甫受粥已汩汩入喉守舍者戲曰粥滿釜方沸能啜我不吝道人卽以兩手捧釜須臾啜盡舌無恙好事者益異之復邀啖飥飥數百云腹尚未果又啖湯餅無算兼十人食未覺其飽一老儒聞之曰此人自詡曾登甲科某當招渠講四子書道人聞言踵謁曰翁欲某講養氣章耶子輿氏尚云難言也某何敢置喙老儒大驚下拜蓋擬以此書窮道人未明言而已道破也時有母抱沈痾以道人能前知求示吉凶道人曰君貧而孝當令君母無恙且小有所贈出腰間一葫蘆傾藥米黍曰半可服半以鉛一鎰鎔而投之可給終歲糧孝子如其言母病愈投鉛中果成白金又有好事者攜饌具邀遊馬鞍山適僧出無火炙餅道人乃坦腹臥地以餅數十百層累腹上逾時覺熱氣蒸蒸如炙衲然餅遂熟且馥作蘭蕙香與之遊者日益衆道人厭之乃辭去臨歧

謂門下曰蕭山百年後當産地仙諸君雖雅慕輕舉固無益也又戒之曰燒丹採戰蠱人入髓無知者悉墮此惡道惜哉有棄家隨行者中途但數數告曰君父母妻子引領望君歸胡惄然耶行數千里惟此一言隨行者多心動還家道人竟飄然長往不知所之

馬士英又喜清玩有客饋以黄子久長江圖者其子馬鑾攫之士英持不與以爪傷其手出血聞其圖攜至蕭山江上之鎭潮菴遇大兵渡江提攜欲入懷袖復倉皇棄擲而去不知落於何人之手南行載筆

丁應正明萬歷辛巳冬父病于除夕繕疏露禱願以身代父疾瘳應正越五日而殁後發其篋得疏稿順治十七年家燬於火應正疏稿出燼煨中獨完亦異事也

邑何氏僕方相何氏兩世入御史臺家富相效犬馬走積賜錢若干緡何氏中落出諸僕相亦以例出乃發前所賜錢營販耗敝筋力凡數歲貿田園若干時江上軍潰兵入城何氏謀走避而難守者議相銜家人出城主自守相曰不然郎雖貧廣額豐頤又何

氏也索金不得必死死則家人誰主者衞家人者郎也主乃出後兵屠諸坊人凡以僕守家而告其主所者釋之相不告死　何氏僕錄

天啓壬戌歲予侍先嚴讀書冠山西隱寺八月十六日予與昆季數人奉題課文有數客過訪留飲至初更先君同數人送客下山山麓附一小山曰貓山時望其小山之上忽見光明如燈月之燭郎而視之平頂一石星月朗入其中郎此石之發光也予與昆季輩以課文未竟不隨見急趨視之則光已沈矣次月十四十五兩夜仍同衆往候約二更初月正照其石上則發光瑩亮約二更末月不正對其石則光沒其石上有黑光數處光中則照見外物故對月而生光其應月如此　樵書

康熙六年冬蕭山東門外莫家港莫廿七房海濱產一牛三足初生遂能跳擲時置母牛于沙場三足牛郎銜草以飼母　王晫得聞錄

錢塘江自古有岑石自漢武帝天漢五年淪沒久矣庚申四月望日海潮自東入小亹分擊兩岸驅雷捲雪直上富春浮石自西逆潮而下遠望之如覆舟及稍近則石也長

三丈餘 錢塘縣志

康熙十九年錢塘江中岑石復見 通志

予邑西陵自是舊蹟即選詩謝惠連西陵遇風唐詩李紳西陵寄王行元稹西陵晚眺吳融西陵夜居諸詩皆在此地予邑可稱西陵今人反不稱而稱蕭然若杭州本臨安地自有舊地可稱乃忽稱西陵不知何據 縣志刊誤

按杭州西陵之稱始于王微西湖詩云最是西陵寒食路桃花得氣美人中姚叔祥云近日西陵跨柳隱蓋譬之也西湖有西泠橋杭人稱西泠無稱西陵者毛說未確

成化中孝肅太后賜無爲師號及氅衣珠樹淨瓶金盞等物氅衣如磨衲而傍緣以細籐廣三寸許珠樹高近尺今華葉零落而珠幹猶存淨瓶爲鎮守畢璫勒取以去 無爲禪師傳

嘉興徐仲威鄉試赴三場慮策及兵事夢關壯侯謂之曰蕭山徐生善言兵爾盍師之醒而瞿然以爲蕭山徐生向于講次曾見之此朱子儒也未聞其知兵也及至蕭山見

芳聲與言兵大驚向所見者芳聲弟耳因述壯侯語請師芳聲亦以侯語有感授之盡他人雖勤請勿授也徐芳聲墓誌銘

少時赴洛思山文會名洛思社有言此地長巷沈氏有女節烈而知書能通春秋胡氏傳同社沈兆陽其高足也予急持兆陽詢之曰誠然但其人吾姑行授書于家衕非同姓兒不以授吾老于孤經每苦傳題多沿誤藉其正之予聞之悚然請隨兆陽即往謁不可請通名不可乃詢其節烈事同會聞之皆歎息去既而遇其從弟舉人婁瞻于杭見其當時所授游擊將軍敕字半殘缺而文甚纖細是倪文正公在館後草詞習氣予欲傳寫之而以事遽別其後予出遊則其人已死初誄詞弔之既而其從弟索予爲墓銘其中郎以所見敕彷彿記入因題曰故明特授游擊將軍兼道州守備列女沈氏雲英墓誌銘載於予集中有年矣暨予入史館以啓禎年間事無暇論及且是時以莊烈皇帝一朝實錄未備乃輯十七年間邸報及他所遺記捱年纂輯名曰長編此時竟未從一問及也今歸田後索故鄉遺事了不可得及觀志則于選舉志中其尊人名下誌

云雲英別有傳而傳又無有曾記己酉歲予在淮西金使君署禾中俞石吉作座客出其所著三述補索予爲叙三述者奇事盛事異典也弇州創三述自洪永至嘉隆止而右吉補之乃取雲英事入異典中以爲女子授將軍此在明朝未有之典則知事出非常凡屬有心人皆能搜剔遺軼不使失墜今幸與之同產斯土又生當其時身親目擊乃不一爲之表章豈非憾事况喪亂之際事易湮沒即傳聞甚確尚有訛傳失眞之慮有如此明白證佐而及今不記後將渺茫矣因擬爲數行附錄于後見者亦有以知其大概云爾 縣志刊誤

來筴山諱指南字爾見善詼謔喜諷刺人短長人皆畏其有口晚居一小樓集唐虞迄唐宋興廢善敗紀爲韻語凡百十餘卷未就而卒後經火災草稿皆焚燬無遺其書法類吳興作題署大書甚有規式能圖畫景物傳神寫照生意奕奕嘗有同試生告公曰吾夢啓大墓中有神人出予以金匙鑰意者其開運之祥乎公捉鼻曰此所謂文理有疵也已而駁落如其言至今傳之以爲大噱云 來斯行族譜

嘉靖三十七年訛言馬道士至男女戒備夜不敢寢
隆慶二年正月民間競傳將選宮女婚配略盡　萬歷二年六月日正午儒學西南濱中水忽沸騰高三丈許俄有物大如荷葉隨風旋轉直上雲際不知所歸　萬歷二十六年五月居民賈大經竈下湧出鮮血巡撫劉元霖奏之以上乾隆志
按以上四條康熙志編入災祥乾隆志改入雜記今仍存此又原有冠山石壁發光爲來宗道入相之兆一條以曾見前從删
每臘盡歲初鄉人召巫讚年詞者入夜讚蕭九相公以三巫婆娑一巫司唱念擊雞妻鼓二巫男女各一無女則以男飾之作相公與夫人問答念采茶歌攢摭蕭人鄉俗鄙語他縣所不解者吶吶爲笑樂其舞男女各旋轉其身若旋風然名曰罡頭旋以神曾蹋雙鵲又名喜鵲罡頭旋毛奇齡九懷詞蕭相公序
按是條有關蕭山風俗乾隆志但采序之前半而遺此後半今爲補誌以存其舊
毛西河先生遺像由朱文正珪得之閩中寄歸本邑毛氏後藏邑紳王中丞紹蘭家道

光乙酉王氏藏書之室曰許鄭學廬者不戒於火其書盡成灰燼惟先生像獨存昔紀文達昀有言鴻儒碩學靈氣不消其斯之謂乎王端履重論文齋筆錄

越中骨董舖中有毛西河命册乃康熙戊寅年京口印天吉推演時西河年巳七十八矣又西河姬人命册亦同時推算時年三十二殆卽曼殊也姬人命中殷殷以子息爲問術者言今年不育則終無子矣七十八老翁尙望生子亦可發一笑古今筆記精華錄引名人趣史

西河少善詞賦兼工度曲放浪人外陳公大樽爲推官嘗拔之冠童子遂補諸生顧其時蕺山先生方講學西河亦嘗思往聽之輒郤步不敢前祁氏多藏書西河求觀之亦弗得入已而國難晝江而守保定伯毛有倫方貴西河兄弟以鼓琴進託末族保定將官之而江上事起遂亡匿　已而江上之人有怨於保定者其事連及西河而西河平日亦素不持士節多仇家乃相與共發其殺人事於官當抵死愈益亡命良久其事不解始爲僧渡江而西　遊淮上得交閻徵士百詩始聞考索經史之說多手記之巳而入施公愚山幕始得聞講學之說西河才素高稍有所聞卽能穿穴其異同至數萬言

於是由愚山以得通於鄉之先達姜公定菴爲之言於學使者復其衣巾顧以不善爲科舉文試下等者再時蕭山司教者吾鄉盧君函赤名宜憐其才保護之然懼其復陷下等卒令定菴爲之捐金入監未幾得預詞科　西河雅好毆人其與人語稍不合即罵罵甚繼以毆一日與富平李檢討天生會於合肥閣學座論韻學天生主顧氏亭林韻說西河斥以邪妄天生秦人故負氣起而爭西河罵之天生奮拳毆西河重傷合肥以兄事天生西河遂不敢校聞者快之　西河前亡命時其婦囚於杭者三年其子瘐死及西河貴無以慰藉其婦時時與歌童輩爲長夜之樂於是其婦恨之如仇及歸不敢家居僑寓杭之湖上浙中學使者張希良故西河門下也行部過蕭山其婦逆之西陵渡口發其夫平生之醜詈之至不可道聞者掩耳疾趨而去（全謝山鮚埼亭集外編）

國史館纂毛西河傳時有謂應入儒林者有謂應入文苑者故湯敦甫題西河史館入直圖詩云經術詞章兩擅長儒林文苑費商量（湯文端寸心知室詩集註）

西河先生少負奇才說經長於辨駁多與宋儒鑿枘而雄辨足以濟之晚益樂易好獎

借後進或疑其歷詆古人使氣難近及親炙乃爽然出意外侍史曼殊豔而工詩諸名士爲文張之晚歲悼亡忽忽不自得先生每作詩文必陳書滿前及伸紙疾書或反不用一字夫人陳氏性妒以曼殊故輒詈於人前曰公等以毛大可爲博學耶渠作七言八句亦必獺祭乃成先生笑曰握筆一次展卷一回積久自能賅博婦言不足聽也嘗僦居屋三間左右庋圖史寓眷屬而中爲客次先生日著書其間筆不停揮請業者環坐隨問隨答井井無一誤夫人在室中時或詬詈先生復還詬之殆五官並用者李元度國朝先正事略

來孝子五槐母患病愛啗梨倉猝不可得孝子渡江至省購辦日向暮狂奔出城欲歸至江邊白浪掀天孝子仰天長號各舟人不敢渡有一老者解纜招之曰來來有此至孝舟或無害我渡汝鼓棹衝逆浪而行至半江颶風益厲勢將覆舟人駭怪不能支孝子望空哀告曰某欲得一梨以餉母今不歸而命盡於此令吾母悼子死非罪上加罪耶一慟幾絕須臾若有人曳之而出風驟平抵東岸道旁觀者皆合掌稱賀孝子亦如

慶再生焉其族追念舊事糾會置產至今祀之名孝子會來氏家譜

來斯行別號馬湖五歲時其從祖兩嵩出對語曰馬尾千條線應聲曰雞冠一朵花兩嵩曰此吾宗大器也後以進士官刑曹典試西粵再補工部奉命援廣川與仲子燕禧擒白蓮妖首徐鴻儒獻俘闕下來氏宗譜

來成夫蕃負夙穎並精六書能作古篆隸八分第不輕爲人寫來本甲族蕃獨衣敝履裂所儲圖史外瓶盎十餘每出行書衣筆奏手自抱持嘗大雪忽憶毛甡遠遊覆笠登香爐峯四顧蒼茫吟所製八君詠詩慟哭乃歸王晫今世說

順治二年題准京省鑄錢每文重一錢二分每七文準銀一分今商舖售物之開銀碼者每兩作錢七百文蓋猶沿舊例也

任御史辰旦任上海知縣時有女子感其德政繡像以獻任氏子孫珍爲世寶後燬於火重論文齋筆錄後官給事中議阻巡狩封禪事閣臣擬旨切責賴湯文正斌是其言得無譴國朝先正事略湯文正傳

甲戌朱文正珪中乾隆丁卯舉人戊辰聯捷成進士朱垣乾隆庚午舉人辛未聯捷成進士朱筠乾隆癸酉舉人甲戌聯捷成進士同懷功名相類亦一奇事朱珪典閩試時筠方督學閩中至次年以珪代筠督閩學故珪題使院之寢室曰韡雅則更爲異數矣

張樹堂應椿於醫家言無不究心切脈定方各有依據而以意參貫之所治多效其言中風中字當作平聲讀中虛則氣虧血熱風自内生與外感不同惟猝中之中讀作去聲其風由外入法不可治論最精確汪輝祖夢痕錄餘

按相傳嘗有西興戴某雙目忽矇百治無效往就張張曰君目是因傾跌而失明否曰然曰易耳請袒背面牆以兩手拄牆而立張按穴擊以拳目應聲而復明又衙河王某一日晨起頭忽腫大如斗急延張治之張略一審視曰君乃中草麻毒無他患即以針刺腦後出水斗許而愈蓋王固於前晚調陳印泥也其治病之神妙類如此至今父老能述之惜其著不傳亦無繼其學業者

單永春家雄於資性慷慨好施與一夜泊舟吳門聞鄰舟歎息聲遣僕往邀客共酌至

則略展邦族即請飲酒客曰我與君萍水相逢忽蒙賜飲得毋鄙人心事君有所聞乎
曰未也聊破岑寂耳客曰實告君僕某科進士在詞館十餘年茲放江蘇遺缺府已補
缺而司房索費甚鉅未能到任日前有人以千金相諾今又成畫餅僕性耿介寡交游
出京日久旅費垂盡是以愁歎耳單曰如君言須銀若干客曰非三千金不能到任單
曰此易事能稍稽時日否客曰可單乃專差至浙回取居數日以三千金付客不立券
亦無別囑一笑而别單回蕭揮霍如故數年遂成窮波斯始則割田繼則售居而寄身
於邑之城隍廟測字以爲生一日縣中接得閩浙總督公文問蕭山單某在家否某時
閱邊至此當親謁單某幸勿他出速待稟覆令委吏訪諸城鄉紳士中俱無其人慮無
以對制軍吏曰適有一人姓名相符而人品不類令曰若何吏曰此人貧而無賴寄居
於城隍廟測字爲生令曰人非生而測字其出身若何吏曰始亦多錢翁後乃流落至
此令曰果爾難必其非是遂一面覆總督一面招單某來告以故並爲設法假用舊居
接見制軍及期單俟於舊第中無何制軍至見即伏地叩頭起曰單君無恙乎單不答

又曰單君識我乎單曰實不相識制軍曰記否蘇州舟中歎息之聲乎單曰約略記之十得二三耳坐定便詢近況曰君何一寒至此單曰貧富亦人之常何足異復詢知有子五人俱寄食於親串家悉召之來制軍見其狀貌魁梧俱非庸瑣曰俟我公事畢與我同往閩中先留三百金作辦裝之費既乃挈與俱去時捐納初開至閩爲五子俱納職司馬其最顯者以孝廉仕至淮徐道單某亭大年膺誥封額其門曰同胞五大夫今時代滄桑他人入室而五大夫之額斑剝猶存黄元壽南强文鈔

陸璣字次山仁和籍優廩生官四川漢州知州著有鐵園集次山授徒講學則稱經生出門投刺則當遊客佩劍從軍則廁謀士賣畫買山則充隱逸性情豪放不可一世嘗築室於鐵冶嶺名曰鐵園種樹藝蔬有終焉之志偶於月夕登葛嶺吹洞簫聲激林樾水禽格磔應之聞者疑爲幔亭仙曲又於金沙港關帝祠一說花神廟壁畫山水醉墨雄姿有氣吞溟嶽之概題詩云一甌逸氣一作嫩墨向空噴化作西湖一作巫山壁上雲袖裏烟霞斷飛出千秋抹煞李將軍曾將造化拜吾師泣鬼驚神筆一枝寄語山靈勤護惜不逢奇

士莫題詩其豪放類如此次山先以大父任巴州刺史與兄省覲著有蜀遊草既以母老謀祿養出而爲吏再至蜀中爲後蜀遊詩又有西湖吟百篇題畫詩七十絕丁申丁丙杭郡詩三輯

湯文端公之曾大父克敬初設小肆於鄉隅積十餘年家計漸充蕭山學額本二十名乾隆間太后南巡特恩加增五名以部費無出未得奉文准行翁奮然先題千金爲倡其事始得舉行文端公督學江蘇時其封翁令在蘇捐資設局施藥計三年內所活不下萬人當時藥局事務皆以郡縣名醫張又新主之人多不知爲學署所施梁恭辰勸戒近錄

汪龍莊先生之繼室曹宜人醬醋歲必自製龍莊先生嘗取其作醬量水蒸曬之法載於善俗書又善烹魚取鱅魚首用自製醬和薑屑雜豆腐烹之味甚美在寧遠署中用以供客客甘之稱爲內廚魚時永州王蓬心太守甚風雅聞之曰汪君恬退不忘家鄉風味宜名家鄉魚與浙中家鄉肉並傳贈句云心在湘湖身在楚家鄉魚美當蒓鱸一時傳爲佳話比美東坡肉云王紹蘭許鄭學廬存稿

紹興蕭山縣有隔河其河淤百餘年矣光緒五年夏大旱乃訪求其故道集民夫濬之有周姓者與其役掘得一石門長廣二尺許啓之則如隧道然疑古時人家洩水之溝也以竿探之忽有聲若人欬者異而益窮之至丈餘欬聲愈厲有青蛙數十躍出大者如盂最後一畦身長尺色深黄腹下純白徧身黑斑纍纍然怒目大鳴人或擊以竿蛙以前足格之竿爲之折於是人爭擊之蛙抱一木樁兀不動惟以後足相撐拒口格格如鳴鼓有老人急止之曰此非常蛙殺之恐不利衆韙其言擬縱之河而蛙抱木不釋爪之入者三分衆因舁其木而投之甫及河蛙一躍而去須臾大雨四境沾足俞樾右台仙館筆記

清末山西巡撫陸文烈鍾琦殉于任當武昌變起京師大震時同鄉京官集會館議去留沈抱仙主事似㦗獨言曰申甫必死蓋知之有素也當文烈陞任山西時先乞假回里祭祖陸氏宗祠在蕭山旱橋照牆鐫有世代忠良四大字文烈朗誦數過然後入祠識者早知其能死國難也

何太素汝敷陟光祿寺丞以乞養歸邑東郊有勝地何苑之繞屋三十樹曰梅花樓以奉母何每登樓浮大白曰此吾家東閣也蔡大敬謙齋集註

張天月翼與蔡仲光爲摯友淸以丙戌定紹興丁亥卽有叙貢之舉而翼不就其志可知矣謙齋集註

胡偉然字益新乾隆間布衣著有永思集隨園詩話胡偉然釣臺詩云在昔披裘客浮名著意逃江流日趨下益見釣臺高余過釣臺見石刻林立獨愛此一首阮元兩浙輶軒錄

梁山舟題汪龍莊像云處爲曾閔出爲召杜諭蒙有書理縣有譜先生歸來垂二十年不入州府不治園田左圖右史與我周旋今之完人繫古之賢梁同書頻羅菴集

陶篁村一字龍溪與越中劉鳳岡豹君周虎木齊名一時有龍鳳虎豹之目陶自訂詩集不入選者寘石函埋之題其阡曰詩冢頻羅菴集

陶篁村置屋孤山隨園月夜訪之憐其孤寂勸置燕玉爲煖老計篁村以爲然購一小鬟梁山舟侍講調以詩云病來久不見陶潛隔著重城似隔天昨夜中庭看星象小星

正在少微邊見說榕江泛榜枝已成陰後未涼時一根榔栗無人管分付樵青好護持不比朝雲侍老坡也如天女伴維摩對門有個林和靖冷抱梅花奈爾何好將斑管畫眉雙莫染星星鬢上霜比似詩人張子野鶯花還有廿年狂（袁枚隨園詩話）

又陶得汪氏舊莊於葛嶺下葺而新之自云詩不能寫者付之於畫畫不能寫者付之於詩號曰泊鷗山莊題云高士門庭雲亦懶荷花世界夢都香四詩甫成忽奉官檄佔去養馬如催租人敗興一般（同上）

來虹橋珩成進士以知縣即用歸問治術於汪龍莊汪出學治臆說贈之聞善飲勸先止酒讀律例究洗冤錄以植治本（汪輝祖病榻夢痕錄）

楊龜山先生於宋政和元年赴蕭山任羅豫章自延平來學四年磨勘轉奉郎是年題蕭山蕭欲仁大學篇（楊龜山集年譜）

按蕭欲仁大學篇人與書均無從考姑附誌於此

龕山相傳有五塘三閘廿三塢航塢亦塢之一也後竟以名山

五代時黃巢兵犯蕭有老嫗當道設竈背投其所團之湯團黃巢怪而詰之嫗以隱語止其殺機民賴以存後人思其德立廟祀之名湯團廟今在縣南長山鄉仙巖山下碑載其事

舊時江海塘皆依山爲柱起臨浦之麻溪中經峙山磧堰山傅家山小歷山半爿山會龍山冠山茌山而至航塢山纍纍如貫珠諺云一條篾索穿九烏龜蓋指此也

明史列傳甯王宸濠欲拓地廣其居張嵿執不可大恚遣人餽之發視則棗梨薑芥蓋隱語也而其家傳則曰濠謀害公其妃婁氏者憂之餽公夫人戴以四菓蓋隱令公早離江西界也　毛奇齡張司空傳書後

按宸濠既欲謀害豈有隱諷使去之理宸濠謀逆婁妃嘗諫其不直宸濠所爲隱諷張嵿使去事或有之

張嵿任兩廣勦上思州土官黃鏐時密疏田州太守岑猛之惡猛聞大懟遂日伺公隙思中之及猛叛伏誅兵部疏公功特賜銀幣云云明史未載　毛奇齡張司空傳書後

毛西河夫人陳氏名何同里人善詩以西河出亡被繫杭州獄三年子亦瘐死既遇赦釋歸爲子夜歌以寄意其一云一去已十載況復隔千山雙珥依然在如何不得環其二云白露收荷葉清明種藕枝君行方歲暮那有見蓮時氣韻雅近齊梁越二百年有何寅士中丞煊女孫曰京字佩瑤者亦能詩有白蘋洲上間垂釣黃葉村中獨倚樓之句意致清逸堪爲嗣音佩瑤適同里候選同知施養正蚤卒

康熙辛酉奉天金以培來宰蕭山政令苛酷民病之錢塘馮山公景與有雅故爲書諫之曰父之於子無不愛也然稱嚴君何哉既愛之必勞之雖威以夏楚而仍主於恩爲民父母何獨不然蕭山之民悍以譁所由來久蓋自己巳春狃於南巡渡江之役帝有恩言霽威而拊循之於是蕭民往往大言曰吾儕且見萬歲矣何有於百里之宰爲執事蒞官而痛抑之其尤桀驁不聽令者又重加笞且荷校於市以僇辱之始不過冀其改今則民視宰如敵仇矣夫既日與民爲仇而冀其革心以從我是猶負舟上山抱車入淵徒勤而無功也則莫若解而更張之所謂猛則民殘殘則施之以寬此其時矣善

乎賈生曰民者多力而不可敵也自古至今與民爲仇者有遲有速而民必勝之夫知民不可敵敵且弗勝也恩斯勤斯民乃懷矣是故慈民以德不以刑也民雖至卑且愚使之取吏必取其愛焉故曰百人愛之有歸則百人之吏也千人萬人愛之有歸則千萬人之吏也又聞之荀卿曰馬駭輿則君子不安輿庶人駭政則君子不安位馬駭輿莫若靜之庶人駭政莫若惠之賈生之言主於愛荀卿之言主於惠馮景之言主於寬其義一也慈民之術備矣執事其圖之景忝與尊先公雅故於執事有世講之誼故不惟公爲桑梓而其實私爲執事敢獻苦言之藥於左右惟執事飲而盡之沈疴去體不勝大願以培不省山公復爲短歌以風曰杜守一爲蕭山令負子渡江虎出境哀哉稅侯信賢父生男非羊猛於虎我作此歌不能長泰山婦人增悲傷以培終不省三年罷去

陶篁村先生元藻父子祖孫三世以詩名長子午莊司馬廷珍游宦入秦過盤豆驛詩有叢山如破衣人似蝨緣縫之句爲時所稱午莊子春田學博軒隱居里閈有秋日同

湯十一起渭趙六馨山宗兄木齋家叔晴皐泛舟湘湖登越王城詩云越王城下行人稀青楓葉赤炊煙微扁舟一棹遠何極秋風蕭瑟吹羅衣樓臺縹緲越王殿滿徑松杉雜葱倩選佛場開楯甲藏沙蟲猨鶴滄桑變一劍長埋文種魂千金祇鑄鴟夷面去年此日登雲梯青衫白髮同攀躋新詩題徧石崖壁櫓聲柔過龜山西今年此日更幽曠巖翠溪光互迴盪長天畫出秋淺深野航受却人三兩無風無雨湖中央蒹葭蘆荻何蒼蒼歌酣興盡曰歸去四林煙鎖無人語學博文節公恩培父也

曹文孺大令壽銘嗜酒佚蕩有子雲之風詩筆雄奇崛起咸同足繼康乾諸老逸軌其曼志堂集中窆石歌用李義山韓碑韻云會稽之山雄秀姿奇峯切漢陰朱羲峨峨禹穴立卷石神物呵護來元夷歷千萬刼尚完好怪石黝䵢蹲熊羆支祁魍魎不敢過雷霆疾下隨雲壓中天巨浸地維裂司空隻手資撐持南登覆釜啓金簡鬼神下降馳靈旗茅山會計輯羣玉防風後至刀鋸隨烈澤一炬爛奇獸象犀獅豹熊虎貔女媧鍊石補天闕維王嗣軌功不訾昴星晝隕大如斗河精上告天無辭桐棺三寸載龍輴綢繆

奚事珠纓爲庚辰童律會靈穴黄龍夜哭從諸司窆之以石鑿以孔金繩鐵索如貫頤下豐上鋭卓五尺精氣旁燭何淋漓閟宫創自少康代於穆不數周頌詩松濤怒吼撼山嶽啾啾蝙蝠鳴前塀螺書匾刻七十二空亭落日岣嶁碑遊衣夜出百靈集梅梁倒駕蜚蛟螭我聞姒氏尚簡略聖周之飾王無私東園復土不聞設黄腸題湊誰增治此石完璞不改列儉德亦足銘人脾赤圭鐵履與神劍陋儒考古滋疑辭掎摭星宿失日月小物奚足徵雍熙談天哆口兕緣飾龜毛兔角誰窮追摩挲此物三歎息令我拜手思胼胝橋陵之弓九嶷玉千春萬禩共鎮名山基文孺以教授官學得授四川令貧未能赴病卒宅在蕭山南郭五里之史村山陰王眉叔學博詒壽有過文孺故宅詩云青山滿目人何在聯臂登舟憶昔曾憶得臨流賦詩罷葛衣横笛下西陵

湯文端公金釗向不宴客嘉慶中官編修寄居朱文正賜邸一日忽招王小穀飲至則謂之曰熊書谷家有吉事以一席餉余故招君共嘗之因命招居停朱蘭石涂同餐終席朱不舉箸文端叩其故曰無可下箸處耳蘭石乃文正公孫後官至江蘇督糧道 重

論文齋筆錄

王小穀太史端履有湘湖竹枝詞云湖心三月水鱗鱗湖面花開盡白蘋采得蒓絲全不滑秘傳煮法要瞞人自注蒓菜雜生蘋藻間不可辨識惟土人能識之春時采摘沃以沸湯方能柔滑其法秘不傳人云　小穀熟於經疏工辭章受知於阮文達嘗應試賦乞巧詩有句云願得巧如荷上露一回分散一回圓文達極賞之

朱文正公珪有曾孫曰啓壽字雲門爲大興學廩生同光間官廣東候補道以事罷官坎壈卒善爲詩五言律頗近大歷有早秋即事云龍爪槐邊去西山一角青寒蘆圍曲港疎柳認孤亭字寫風前雁星飛雨後螢僧寮堪晚坐相共聽瓶笙薊州道中云朔雪涷河灣琴書自往還寒雲樂亭海落日薊門山重鎮曾留戍邊聲已近關何如一樽酒野店召雙鬟白雲山鄭仙祠云一徑入蒼翠峭寒時在衣洞門煙靄合山頂海雲飛蒲澗龍應伏丹臺鶴未歸寂寥明月夜相與叩元機珠江曉渡云雲氣鬱蒼松春城帶遠峯烟霞花塔影風雨海幢鐘霸業誰遙溯仙人不可逢魚龍歸閴寂碧水自溶溶今其

諸子猶流寓粵中雲門有兄啓仁字原田舉人嘗同游粵東魏文靖公驥在南都時官舍止一蒼頭舉俸資付之同鄉子其人請封鑰公曰後生何待先輩薄乎時同鄉子有揩以僞銀易之比公歸令工碎之則僞也工語蒼頭曰某常爲此物出予手得毋是乎蒼頭以告公曰愼勿洩彼將不安已而事稍露同鄉子攜資以償公曰誤矣予銀故在未有以僞易者田易鄉談

明倭警東南縣令施堯臣奉檄築城役甚急巨川大梁毁掘無遺來南莊宏輝悉爲營造梁柱見來斯行家乘相傳當時隨地取石殆盡惟留一衖未取故至今有石板衖之稱

吾越地狹人稠多走京師圖爲幕賓爲椽房爲倉場庫務巡驛尉簿之屬歲以千計不幸無所成而死親友攜其柩以歸至西興鎭委之路隅而去以告其家其家不卽奔喪風吹日曬朽穢爲居人所苦爲行人所憎來叔新與兄鐵山糾同人醵錢於潮神廟側建屋三間以貯之鐵山子爾繩曾重修之見來氏家譜今廢基猶存

來成夫蕃之父困於諸生甲申以後強蕃出試以不能祿養箠楚幾死時蕺山先生自南都還講學蕃家蕃問曰有子於此貧不能養父而父責以不擇之食如之何先生曰子不聞樂羊妻之語乎自傷居貧使食他肉其姑感焉二親之不諒子者之罪也且夫厲人燭其子而畏類己也天下亦安有人父而責子以非是焉者子言盭矣蕃聞之悔痏不食乃作反柏舟詩以自明蓋反其母也不諒之詞云 毛奇齡成夫先生傳

嘉慶戊辰富春江水泛溢吾邑西江塘潰決數次時阮元撫浙江捐貲修築延王宗炎董其事越二年工竣鄉人感其德建阮懷亭以志勿諼歲久亭圮碑石無存地址亦不可問 重論文齋筆錄

朱學士筠以乾隆辛卯視學安徽每試一府畢值發放日辨色即坐堂皇日不足或然巨燭畢事其初坐堂皇也轅門奏樂畢重門洞開官吏雜役無不依次入肅立左右久之倦又久之饑遂稍稍散去日昃後惟學使及唱名者一人諸生執卷以聽者三四人餘則竄學使仁且不較細故去已無可蹤跡矣一日始過午學使與諸生方講藝忽有

戴笠策杖據案旁箕踞聽者學使回顧愕眙曰汝何人何自至此曰余貿易者過署外值重門洞開無一人故聊入散步耳語竟復曳杖去聞者無不傳以爲笑洪亮吉更生齋文甲集

蕭山畫士任渭長熊畫法直逼陳老蓮得所畫者絶少其畫越中八十賢人像及列仙酒牌古豔橫逸衣冠器物皆有證據鬚髮縷縷可指眞奇筆也李慈銘越縵堂日記鈔

前日節子爲余言蕭山克復時至濠湖陳氏家見有盧抱經氏手校殿本十三經二十四史及馬氏繹史已散亂有佚者近不知何如矣此皆人間至寶在在皆有神物護持者也同上按濠湖乃湧湖之訛清宣統三年陳氏被火盧校諸書盡燬矣

錢清江東晉以前爲浦陽江韋昭等所稱三江之一實漸江之別流今清流演迤闤闠夾列並不知有江名而舟子由此地者多折而南入西小江以取蕭山蓋計水驛較近十里其地山水迴複郇港紛歧易於藏慝乃屢有盜賊之警同上

來謙鳴歷任憲官囊無貯貲閩臬任內分賠帑項行查原籍僅老屋兩間甕中米數斗其淑人荊布紡績當道目擊各歎息去有泣下者解組後杜門守貧浙撫莊中丞招之

再三徒步往謁門者至不爲通刺 阮元兩浙輶軒錄

湯克敬字爾恭邑之西門人先是邑東郭東暘橋下向於立秋時築泥壩以蓄湘湖之水灌溉各鄉田禾稍不堅固每致坍瀉君嘗太息曰他壩坍瀉湖水尚在吾蕭若此壩一決則水直趨山會在山會地廣不見其利而我邑之苗槁矣久有重建石橋創立石牐之意恐東鄉殷紳衆多皆不與辦而君以西門人特爲創舉似屬好名徒滋物議直至乾隆丙子歲邀同陸觀東名巡者具呈興建陸爲東鄉紳士巨擘然一切工料悉君獨任之恐工程不能堅固朝夕躬親督理不辭勞瘁至今里中父老猶有親見君赤身下水驗其樁石者工竣不刊建造姓名恐難爲東鄉諸紳士也 湯氏家譜

蕭山縣志稿卷廿九

瑣聞

方言謠諺

蕭俗呼竈突曰烟囱（讀作匆）　塵曰埲塵（讀作蓬又塳同）　熯之至曰熯烘烘　以對扯物裂曰斯初不知其字今知即斯字也說文註斯爲析爾雅註斯爲離故詩斧以斯之即析薪之義　婦人喪服首加麻布一條名曰頭𦅾（讀作蘇音）朱子家禮婦人成服布頭𦅾用略細麻布一條長八寸以束髮根而垂其餘於後　以湯去雞鵞羽曰煺（他灰切）　呆坐而候人曰䭔（都灰切）䭔有重音如曰䭔䭔坐䭔䭔望之類　彝字讀羶軒今俗稱食物有軒氣是也　蔫字註物不鮮貌俗以物色稍陳即謂之蔫　以飯壞爲餿　以餔餉爲蜑以不能行者爲蟸蜑（蒲銜切）蟸（他銜切）　所謂蜑蟸不動是也　以火爦物曰燂以火焱物曰燣　以目微白曰瞟（匹了切）　目略一過曰覭（闚了切）　以身長曰敹敹面瘠白曰醷醷（俱離了切）蓧韻俱有之今謂神滅而白曰白醷醷謂身莽長者曰長敹蓧　扯物令長爲抻（申去聲）故莊

子鳥申亦讀抻謂延頸令長耳　体音蒲本切卽粗疏庸劣之稱今方言粗体呆体是也
縛物爲絞帩音峭　餅鏊炊餅之鏊今俗以熬餅者爲鏊槃是也　伉藏物也今俗呼藏
爲伉　杜甫詩塹抵公畦稜稜去聲　注京師農人指田遠近多曰幾稜今稱一稜兩稜是
也　以油塗器曰油音誘　以身踊擲曰趒音透　㮕音他念切火杖也今俗稱火㮕卽燈杖亦
曰燈㮕　蕺音他念切支也今俗稱支床支几凡揞楔不平皆曰蕺音殿　剗劉卽差鏨言劁
翦出也今人稱誤觸亦曰剗劉南方均有之　以浮水曰瀾有云浮瀾瀾者音探　沈水
曰潭有云沒頭潭者音澹　涷瘡曰涷瘃卽漢書趙充國傳所稱手足皸瘃者皸音軍瘃音竹
酒略上口曰欶以口吮去汚潢亦曰欶音卒今俗稱欶欶　吹氣曰哱普沒切　舟行不安
曰刖音兀唐文粹舟之行也匪佗不進言動而後進也亦音兀　暫睡而覺曰寣音忽今俗稱
寣寣又一寣牛羊以角觸人與以角發物皆曰觚音掘　入水曰頞烏勿切　俗誤書沃字
皮日休詩學海正狂波予頭向水頞以皮陸詩多用吳音故云則此本吳越間均有之
字　緩步曰踱信口出語曰嚄皆音鐸

以上毛奇齡越語肯綮錄

予鄉俗言物小未成者皆曰草如草雞草鴨草馬之類其言亦有所本淮南子修務訓曰馬之爲草駒之時跳躍揚蹏翹尾而走人不能制草駒即草馬也爾雅雉之暮子爲鷚註晚生者今呼少雞爲鷚暮子字甚奇少與草音之轉耳乾隆志引槎菴小乘

蕭俗呼電曰霍閃大人賦貫列缺之倒景服虔曰天閃也顧雲詩金蛇飛狀霍閃過白日倒掛金繩長又文選海賦矆睒無度註引說文矆大視也睒疾視也所以狀電光之疾按霍閃亦可作矆睒

不冷不熱曰溫暾讀若溫呑輟耕錄南人方言曰溫暾者言懷煖也王建宮詞新晴草色煖溫暾白居易詩池水暖溫暾又按溫暾與溫黁溫麐義同音亦相近

人不斂攝曰琅湯管子宙合篇以琅湯凌轢人人之敗也常自此

遇事首先當之者曰盪頭陣宋書顏師伯傳單騎出盪孔覬傳每戰以刀楯直盪盪皆音湯

凡事立異曰作梗北史魏收傳擘氏作梗遂爲邊患

强出任事曰出尖宋史兵志熙寧間造箭四種一曰出尖俗語蓋本於此猶史記脫穎而出之意

人多儀文曰客氣左傳定八年陽虎僞不見冉猛者猛逐之僞顛虎曰盡客氣也按今以燕居里處多其文貌爲客氣或謂即本諸此以近僞飾也又按論語居不容唐石經亦經典釋文皆作居不客與今客氣言尤合

行事無所乖戾曰順流史記留侯世家順流而下足以委輸語蓋本此

聲名四達曰出名鶡冠子世賢篇扁鵲之長兄名不出於家中兄名不出於閭扁鵲名出聞於諸侯

稱人古樸不和通者曰艮古頭輟耕錄杭人好爲隱語如麄蠢人曰

樸實人曰良杓頭今增一古字 少年無賴曰惡少荀子修身篇無廉恥而嗜乎飲食可謂惡少者矣 無恆業而狡獪者曰無賴史記高祖紀大人常以臣無賴注云江湖間謂小兒多詐狡獪爲無賴 健訟者曰訟棍好賭者曰賭棍惡少無賴皆曰惡棍亦曰棍徒李紳拜三川守詩序閭巷惡少年免帽散衣聚爲羣鬭或差肩追繞擊大毬里言謂之打棍士庶苦之此棍字所起 稱墮民曰惰貧紹興府志丐自言宋將焦光瓚部落以叛宋降金故擯之曰墮民祝允明猥談奉化有丐戶俗謂之惰貧自爲匹偶良人不與接婚按墮民爲惰貧音之訛轉也 貨物低劣曰靸西湖游覽志杭州市人諱低物爲靸以其足下物也 難與言語者曰聰察漢書宣元六王傳贊淮陽憲王於時諸侯爲聰察 作事不簡潔曰拉答晉書王沈傳拉答者有沈重之譽 勤苦用力曰喫力邵子擊壤集未喫力時猶有說到收功處更何言廣韻毄音同喫勤苦用力曰毄喫力字當以此爲正 作事便捷曰僻脫文選景福殿賦僻脫承便蓋象戎兵注云蹴踘之徒便僻輕脫 以手稱物曰敁挆博雅挆都果反量也集韻敁丁廉切敁挆以手稱物也 作事延滯曰擔閣林逋詩聊爲夫君一擔閣 稱客曰人客杜甫感懷詩問知人客姓誦得老夫詩白居易酬周從事詩人腰痛拜迎人客倦 事不得當曰不相干淮南子原道訓聖人使人各處其位守其職而不得相干也按今北方人謂無妨碍曰不相干即此義也若不得當於義未通 謝人代勞謂之曰得罪韓詩外傳麥邱叟爲齊桓公壽無使羣臣百姓得罪於吾君無使吾君得罪於羣臣百姓晏子春秋作景公事按俗語於義未合 熟習曰熟脫音託吹景錄法華文句第一云但成佛時而熟脫之 誘人爲非曰攛掇朱子答陳同甫書告老兄且莫相攛掇 鄙棄人曰厭賤廣告今五

行志侯景時定州阿專師曰汝等何厭賤我我州捨汝去背信渝盟曰賴左傳昭十二年楚子曰今鄭人貪賴其田而不我與不豐腆曰

連去聲蹇易往蹇來連王弼注連音璉難也揚雄解嘲孟子雖連蹇猶爲萬乘師通俗編蘇人以作事不揚爲連蹇連讀去聲與王氏易注正合怠不理

事曰答颯亦作蹋跋南史鄭鮮之傳范泰誚曰卿居僚首今答颯去人遼遠何不肖之甚能改齋漫錄俗謂事之不振者曰踏跋按踏跋答颯字異義同

爲所可爲復有利益者曰樂得禮樂記君子樂得其道小人樂得其欲心事不決曰忐忑五音集韻音毯忒心

虛也心中不快曰懊憹鼠璞晉禮儀志有懊憹歌上烏浩反下奴浩反卽今之懊惱字不拘禮節曰落拓北史楊素傳少落拓

有大志不拘小節勢難中止一意竟事曰索性朱子文集與呂伯恭書騁意過當遂煞不住不免索性說了凡物渣滓

曰蓋苴五燈會元眞淨詬文準曰乃敢爾蓋苴耶通俗編云按蓋蘊泥不熟也苴查滓也蓋謂其未經罏鞴所謂糟粕也狡獪險惡者曰潑

賴餘冬序錄蘇州以醜惡曰潑賴潑音如派舉事而言曰話頭鶴林玉露陳了翁日與家人會食食已必舉一話頭令家人答話柄曰

話欛羅湖野錄寄寂音頌曰飜身跳擲百千般冷地看他成話欛亦作話靶鶴林玉露載安子文自贊曰今日到湖南又成閑話靶按欛靶字通囑告曰

分付漢書原涉傳具記衣被棺木下至飯含之物分付諸客奔走市買按此言分別委付也俗以爲囑告之義非請託人曰訣通雅以言託人曰訣

一作映忿人謬已曰謈怨焦竑字學俗以恨人陷害曰謈怨猝然生怒曰發作三國志孫皎傳權讓之曰近聞卿與甘興

霸飲因酒發作侵淩其人人聲雜亂曰嘈雜抱樸子曲宴密集管絃嘈雜厭其陳久曰厭瓚中山詩話世謂事之陳久爲瓚

蓋五代時有馮瓚其人魯戇有所聞見他人已厭熟而乃甫爲新奇道之故今多稱瓚爲厭熟按今俗語下加乎也二字蓋以千字文有焉哉乎也句而訛傳之也

不識事理曰嘜頭 廣韻嘜徒落切口嘜嘜無度俗語正謂出言無度人也

呼童男曰小官人 澠水燕談錄李文定以女妻孫明復孫固辭文定曰吾女不妻先生不過爲一小官人妻按俗稱義非

嬰兒曰嘔鴉 音窩陳造傳寧堪歲攬減又抱兩嘔鴉自注淮人以歲饑爲年歲攬減越人以嬰兒爲嘔鴉

親戚概稱曰親眷 鮑照別庾郎中詩已經江海別復與親眷違

呼小兒女曰寶寶 留青日札今人愛惜其子每呼曰寶寶蓋言如珍寶也亦作保保人以爲保抱護持之義

呼廚子曰師公 夢粱錄凡分茶酒肆賣下酒食品廚子謂之量酒博士師公

泛稱婦女曰女客 文選宋玉賦妾巫山之女也爲高唐之客玄怪錄蜀帥章仇謂其妻曰何不盛設盤筵邀召女客按此皆稱女賓今泛稱婦女未通也

佃戶稱業戶曰財主 周禮朝士凡民同貨財者註云同貨財謂財主出債與生利還生則同有貨財按此對債者而言今泛稱業主非

凡商鋪稱常相交易者曰主故 日知錄市井人謂頻相交易者爲主顧後漢書有主故字顧當是故之譌

商賈母金稱曰子本 見周禮朝士疏韓昌黎集柳子厚墓志男女質錢約不時贖子本侔沒爲奴婢元稹估客樂子本頻蕃息貨賂日兼幷按子音孳孳息也今訛作資本

室之裏隅曰壁角落頭 見東坡集大慧眞贊

居處曰薖座 詩碩人之薖廣韻集韻薖並苦禾切讀若科李翊俗呼小錄俗謂所居曰科座實當爲薖座也

階級曰礓礤埠 武林舊事諸小經紀有賣礓礤子字彙補礤音擦姜礤石出大內規制記按此是階磴之稱

整理什物曰修娖 唐書中和二年修娖部伍按娖音捉俗謂整葺爲修娖

婦女首飾曰頭面 東京夢華錄相國寺兩廊賣繡作領抹花朵珠翠頭面之類乾淳起

居注太上太后幸聚景園皇后先到宮中起居入幕次換頭面泛稱手製各物曰生活元典章工部段疋條本年合造生活比及年終須要齊足

田藝衡張應祥墓志命匠造冰絲不得作僞直不加昂而生活易售染物標識曰霞音牙頭苕溪漁隱叢話世傳有霞頭隱語是半山老人作云生在色界中不染色界塵一朝解纏縛見性自分明按霞頭者帛角識物主姓氏處染時先以草纏結之使不漫滅小兒裹裙曰褓裙儂雅小兒被爲褓如俗呼褓裙褓被是也今轉爲抱誤泛稱器具曰家生夢粱錄載家生動事如桌凳涼牀交椅兀子之類泛稱憑據曰欛柄藝林伐山張無垢言欛柄入手則開道之際改頭換面今講學者悉用此語而不知所自出也謂精明强幹者曰淋尖踢斛律例倉官斗級不令納戶行槩踢斛淋尖多收斛面者杖呼大肚酒壺曰急須壺三餘贅筆吳人呼煖酒壺爲急須以其應急而用吳謂須爲蘇故亦曰急蘇呼盤米器曰勃闌容齋三筆世人語有以切脚稱者如以蓬爲勃籠槃爲勃闌之類按元人陳州糶米曲收了蒲籃罷了斗用字不同而此器無製以蒲者可見容齋說是泛稱菜蔬曰下飯過庭錄王子野羅列珍品謂水生曰何物可下飯乎生曰惟饑可下飯乎市物不稱意者曰蘊豬頭爾雅釋獸豕奏者蘊注曰今蘊豬短頭皮理腠縮按此豬之頭短小而醜非人意所喜故俗有是稱作事不盡善者曰三脚貓輟耕錄張明善作樂府譏時云說英雄誰英雄兩頭蛇南陽臥龍三脚貓渭水飛熊果木初花曰始花游覽志餘杭人以草木稺而初華者曰始花音如試禮月令桃始華蟬始鳴注皆讀始去聲竹中薄膜曰竹孚俞吳都賦鮫人賣綃注云綃者竹孚俞也按世或書作膚衣似誤事物甚多曰摩訶翻譯名義梵音摩訶此云大多勝也按今語當原於此多至不可數者曰無萬漢書成帝紀建始元年六月有

青蠅無萬數集未央殿中注云言其極多雖欲以萬數計之而不可得故云無萬數 多曰夠音遘廣韻夠多也文選魏都賦繁富夥夠不可殫究升菴外集今人謂多曰夠少曰不夠是也 不知其詳曰無數周禮序官男巫無數女巫無數蓋謂其或多或寡未有定數與此義合 事之一定不易者曰板板六十四見豹隱叢談按凡鼓鑄錢每一板六十四文乃定例也或私增其一卽屬偷鑄故俗又謂偷兒曰六十五 呼偷兒隱語曰六十五見上 泛稱物一件曰一掩篇海掩防斂切音飽出免疑韻俗謂四十斤爲掩 勉爲所願曰寧可見世說新語劉尹曰寧可鬥戰求勝今又轉爲耐可耐略讀如能李白詩耐可乘明月 不能勝任曰不能彀唐張巡傳士才千餘人皆癯劣不能彀今俗語蓋借此爲辭 問人何爲曰咋廣韻咋音詐訓曰語辭通俗編云蓋以甚讀如舍而又以做舍二字反切爲咋也按蕭音則以作何二字反切成音者 聞呼而譍則曰唉讀去聲說文唉譍也烏開切又欸譍也亞改切方言欸譽然也南楚凡言然曰欸或曰譽 事有疑怪者則應曰嗄上聲龐居士傳龐婆走田中告其子龐大曰汝父死矣龐大曰嗄停鉏脫去五燈會元臨濟謁龍光曰大善知識豈無方便光瞪目曰嗄濟曰這老漢今日敗缺也按二嗄字有疑悟之別疑讀上聲悟讀平當以緩急分之也 語事而應承則曰阿音倭老子唯之與阿相去幾何按應之速曰唯緩曰阿 凡指物示奇則曰𩴾說文𩴾見鬼驚詞諾何切按樂府雜錄驅儺用方相四人執戈楊盾口作儺儺之聲以除逐也又集韻哪音儺儺哪哪儺人之聲𩴾儺哪三字蓋通 驅物作聲曰庶庶周禮秋官有庶民注曰驅除毒蟲之言字從聲疏曰庶是去之意蓋取聲也 凡呼犬曰阿六六演繁露紹興中秦檜專國獻佞者謂之聖相無名子爲詩有云呼雞作朱朱呼犬作盧盧世人呼犬不問何地其聲皆然是借韓盧之名以尤爲高美耶按今六六

卽盧盧之轉音　呼雞曰喌喌音祝說文喌呼雞重言之施肩吾詩遺却白雞呼喌喌按伽鑑記沙門寶公曰把粟與雞呼朱朱爲喌之轉音今俗或借作祝亦作咮咮又作粥粥韓退之琴操隨飛隨啄羣雌粥粥　鄉人小名多以阿字挈之三國志呂蒙傳注魯肅撫蒙背曰非復吳下阿蒙世說註阮籍謂王渾曰與卿語不如與阿戎語按此凡人名皆可挈以阿字不特小名爲然蓋阿者發語辭古人以誰爲阿誰亦猶此也　似之至者曰活脫楊萬里詩小春活脫似春時史彌寧詩楚山活脫青屏樣　稱婦人貌美及物之美麗者曰齊整三國志鄭渾傳村落齊整普書符堅載紀部陣齊整顏氏家訓車乘衣服必貴齊整按凡物整頓者古均謂之齊整又急就章注云鬈拔眉髮去其不齊整者以爲姸瀞集韻云媥婦人齊整貌今說當原於此　人之肥大者曰奘方言秦晉之間凡人之大謂之奘或謂之壯　婦人之輕倩者曰波俏五燈會元眉毛本無渠低波俏又北史溫子升曰詩章易作逋峭難爲宋景文筆記曰齊魏人以有儀矩可喜者謂之庯峭廣韻曰庯峭好形貌音義俱同　婦人身材媿娜者曰媌條列子周穆王篇鄭衛處子娥媌靡曼方言凡好而輕者自關而東河濟之間謂之媌客座贅語南都言人物之長曰媌條　不潔曰邋遢廣韻邋遢不謹事也七修類稿鄙猥糊塗之意按此與今語義異　事至不上不下曰尷尬說文不正也古咸古拜二切焦竑俗書刊悞行不恰好曰尷尬今反云不尬尷誤　性情剛愎或事物難容俱曰狼抗晉書周顗傳顗言王敦剛愎強忍狼抗無上其意寧有限耶世說新語周嵩泣對母曰嵩性狼抗恐亦不容於世又玉篇有云躴躿身長貌讀若郞康音義亦合　事物累墜難理者曰磊埻一作累堆說文埻丁罪切磊埻重聚也趙宧光長箋今吳中方言有之凡事物煩積而無條理曰磊埻通雅今方言皆作累堆累字讀平聲　肚腹脹大曰彭亨讀盧郎切

詩大雅女炰然於中國毛傳云炰然猶彭亨也彌明石鼎聯句豕腹脹彭亨廣韻作膨脝

物直而胖大者曰儱侗五燈會元曉舜圓璣等俱有冬瓜直儱侗語

凡物渾圓未開者曰鶻淪朱子語錄乾是鶻淪一箇大底物事又文集答楊至之曰聖人之言自有條理非如今人鶻圇儱侗無分別也傳燈錄僧問法眞如何是無縫塔眞曰鶻崙磚通俗編云按淪圇崙三字體別義同或又作囫圇朱子語錄道是箇有條理底不是囫圇一物是也其實皆渾淪之轉列子天瑞篇云渾淪者萬物未相離也

往來疾忽曰潚亦曰遂文選思元賦迅猋潚其媵我注潚疾貌音肅淮南子精神訓渾然而往遂然而來注謂無所爲忽然往來也按俗狀疾忽之辭有云潚地裏遂地裏作此二字爲典則

物之臭惡者曰⿰多邕⿰多農音讀若翁桶方言南楚凡大而多謂之⿰多邕凡言過度及妄施行謂之⿰多邕⿰多農鳥孔奴動二切博雅⿰多邕⿰多農多也通俗編云按物之陳久而臭惡者曰⿰多邕⿰多農古無此訓豈以二字有過度之義而通章合歟

圓物旋轉迅捷曰骨鹿樂府雜錄有骨鹿舞於小毬子上縱橫騰踏其旋轉之捷因以名之也一作骨碌

謂穢雜曰拉颯晉書五行志大元末京口謠云黃雌雞莫作雄父啼一旦去毛衣衣被拉颯棲元好問詩惡木拉颯棲直幹比指稠用此又廣韻刺劉不淨也集韻肞臘肉雜也擸搕和攪也黃山谷集傝㑩物不觸也五燈會元大容諲曰大海不容塵小溪多㙠壒夢梁錄諸河有載垃圾糞土之船字體各異而音義俱同

堅實難動曰實辟辟素問脈搏而實如指彈石辟辟然

服物寬廓不稱者曰寬定宕癸辛雜志胡衛道三子孟曰寬仲曰定季曰宕蓋悉從宀其後悼亡妻俾友人作志書曰夫人生三子寬定宕讀者爲之掩鼻蓋當時已有此俚言也

稱文弱人曰文偒偒見元曲選關漢卿謝天香曲

浣紗曰汏說文汏徒蓋切淅灡也徐鉉曰水激過也音大

水滴曰渧廣韻音帝渌漉也集韻一曰滴水

暫沒入水曰搵說文搵沒也按抐也讀溫去聲

水浮物曰氽桂海虞衡志載粵中俗字有氽云人在水上也字彙氽去墾切深目曰眗音摳埤蒼目深貌廣韻曉深目貌謳摳二音亦作嘔

目大曰䀩䀩廣韻古錄切大目也目短視曰近䁻音砌說文察也博雅視也集韻褻視也或作昒露齒曰齙牙集韻

步化切齒出貌又邦洼切齞齺亦齒出貌腋下曰肋胳肢下說文胳腋下也釋文曰胳音格呼乳曰𠄎直語類錄鐘鼎文有韻字謂乳

也世作奶實當爲𠄎膺肉曰胸蒲類篇蒲蓬切雉膺肉睽姝由筆蒲謂雞胸下白肉也和衣暫臥曰踢集韻音儻申足伏臥也

默不聲張曰悗莊子大宗師悗乎忘其言按悗母本切今方言音轉作平聲有悗聲大發財之諺處事迅疾曰快㥶音燥玉篇

快性也按俗有快性之語又催人速辦事曰快些稱小兒黠慧曰豩唐韻呼關切漢皐詩話豩頑也劉禹錫詩盃前膽不豩趙嘏詩呑餅酒膽豩按

今以爲黠慧蓋黠慧者正古所謂頑童耳腹饑曰𤵯博雅𤵯音曹痛也今謂痟疾者腹常如饑曰𤵯小兒逢夏多病曰疰夏博雅

疰音注病也惡心欲吐曰𠰾博雅孚萬切吐也集韻通作㽹瘡潰曰虹去聲詩實虹小子箋云潰也今語義合凡物之

聳起者曰翹一作航廣韻翹邱召切高翹集韻航苦弔切高也物之軟而垂者曰耷落音答集韻耷德合切大耳曰耷通作

聕大垂耳貌物脹大曰胮開亦曰朧開廣韻胮匹江切脹大也又音龐集韻朧薄紅切身大也物寬緩不緊帖者

曰儾音囊去聲見顧鄰初客座贅語斜而不直側而不平皆曰揞集韻七夜切音且去聲衺揞也按今凡由徑者每曰斜揞過去

支𡔷不平曰致廣韻私盍切中州集周馳咏致子云勿以微材棄安危任不輕誰憐一片小能使四方平木相入處曰榫集韻榫音筍剡

木入竅也程子語錄柄鑿者榫卯也榫卯圓則圓榫卯方則方 止船木樁曰檝廣韻色絳切捍船木也用以代碇住則下行則起者是也 鞋工

木胎曰楥頭說文楥履法也所劵切 置物近裏曰攏文選江賦攏萬川乎巴梁攏猶括束也又今謂泊船亦曰攏丁仙芝詩知郎舊時意

且請攏船頭 疏布蒙物曰繃說文繃補盲切今有繃鼓繃紗篩之語 絡絲之具曰篗子楊子方言篗榬也注云所以絡絲者

也廣韻榬亦謂之篗 設穽以取鳥獸曰弶廣韻巨亮切張獸也玉篇施罟於道也 平木之器曰鉋讀若暴音釋名鉋斵言斵

彌之使平也 衣扣之系曰襻漢書賈誼傳注偏諸若今之織成以爲腰襻者也集韻衣系曰襻普患切 器之所系曰鋬集韻器系

曰鋬普患切 衣縫脫綻略綴治之曰敹書費誓善敹乃甲冑疏引鄭氏云敹穿徹之也謂甲繩有斷絕當使敹理穿治之釋文敹了彫反按

今俗有敹兩針之語 衣之緣邊曰緄音袞王褒洞簫賦帶以象牙緄其會合注云飾象牙同其會合之處 物末經檢者曰一擿

貨集韻乃感切搦也今語蓋謂不別美惡隨手搦之也 菜心之長者曰蕻音閧唐韻草菜心長也野菜譜四明有菜名雪裏蕻 不鞍而

騎曰驏初限切音產正字通馬不施鞍轡爲驏今狐楚少年行驏騎蕃馬射黃羊按今以徒手爲驏手當本此 螫人毛蟲曰楊䖸說文䖸毛

蟲也音刺 木理不直裂而易脫者曰皵音鵲說文木皮甲錯也爾雅釋木大而皵楸小而皵檟 金屬消鑠曰煬或

作烊集韻煬爍金也法苑珠林鐵鉗開口灌以烊銅 物經磨而漸薄曰鋊五音譜磨礱漸消曰鋊宋書孔顗鑄錢議曰五銖錢周郭其上下令

不可磨取鋊丹鉛錄鋊音裕按今讀若已音蓋鋊之轉耳 物不伸挺曰𩏠攏說文收束也即由切漢書律曆志秋𩏠也物𩏠斂乃成熟 顏色

不鮮曰蔫於乾切楚詞蔫而無色兮杜牧詩蔫紅半落平地晚　物乾枯內陷曰癟蒲結切音鱉玉篇枯病也七修類稿張士信有用姑蘇專用黃敬夫蔡彥夫葉得新三人民間作十七字詩曰丞相做事業專用黃蔡葉一夜西風起乾癟　呼虹霓曰雩讀若吼音爾雅釋天注江東呼螮蝀爲雩音義云雩於句切今俗呼螮蝀若吼丹鉛錄田家雜占俱因吼音作鱟蓋本於句之切而讀句爲穀若大雅敦弓既句之句耳　物堅柔難斷者曰韌詩傳檀堅韌之木也說文韌柔而固也而進切　物大而披張者曰觰說文下大者也陟加切集韻或作䐢䐤俗有觰觰開之語　濕物黏附曰䵒都合切音答集韻物濕附著也　物濕而黴曰黕集韻陟甚切楚詞九辯或黕點而污之元稹詩青衫經夏黕今或作黰　物陳腐起白膜曰殕音撫集韻物敗生白膜也　勉力支持曰掌廣韻恥孟切支拄也　以財物鬥勝及競氣拚命皆曰甹說文普丁切俠也三輔謂輕財曰甹徐注曰任俠用氣也　以兩物較其長短曰賹廣韻於建切物相當也　用力挽引曰扳集韻音班挽也引也公羊傳隱元年諸大夫扳隱而立之又俗有扳晉扳價之語本此　更易財物曰擢換集韻音窕嬥嬥往來貌蓋更易有往來之義或作掉掉有轉義亦通　蓄積財物曰儹即產切廣韻積儹也俗書刊誤聚錢穀由少至多曰儹　以財物互易曰𠐊說文市也或曰互市必與人對故从對人按此字本音對俗讀若兌遂借用兌字　脅取財物曰攉讀若忽音漢書王莽傳猾吏奸民辜而攉之注謂脅人罪自取利也今有攉奪擅騙之語　以舌試探食味曰㐁說文舌貌象形他念切六書精蘊舌在口露其端以抵物也廣韻通作䑛今讀作上聲　凡食物漬醬曰饡作旦切說文饡以羹澆食也　兩物相和曰拌集韻部滿切音盤上聲物之相和通作伴今俗作拌按拌訓捐

寠無相和義

以湯沃物曰渧清波雜志高宗自相州渡河荒野中借半破甆盂溫湯渧飯茅檐下與汪伯彥同食集韻渧披敎切漬也

寒則偎之使暖濕則偎之使乾曰焙讀若塢音元雜劇青衫淚有焙脚砵砂擔有濕衣焙乾之語

以火烘物使乾曰㷶音愎又作煏方言以火乾五穀之類關西隴冀以往謂之㷶註㷶皮力切說文煏以火乾物也符逼切今蕭邑有火㷶雞頗著名

火燄外竄曰爁廣韻音濫火燄行也淮南子覽冥訓火爁燄而不滅集韻音覽又音濫今二音並用

以食物納油及湯中一沸而出曰煠廣韻士洽切博雅淪也或作渫蘇軾十二時偈百滾油鐺裏恣把心肝煠

以火略灼曰燂徒南切廣韻以火爓物也

熟食以火再煮曰燗廣韻呼罪切音賄集韻熟謂之燗如今燗羊肉燗肝之類

以刀切薄片曰剕玉篇削也音批集韻有剕字刀析也亦音批

以藥固著金鐵器曰銲廣韻作釬玉篇固金鐵器令相著也

以指深剜曰剾恪侯切博雅剜也

破瓜成塊曰華曲禮爲國君削瓜者華之華音華謂半破也

兜物之網曰㨟兜集韻㨟柯開切觸也呂種玉言鯖俗以網兜物曰㨟兜即此

挹彼注此曰舀以招切傳燈錄高沙彌就桶舀一勺飯

挹水散潑曰𣂁音豁博雅呼适切抒也類篇作𣂁

亦曰戽音虎廣韻抒也本作𣸣戽斗舟中渫水也器也

以刀錐刺之曰戳廣韻敕角切刺也行營雜錄宋太宗事有引斧戳雪語五燈會元遇賢偈有僧把虛空一戳破句按今有戳一刀戳通等語

以手批面曰搧集韻搧音羶披也按六書故謂掌擊曰挺與搧同音今蕭俗讀若萱音有搧巴掌搧拳頭之語

以手振物使展曰敨集韻他口切展也按即抖擻二字切讀若偷上聲

手舁物他徙曰扱音綽唐韻楚洽切廣韻舉也引也今俗有八擡八扱之語

手

摩痛處曰捼亦作挼俱音儺說文兩手相切摩也　以手逼物出汁曰𢸍博雅籍禮反盪也集韻子禮切音濟手搦酒玉篇手出其汁也通作泲　去滓取汁曰潷音筆博雅盪也集韻訓去滓今云潷藥是也　擘物使開曰𤖁廣韻音拍破物也集韻分也今俗謂擘橙橘之屬曰𤖁　搔癢曰抓莊交切博雅搔也　手爪披毀物曰攋集韻洛駭切讀若賴上聲方言壞也廣韻手披也　以手斯物曰撦音車上聲集韻裂開也博雅開也皮日休詩風撦紅蕉仍換葉今俗作扯當以撦爲正　用力牽引曰𠡒音堆上聲篇海著力牽也　手按物曰撿集韻邱禁切按物也　手懸提物曰拎玉篇音零手懸捻物也今方音小變　發土使開曰坌蒲悶切音坌去聲廣異記載驚獸搏狂牛事云牛自埋身於土獸坌成潭　匿跡潛進曰軀音傴廣韻身向前也類篇曲身也今俗有軀壁賊之語　謂人潛逃曰瀏去聲風疾貌楚詞九歎秋風瀏以蕭蕭按俗語蓋以潛去者若風之無跡爲喻耳　忽然突出曰宊廣韻他骨切呑入聲出見貌　往來倏忽曰𧼮亦作𧽲玉篇實洽切行疾也又集韻𧽲疾盍切疾走貌按今有𧼮來𧼮去之語　莽進曰𧾖音暫說文進也玉篇超急而騰疾也今有直𧾖亂𧾖之語　檐牙冰箸曰澤楚詞九思霜雪兮漼溰冰凍兮洛澤澤音鐸　捕捉曰髂枯駕切五燈會元金山穎偈有勸人放開髂蛇手句按玉篇訓髂爲腰骨與捕捉無關惟集韻有搭字訓持也本作抲音髂平聲扼也六書故扼之力也訓捕捉當以搭抲爲正

以上參翟灝通俗編

手揭取物曰掣集韻尺列切音滯入聲挽也揭也取也晉書王獻之傳七八歲時學書羲之從後掣其手不得　捻去鼻膿曰擤篇海亨上

聲手捻鼻膿曰擤又音省義同　躍跳曰趒音透廣韻自投下也亦作殹　跳舞曰趉音迢說文雀行也按俗謂舞爲趉以有跳躍之義耳

事之糾葛難了及人之難以理喻者皆曰倭於禾切讀若阿自明朝屢遭倭寇之難始有此語　邊際曰埏集韻時連切音延地際也八埏地之八際　較量物之多少曰攇集韻胡刀切音豪較多少曰攇　推宕曰攮字彙音囊推攮也俗有推來攮去之語　謂日午曰旰讀若愛音集韻音旰說文晚也左傳襄十四年日旰不召前漢書張湯傳日旰天子忘食俗讀愛音之轉耳有旰晝旰飯之語

拄屋使正曰牮字彙音薦屋斜用牮以土石遮水亦曰牮　又呼犢曰犆集韻烏猛切並類篇於杏切吳人謂犢曰犆　不忍廢棄曰勿割捨詩譜陸士衡才思有餘但書太多爲礙能痛斲捨乃佳耳　立秋後仍酷熱不可耐曰秋老虎吳趨風土錄

秋雨倏忽一陣曰秋雲霄惲敬大雲山房雜記吳以秋雨爲秋雲霄　游手無賴者曰聊蕩甚者曰濫聊施鴻閩雜記地方惡少遊手覓食訛索詐騙者謂之聊蕩言無聊賴好遊蕩也亦曰濫聊則尤甚之詞　作事迂執者曰丁相公畫一字山堂肆考元丁濟爲奉化令凡公論所在一判不復移民稱之曰丁相公一字判今俗語當本此　器物薄弱者曰嬌痃集韻痃音怯病弱也　物嫩而軟者曰蕈㑊玉篇蕈地菌也唐韻正韻㑊奴亂切說文弱也　物至微小者曰一麧廣韻音窣麥屑也　碾物使薄曰擀集韻干上聲以手伸物也或省作扞　線索糾繞曰擅篇海直善切音躔上聲手擅轉也　手爬物曰搲類篇烏瓦切吳俗謂手爬物曰搲　有物碍足曰扳集韻音班去聲絆也又引擊也　水中撈物曰撩正韻音聊說文理也一曰取物也攏取物爲撩

權勢嚇人曰僻儶集韻豪强貌後魏時語莫僻儶

蕭語有以入聲字作平聲讀者如鯽魚呼爲精魚嶽蕭音同鄂廟呼爲杭廟之類有以入聲字作去聲讀者如後日呼爲後昵一擊呼爲一季之類亦有以入作平全是北音者如黑魚呼爲海平聲魚白魚呼爲排魚白馬湖呼爲排馬湖之類張文鷟螺江日記

今按尚有全是北音者如來弗及呼爲來弗忌文書票約呼爲文書票搖三合六湊呼爲三合溜湊鯽魚呼爲濟魚蛋黄呼爲蛋誑弗行呼爲弗興瓜灘呼爲瓜離時候呼爲時吼薄荷呼爲薄去聲荷去聲螞蟻呼爲螞夷便宜呼爲便怡之類

蕭俗問何人曰苛箇問人作何事曰作苛苛讀上聲與何通用賈誼傳大譴大何新書作大譴大苛漢書衞綰傳誰何史記作譙呵俱可證張文鷟螺江日記

俗稱人美好曰脊零稱左右旋轉曰奪欒初莫得其說既知乃反切法脊零卽精字奪欒卽團字合兩聲爲一聲如稱弗會弗要亦似此以是知反切之法信口有之乃天籟非人巧也

俗呼歸如居鬼如舉跪如巨貴如據緯如喻虧如區椅如飫小兒毀齒之毀如廢呵欠之欠如漢猢猻之猢如活餧如飫虹如黨玉粟之玉如義二如膩鼻如鬭死如洗屎如汙去聲溺如施又如西去如氣晾如浪芋艿之芋如怒黃鱶之黃如盎平聲櫃如鉅洗如貨赤如察可惜之惜如心相宜之宜如行旰如愛鉛如已自如徐去聲誰氏如海平聲儒人如寗認如濘蠶蛹之蛹如愚只有之只如結花絮之絮如西日如逆昨日如曹擬又如床擬

王小穀曰越讀過如孤一更盡謂之一更過推之五更皆然半夜盡謂之半夜過蕭俗亦然

蕭諺小兒養至五六歲曰養出火蓋蠶家語也蠶至三眠後撤去火具名曰出火

從來新婦曰新媳婦越俗訛為新新婦故娶婦者曰娶新新婦看婦者亦曰看新新婦陶元藻鳧亭詩話

盛暑偷安謠

知了嗜嗜踹船板兩頭蹺懶惰在客歇旰覺音告

各自食力勤儉作家謡

火螢蟲夜夜紅公公挑菜賣胡葱婆婆績𫄨音借糊燈籠兒子開店做郎中一作兒子打卦醫行做郎中

新婦抽牌捉牙蟲一作新婦織布兼裁縫一石米桶喫弗空

游蕩子輕薄謡

正月燈二月鷂即紙鳶三月上墳船裏看姣姣

詫異謡

希奇夾古怪蒼蠅皷盌破尼音𤸷姑要花戴和尚摸髮排

警戒謡

少年去游蕩中年想掘藏老來做和尚

饕餮謡

眼睛如矆睒筷頭像雨點舌頭像捲簟喉嚨如帄縴

將將朵朵

俗以手引小兒學行謂之朵有將將朵朵之謠（見莊綽雞肋編）

九九消寒謠

頭九二九相喚弗出手三九廿七籬頭吹觱栗四九三十六夜眠如露宿五九四十五窮漢街頭舞六九五十四籬笆出嫩刺七九六十三破絮擔頭攤八九七十二黃狗抻陰地九九八十一犂耙一齊出十九齊足蝦蟆田雞叫閣閣

農諺

東風四季晴祇怕東風起響聲（響則即雨）

春甲子雨赤野千里（主旱）夏甲子雨乘船入市（主水）秋甲子雨田禾生耳（主雨多）冬甲子雨牛羊凍死（主大寒凡甲子遇雙日雨則不妨）

甲子乙丑晴丙寅丁卯做中人四十九日滿天星（主久晴）

日暈三更雨夜暈午時風（日暈主當夜雨月暈主來日風）又云日暈不過午過午則無雨

雨前濛濛雨不大雨後濛濛終不晴（凡初雨如霧至午必晴久雨後忽見細雨如霧者旋即大雨）

夾雨夾雪落得無休無歇凡雨夾雪難得晴

天怕黃亮人怕鼓脹言久雨時將晚天忽黃亮主大雨又云亮一亮落一丈

開門落雨飯罷晴昧爽時雨俗呼開門雨是日早飯時即晴

星月照爛地明朝落弗及久雨夜忽開霽星月朗潔主明日大雨

日落烏雲半夜枵明朝晒得背皮焦又云今夜日沒烏雲洞明朝晒得背皮痛言半天上雖有黑雲而日落雲外或日漏雲隙狀如岩洞者至半夜雲必開散明日大晴又云日沒胭脂紅無雨也有風

烏雲接日明朝不如今日又云日落雲裏走雨在半夜後凡日落時有雲接住濃厚而無罅隙主有雨

一個星保夜晴凡雨後天陰但見一兩星此夜必晴

東北風雨太公東北風雨卒難得晴

一點雨似一個釘落到明朝也弗晴一點雨起一個泡落到明朝未得了

天上鯉魚斑明朝晒花弗用翻滿天雲片如魚鱗者主暢晴

早間薄薄雲晚晝晒煞人

東鱟日頭西鱟雨鱟音吼越人呼虹爲鱟又云鱟高日頭低晒煞老雄雞鱟低日頭高落雨要討饒
未雨先雷船去步回主無雨
夜雷十日雨雷自夜起者必連陰
晚晴十八日久雨午後晴起者主久晴
太婆年八十八弗曾見東南陣頭發凡雲陣自東南起者絶無雨
西南陣單過也落三寸雲陣自西南起者雨必多尋常陰天西南障上亦雨
交春落雨到清明
甲子豐年丙子旱戊子蝗蟲庚子叛惟有壬子水滔滔俱在正月上旬看以正月上旬子日占歲事
歲朝東北好種田元旦東北風主年豐又云歲朝西北風大雨定妨農元旦西北風主大水
南風吹我面有米也不賤北風吹我背無米也弗貴以正月初八日占
上元無雨多春旱又云風吹上元燈雨打寒食墳上元有風主清明有雨

未蟄先蟄四十五日陰溼（驚蟄前聞雷主春雨多）

春寒多雨水

正月二十晴麥麵好搓繩正月二十落麥麵變糊粥（是日雨主春多雨麥爛）

正月雷趕雪二月無休歇（正月聞雷主必下雪而久雨）

春霜弗露白露白要赤脚（春日濃霜主即雨）

春分無雨病人稀（春分日晴明主人安）

二八南風毒如砒（二八兩月南風當夜即雨）又云二八南風連夜雨田家無五行水旱卜蛙聲上晝叫上鄉熟下晝叫下鄉熟終日叫上下皆熟聲啞低田熟聲響低田澇（上巳日占）

清明夜頭雨豆麥一時死（主久雨豆麥霉爛）

三月三落到繭頭白（主久雨）

雨在石上流桑葉好喂牛（三月初三雨桑葉賤）

清明斷雪穀雨斷霜

簷頭插柳青，農人休望晴；簷頭插柳焦，農人好作嬌。又云：清明曬得楊柳枯，十隻糞缸九隻浮。又云：雨打紙錢頭，麻麥不見收。皆言清明日雨則主久雨，若晴而燠熱亦主水。

立夏樹葉響，一片桑葉一片羶。立夏日有風，主桑葉貴。

小滿弗滿，芒種弗管。小滿無雨，主旱黃梅。

端午夏至連，快活種年田；端午夏至乂乂開，三潮大水做潮來。夏至與端午近主雨水調勻，遠主大水。

端陽曬得蓬頭枯，十爿高田九爿浮。端午但宜薄陰，若大晴主水。

二十分龍廿一雨，水車閣在衖堂裏；二十分龍廿一鱟，土人呼虹爲鱟，音吼。拔起黃秧種赤豆。五月二十日謂之分龍日。

喫過端午粽，寒衣弗可送，還要凍三凍。謂過了端午尚有三次寒信。

二十三日分龍雨，一百廿日晒龍衣。五月廿三日雨，主大旱。

梅裏西南，老鯉出潭。梅裏西南風多，主雨水多。

梅裏一聲雷，時中三日雨。又云：梅裏雷，低田拆舍囘。芒種後半月謂之禁雷天，有雷主水，若聲多及震響反主旱。

黃梅雨未過冬青花未破冬青花已開黃梅雨不來梅裏冬青花開主旱

五月裏有迷霧行船弗要問路又云梅裏三潮霧河魚走大路梅中有霧主水又云梅裏三埭黴拔起黃秧種赤豆有黴主旱

雨打梅頭無水洗犂頭入梅日雨主旱

夏至前後田溝水好盪酒謂天漸炎熱

夏至有風三伏熱

小暑動雷倒做黃梅

五月壬子破水望山頭過

六月初三一個陣上晝芸田晚晝抻初三有雨主夏多陣雨

六月蓋夾被田裏不生米夏日夜寒主秋歉收又云夏作秋無得收早西晚東風晒煞老場工又云夏東風燥鬆鬆又云六月南風飄飄晴

彭祖一聲響棉花剩莖梗六月十二日俗謂彭祖生日忌聞雷

六月跳蚤多棉花買斷窠主棉花貴也

南閃火門開北閃雨就來東閃西閃不如不閃

夏雨北風生無雨亦風涼

六月裏有迷霧要雨直到白露夏日有霧主旱

夏雨隔灰堆秋雨隔牛背

朝立秋涼颼颼暮立秋熱到頭以立秋時辰占

處暑裏個雨百萬倉裏個米又云處暑若還天不雨縱然結實也難收又云處暑雨不通白露枉用功又云處暑無雨白露枉來淋處暑節內最宜有雨

八月初一難得雨九月初一難得晴

白露日個雨來一路苦一路白露節內雨爲苦雨能傷禾稻菜蔬又云白露前是雨白露後是鬼主稻穀秕損

分後社穀米遍天下社後分穀米上錦墩又云分社同一日低田盡叫屈秋分在社前斗米換斗錢秋分在社後斗米換斗豆

麥秀風搖稻秀雨澆秋分稻將秀時得雨則堂肚大

天怕秋裏旱人怕老來窮立秋以後最忌旱熱

秋分晴到底碧糠會變米秋分後暢晴則穀粒長足

早夜風涼晴到重陽

秋東風雨祖宗秋後東風發即雨

大旱不過七月半

八月十五雲遮月來歲元宵雨打燈

八月小菜如寶八月大菜如磨大讀如馱去聲

露裏弗種菜白菜宜秋分節種寒露種不大

重陽無雨一冬晴

九月十二晴皮匠老婆要嫁人九月十二落皮匠老婆好喫肉謂晴則久晴雨則久雨又云九月

十二晴釘靴掛斷繩

十三晴不如十四靈十四晴釘靴掛斷繩（主久晴）

賣絮婆子看冬朝無風無雨哭號咷（十月朔晴主一冬晴暖）

冬至前後快水不走（謂天寒將冰也）

冬至西南百日陰半晴半雨到清明（冬至日西南風主久陰）

乾淨冬至邋遢年（冬至晴主年下雨）邋遢冬至晴過年（冬至雨年下晴）

冬至頭賣了被買牛（謂冬暖）冬至中赤卵小官好過冬（謂冬暖）冬至尾賣了牛買被（謂冬冷）

雨打冬丁卯鳥雀都餓倒（主祁寒堅冰）

頭九晴二九明三九做中人（如三九中雨雪主九九皆應）

初三見日初六雪（十二月初三晴主初六郎有雨雪）

臘月有霧露無水作酒醋

若要麥見三白（臘月得雪三番主麥大熟）

臘雪是被春雪是鬼又云一月見三白田翁笑嚇嚇（臘雪多主殺蝻子來年豐稔）

兩春夾一冬無被暖烘烘臘月有春主冬煖

除夜犬不吠新春無疫癘

濃霜猛日頭

冬冷弗算冬春冷凍煞牸

春打六九頭麥稻必有收

遺聞軼事方言謠諺皆可以觀蕭之民風焉雜刺羣籍補所未備零縑碎錦悉珍異也

治掌故訓詁者或者有取於斯

蕭山縣志稿卷三十

藝文

書目

經類經史子集四部序次先後分別隸屬略遵四庫書目例兼參張文襄書目答問爲主旨生存人著述不錄

五經纂要五卷　宋丁紳纂紳字仲龍咸淳中舉茂才紳病俗學之支離五經辭義之博奥而難明乃撰此書以淑世其自序曰易也者道之時也書也者道之中也詩也者道之正也禮也者道之敬也春秋者道之義也纂要一書於易而得其時於書而得其中於詩而得其正於禮而得其敬於春秋而得其義云云

義易玄機　明田篤實撰篤實成化時隱者

易經集注十六卷　明來知德撰

讀易隅通二卷　明來集之撰

易圖親見一卷　同上

卦義一得一卷　同上

書經注疏一卷　明王三才撰

虞書解　明來汝賢撰

尚書秘省　明來宗道撰

大學古本格物圖解　明來知德撰此禮之屬不屬四書中

春秋志在十二卷　明來集之撰

四傳權衡一卷　同上

五經彙纂　明韓惟論撰

五經疑義　明嚴天麟撰

六經會通　明嚴天麟撰

五經音詁　明來斯行撰

四書問答　同上

四書小參　同上

學庸圖譜　明嚴天麟撰天麟研宋儒經學故是書列四書類後

韻會　明來斯行撰

字學源流　明來嘉謨撰此書未詳姑附小學類

大易原始　清張遠撰

推易始末四卷　清毛奇齡撰

仲氏易三十卷　同上

易小帖五卷　同上

河洛原舛編一卷　同上附易類

太極圖說遺義一卷　同上附易類

春秋占筮書三卷　同上此編乃摭春秋傳之占筮以明古人之易學也

周易精義續編　清俞元潤撰此書乃踵武林黄綺霞周易精義而作

周易文二卷　清王人麒撰

讀易寡過一卷　清沈豫撰

易例總龜　清陳錫華撰

周易折中經四卷 清來嗣尹撰

易薈三卷 清陸堃撰

漢易通義八卷略例一卷 清黃瓚撰

周易自得編十一卷圖說一卷 王寅撰 時代未詳

心易一卷 戴天恩撰 時代未詳

大易圖說 清來沐之撰

周易大義圖說 清鄭豹文撰

易解述凡 來謙益撰 時代未詳

周易析微八卷 何楷撰 時代未詳

古文尚書寃詞八卷 清毛奇齡撰

尚書廣聽錄五卷 同上

舜典補亡一卷 同上

漆書古文尚書逸文考一卷附杜林訓故逸文清王紹蘭輯
桑欽古文尚書說一卷附中文尚書同上
書經管解清韓維鍾撰維鍾原名烱字琴坡一字漢谿乾嘉時諸生
禹貢管見清陳錫華撰
尚書秘旨清何之沐撰
詩經析疑清張遠撰
毛詩寫官記四卷清毛奇齡撰
詩札二卷同上
詩傳詩說駁議五卷同上
續詩傳鳥名三卷同上
白鷺洲主客說詩一卷同上
國風省篇一卷同上

周人說詩三卷 清王紹蘭緝

董仲舒詩說箋一卷 同上

匡說詩義疏一卷 同上

周禮問二卷 清毛奇齡撰

周官識小一卷 清沈豫撰

儀禮疑義二卷 清毛奇齡撰

昏禮辨正一卷 同上

喪禮吾說篇十卷 同上

禮記析疑四十六卷 同上

明堂問一卷 同上

郊社禘祫問一卷 同上

曾子問講義四卷 同上

大學證文四卷清毛奇齡撰此編乃論列石經本石經改本程子朱子改本元明諸人改本互相引勘以證原文大學本戴記故列此下同

大學知本圖說一卷同上奇齡於嵩陽廟市得大學古本湛然有悟因自畫一圖而爲之說

大學問一卷同上

大學偶言一卷清張文𧅷撰

中庸說五卷清毛奇齡撰中庸大學本小戴記篇名故列此

廟制折衷二卷同上

北郊配位尊西向議一卷同上

大小宗通繹一卷同上

辨定祭禮通俗譜五卷同上

郊社禮器考一卷清王人雄撰

深衣考一卷清傅學灝撰

漢宋餘學三卷同上此編乃言禮之書內分跪坐考揖拜考揖拜附考凡三卷有學灝甥章鑑跋語稿未梓今存其家

夏大正逸文攷一卷清王紹蘭輯

周人禮說八卷同上

禮堂集議四十一卷同上

石渠議逸文考一卷同上

三禮通解清陸觀禮撰

辨定嘉靖大禮議一卷清毛奇齡撰以言禮之書姑附禮後

竟山等韻錄一卷清毛秉鏡撰秉鏡諳音律能擊鼓作等韻聲使隔墻聞聲知翻切字是編非韻學乃樂學故列樂類

竟山樂錄三卷清毛奇齡撰

聖諭樂本解說二卷同上

皇言定聲錄八卷同上樂類四庫目列四書後小學前今從書目答問例故以上四條列三禮後

琴說二卷琴譜　卷清朱啓連撰此書無可附麗姑列樂後

春秋條貫篇十二卷清毛奇齡撰

春秋簡書刊誤二卷同上

春秋屬辭比事記四卷同上

春秋毛氏傳三十六卷同上

春秋公族姓氏考清陳鑅撰　陳鑅字丹崖，寄籍廣西。嘉慶丁卯舉人，官知縣。

春秋備說清陳錫華撰

春秋長歷補正六卷清黄瓚撰

春秋集成清來沐之纂

春秋大事表清顧鴻逵撰

春秋列國表二卷魏翼龍撰　時代未詳

左官異禮略一卷清沈豫撰

左傳同名錄清汪繼壕撰

孝經問一卷清毛奇齡撰

論語稽求篇七卷　同上

齊論語問王知道補亡一卷　清王紹蘭輯

四書改錯二十二卷　清毛奇齡撰

四書正事括略五卷　同上

四書索解四卷　同上

四書賸言四卷賸言補二卷　同上

四書摭餘說五卷　清曹之升撰

四書管疑錄十卷　清傅文昂撰不曰管窺而曰管疑是謙而又謙之意

四書述疑錄七十卷　清傅學灝撰學灝爲文昂子是書述其父管疑之旨故曰述疑

四書名物雅三十六卷　同上

四書衍義　清來沐之撰

四書典解新義十六卷　清來鴻瑨撰

經問十八卷經問補三卷 清毛奇齡撰此編乃奇齡燕居說經之語門人錄之成書後三卷則其子遠宗補錄者

說經二十卷 清韓泰青撰泰青之學以程朱爲宗是書後附雜說及說莊說騷共數卷

聖門釋非錄 清毛奇齡撰此編乃奇齡弟子陸邦烈述其師平昔講論之語

逸講箋三卷 同上

周人說經八卷 清王紹蘭輯此編內周人說詩三卷吳縣潘文勤祖蔭爲梓入功順堂叢書中餘未刊

皇清經解淵源錄一卷 清沈豫撰

皇清經解提要二卷 同上

經訓管窺十卷 清任以治撰

經粹四卷 清鍾寶華撰

經史慧解六卷 蔡含生撰時代未詳此編兼解史姑附經後

說文段注訂補六卷 清王紹蘭撰

說文檢字 清汪繼壕撰

凡將篇逸文注一卷 清王紹蘭注

易韻四卷 清毛奇齡撰

古今通韻十二卷 同上

韻學要指十一卷 同上

七經皷音十二卷 清傅學灝撰

古今韻檢 清汪繼壕撰

韻字補遺四卷 清田人杰撰此書非小學類音韻之學姑附此

千字文音義四卷 清王桂芳撰此書非經訓姑附於此

書目 史類

蕭山縣水利事蹟 宋邑令顧沖撰沖錢塘人以淳熙九年宰蕭山具載六湖二堰鄭河口事蹟爲一冊以垂於後又作湘湖約束刻石樹於縣廷

浙東紀略四卷 明徐芳烈撰芳烈字涵之是書專記魯王監國事

刑部獄志四十卷 明來斯行撰

備忘錄明來嘉謨撰

永興往哲記明蔡大績撰

居士傳明來斯行撰

來瞿塘年譜明來知德撰

建言封事若干卷明魏完撰

膠萊末議一卷明來斯行撰此乃論治運河疏海口以利漕舟事

史料明魏驥撰

蕭山縣志明永樂壬寅縣令張崇與訓導祝以中邑人樓惟觀戴汝東張子俊修

蕭山縣志明宣德丁未縣令吳汝方教諭陳顏仍重修

蕭山縣志明弘治戊申邑丞何鍰聘邑人黃萃朱琪修

蕭山縣志明正德丁卯邑令朱居正與邑人黃懿丁洪朱孔毓編輯是書屬田惟祜訂本分屬張燭錢穀纂成惟祜領鄉薦時卽有郡志私本弘治志嘗取裁焉後三十餘年致仕家居復出訂本縣志乃成

蕭山縣志六卷 明嘉靖二十二年邑令漳南林策屬縣人張燭撰三十六年襄陽魏堂續增之不知出何人筆而藩相黃九皋爲之序

蕭山縣志六卷 明萬歷己丑邑令劉會聘邑人戴文明蔡大績張諒修羅萬化序

蕭山縣志補遺 明翁文撰

湘湖水利圖 明邑令張懋撰懋以洪武初年宰蕭山繪圖刻石以紀其事

湘湖志略 同上此書具載顧郭楊趙創建湘湖始末

湘湖水利事述 明魏驥撰驥以尙書家居一舉邑中水利興廢利害所關者暨塘閘堰壩凡一十六所所在勒成一書授門人御史何舜賓清理湘湖忤邑令鄒魯被陷死其壻福建副使富鉉以此書幷事蹟書及禁革湘湖榜例皆刊板至今存

蕭山水利二卷 明富鉉輯清張文瑞孝友堂刻

蕭山學志 明萬歷時教諭王學孝撰天啓時教諭張汝醇修此書非地理之學姑附於此

羽族通譜 明來集之撰

東源讀史一卷 明田惟祜撰

來氏家乘 明來斯行撰家乘不可勝數且無入書目之必要以乾隆紹興府志著錄姑附於此

史記考異　清單隆周撰

史記闕篇補篇考一卷　清汪繼培撰　此編謂日者列傳辨肆淵深確爲史公自作非褚先生所能補又論傳靳傳叙事簡而有法非班固所能爲三王世家本載冊文而略於事均非亡闕後人增補者

漢書地理志校注二卷　清王紹蘭撰

袁宏後漢紀補證三十卷　同上

晉書摘謬二卷　清郭爲棟撰

晉記六十八卷　清郭倫撰　此書乃踵其曾祖爲棟晉書摘謬一書而作大恉以繩愆糾謬激揚忠義爲主

五代史閏季錄　清湯溍撰

元史本證五十卷　清汪輝祖撰　是書凡證誤二十三卷證遺十三卷證名十四卷皆取諸元史紀傳表志本文參稽互證亦有取於錢大昕考異而補錢氏所未及者辨證殊爲精確書將成時輝祖病其子繼培爲之補輯故多繼培按語云

元史正字八卷　同上

資治綱目偶見錄前集十四卷後集二十三卷　清王人雄撰　此書乃續李唐一代之史起於唐哀帝天祐四年至二十一年乃之

續以後唐潞王之後復續以南唐其間諸國附注於下蓋黜閏位綿正統以接於宋也

國語國策精華録　單煥撰時代未詳

餘暨舊聞　清汪繼壕撰

冠山逸事二卷　清來嗣尹撰

燕夢南軺餘録　來道程撰時代未詳

武陵雜録　來可遠撰時代未詳

粤西鈴閣叢談　陳鑠撰時代未詳

袁浦扎記一卷　清沈豫撰

經濟録　清單隆周撰

舟見録　清汪輝祖撰此書紀乾隆中高宗南巡江浙所集大小舟船名式

軺車日記八卷　清湯金釗撰

格苗紀略　清趙文璧撰

捕蝗要略清周玉衡撰

圍城記清何鼎勳撰此書紀同治中藍大順亂蜀圍雅州事

防河記同上此乃紀滇寇二次侵雅州事

明武宗外紀一卷清毛奇齡撰

勝朝彤史拾遺記六卷同上奇齡自序曰幼時得宮闈紀聞一卷後又探明史宬及見外史所紀乃成此編

後鑑錄七卷同上此編乃輯明季治盜始末以示鑑戒

制科題名記同上

明鼎甲分縣備考清王端履撰

史筏三卷清張承恩輯上卷杜詔讀史論略纂注下卷陳景雲紀元要略歲次訂定附以陳黃中紀元補遺考別爲一卷

歷朝帝王錄許汝濬撰時代未詳

王文成傳稿二卷清毛奇齡撰

古今名人傳十六卷清何西堰撰

明代儒林傳一卷清王人雄撰

明代文苑略一卷同上

信芳錄清張衢撰此書載明代東林黨人事甚詳

藝林小史六卷清任以治撰

春陵褒貞錄一卷清汪輝祖撰

越女表微錄七卷同上

三續越女表微錄清汪繼壕撰

先友言行記清湯紀尚撰此書乃紀尚記其父修諸友事蹟

湯文端公奏議二卷清湯金釗撰

治河明鏡四卷清陶師孟撰

直北水利一卷清王人雄撰

河湖蓄洩機宜一卷同上

湘湖水利志三卷 清毛奇齡撰
蕭山水利續刻一卷三刻三卷 清張文瑞纂
湘湖考略一卷 清於士達撰 王煦參訂
湘湖水利志四卷 清魯燮光撰
蕭山縣志二十二卷 清康熙辛亥知縣鄒勷修 癸丑知縣聶世棠重修 癸亥知縣劉儼增輯
蕭山縣志刋誤三卷 清毛奇齡撰
蕭山縣志刋誤辨正 清汪繼壕撰
蕭山縣志四十卷 清乾隆十六年辛未知縣南陽黃鈺重修
西河志一卷 清魯燮光撰
蕭山儒學志 同上
杭州志三詰三誤辨一卷 清毛奇齡撰
杭州治火議 同上 是書姑以言杭州事類附於此

蠻司合志十五卷 同上

明臣謚法考 清湯溢撰

越彥遺編考五卷 清陶元藻撰

史姓韻編六十四卷 清汪輝祖撰

二十四史同姓名錄一百六十卷 同上

九史同姓名略七十四卷 同上

遼金元三史同名錄四十卷 同上

希姓補五卷 清單隆周撰明楊慎著有希姓錄五卷故此曰補

希姓錄四卷 清汪輝祖撰

孔子年譜 清傅學灝撰

孟子年譜 清曹之升撰之升字寅谷乾隆辛丑進士官陝西蒲城令此譜考訂精密足與閻若璩孟子年月考並傳

馮太傅年譜一卷 清毛奇齡撰

雪泥鴻爪一卷　清湯金釗撰　此編爲湯文端公自撰年譜卷端雪泥鴻爪四字乃其手蹟

病榻夢痕錄上下二卷夢痕錄餘一卷　清汪輝祖撰　此書亦年譜之類所紀皆切於日用多布帛菽粟之言

觀石後錄二卷　清毛奇齡撰

銜蟬小錄一卷　清高第妻孫蓀意輯

北苑貢茶錄注　清汪繼壕撰

北苑別錄注　同上

烟草譜　同上

歷朝金石錄　清施彭齡撰

山右訪碑錄一卷　清魯燮光撰

讀史雜記　清沈豫撰

讀史掌錄十二卷　清汪輝祖撰

識史要語　清王朝聘撰

讀史管見　傳兆祥撰時代未詳

十七朝史論二卷　清郭倫撰

史覽四卷　清鍾寶華撰

書目　子類

理學正義　明魏驥撰

性理辨正二卷　明黃九川撰

黄子內篇二十二卷外篇二十卷　同上

入聖功夫　明來知德撰

理學辨疑　同上

心學晦明解　同上

省覺錄　同上

瞿塘日錄三十卷　同上

論學精微 明任源撰源字原禮號養晦元末布衣江浙行省丞相達識帖木爾以碩儒薦不赴洪武間爲縣學生徵爲司訓

鄭氏家經十種 明鄭文兆撰文兆字東明天啓歲貢宣平教諭

禱過錄 明張訓懌撰

敦倫寶鑑 明來嘉謨撰

晴葵錄十二卷 明來曾奕撰

內經運氣類注四卷 明樓英撰

醫學綱目四十卷 同上

醫案 明王應華撰

博愛心鑑二卷二難寶鑑二卷 明魏直撰

兒科雜證良方二卷 明王尙明撰尙明成化時淮王府醫正

地理金鑑 明汪斑撰

樵書初編二編十二卷 明來集之撰

博物彙編十二卷 同上

徙薪巵言 明來繼韶撰

道德心印 明王朝聘撰

燕語麈談六種 明來斯行撰

茗餘錄 明來集之撰

性理日錄 清周起莘撰

性理闡微 清張遠撰

言近錄 清任辰旦撰

小學說約 清陸觀禮撰

雙節堂庸訓六卷 清汪輝祖撰

詒穀懸談四卷 同上

砭懦集 清許瑛清

存誠錄八卷　清周繼成撰　繼成字蓮泉，道光時人。
續閨誡二卷　清沈荷撰　荷字蓮卿，洋墅河人，湖南巡警道沈祖燕之姊，錢塘廩生朱寶忠妻。
居稽餘錄八卷　清傅學灝撰
廣學甄微　清湯紀尚撰
漢代儒學源流考一卷　清王八雄撰
潛夫論箋　清汪繼培注
螺江日記　清張文虋撰
甚音子百篇　清任以治撰
丹權雜編　清毛奇齡撰
還町雜錄　同上
羣書提要一卷　清沈豫撰
羣書雜義一卷　同上

讀書雜記十二卷　清王紹蘭撰

重論文齋筆錄十二卷　清王端履撰此書訓詁考據博引諸家兼及乾嘉道三朝名流牘稿里閈逸聞足備稽證

蘇潭抱甕紀聞八卷　同上此書乃端履續重論文齋筆錄而作咸豐時將付刻適遭匪亂稿經散佚全書無從問矣

膚學叢詮　清王端蒙撰

管子地員篇注四卷　清王紹蘭注

弟子職古本考一卷　同上

學治臆說四卷　清汪輝祖撰

佐治藥言二卷　同上

在官法戒錄八卷　傳培基撰時代未詳

問心錄二卷　清韓鳳修撰

臨證寶鑑十二卷　清樓邦源撰邦源字雲巢明樓英裔孫世傳醫學

催生驗方　清蔡鶴撰鶴字松汀是方徧行各省可稱濟世良方

醫論 何泗魯撰時代未詳

仲景傷寒論疏四卷 清韓鵬撰

察舌芻言一卷 同上

青囊準繩二卷 清陳錫燦撰

癰疽虛實寒熱辨一卷 同上

痘科合參 清許體仁撰字西巖乾隆間諸生體仁

麻證合參 同上

胎產析疑三十六卷 單家桂撰時代未詳

傷科纂要三十六卷 清施若霖撰

醫學程式四卷 清黃鎬京撰

太占瘄科要略二卷 清黃維熊撰維熊乃鎬京父也

簡明歷算四卷 清來萱撰此書專推朔望法日月食法

算學初基四卷　同上此書分開方命分句股測望對數借根立天元代數等術

地理指迷詮注　許體仁撰時代未詳

吳劉山法合鈔　同上

平陽精義　同上

六壬集成十二卷　許應棠撰時代未詳

相經　清汪繼壕撰

星學通考二卷地理通考四卷　清孫藩撰

游藝編上集中集下集　清駱育祺撰育祺字遂巖諸生此編上集言堪輿壬通中集言筮秘命蘊下集言醫理相法

書法通解輯要一卷　韓維鍾輯時代未詳

宋元以來畫人姓名錄一百□□卷　清魯駿輯駿字東山號譙林是書博稽史籍地志說部文集得其爵里字號時代先後統以姓次以韻家數略備

越畫見聞三卷　清陶元藻撰

書畫日記 清施彭齡撰

畫舫齋畫譜 清何榕撰

粵西畫徵錄 陳鑅撰時代未詳

渭長畫譜四種 清任熊撰此譜分四種一曰列仙酒牌二曰高士傳三曰於越先賢傳四曰劍俠傳皆精刊行世

十八應眞圖畫譜 清任薰撰薰字阜長熊之弟也

六法大觀畫譜 清汪謙撰謙字益壽輝祖六世孫

尸子上下二卷存疑一卷 清汪繼培輯

鹿革囊一卷 清單隆周撰

蟲弋編三十卷 清包秉德撰

物理小識 清來鴻雯撰

小樵日記三卷 傅培基撰時代未詳

舊雨叢談十卷 清任以治撰

碧蘿吟館隨筆　陳撰時代未詳

蓮鄉雜志十卷　周世聞撰時代未詳

岫雲初筆六卷　清汪輝祖撰

過眼雜錄二卷　同上

南城筆記　清汪繼壕撰

秋陰雜記一卷　清沈豫撰

航塢山居筆記　清施彭齡撰

見聞日錄二卷　何楷撰時代未詳

隙光隨筆一卷　清湯金釗撰

松巖處士雜志　清許瑛撰

聽雨樓筆錄十二卷　清陳家保撰

綠香山館叢考隨筆　清來鴻瑨撰

越語肯綮錄二卷清毛奇齡撰
仿今言一卷清沈豫撰
羣書博彙二百卷清何西堰撰
經史類編清來竹撰
心經注一卷清林鳳岐注
說莊一卷清韓泰青撰
老莊急就章一卷清王紹蘭述
莊子雪清陸璣輯注
書目集類
南齋摘稿十卷明魏驥撰
菲泉集十六卷明來汝賢撰
炊沙集明童憲章撰

思堂稿 明張燭撰

宦游集 同上

西軺漫稿 明來三聘撰

薄游吟稿 同上

三峯詩文集 明來日升撰

自吟集六卷 明任鑑撰

竹山文集十卷 明黃九臯撰

經濟集 明嚴天麟撰

樗軒集 明朱訓撰

遂初集 明何善撰

蜩鳴集 明來勵撰

松石齋稿用拙稿 明魏完撰完字端璧驥之次子也

北游集　明翁文撰

南還集　同上

詠史詩　同上

取足稿　明來立相撰

大觀遺稿　明來立模撰

倘湖遺稿二十四卷　明來集之撰

碧湘詩集　明韓肆撰肆字蘊夫號碧湘成化間諸生明經博學當代推爲碩儒

仲言詩文集　明韓惟論撰惟論號仲言又號仲文肆三世孫

槎菴集　明來斯行撰

白華樓詩稿　同上

仙巖文集二卷　明樓英撰

仙巖集四卷　明王倘明撰

游吳稿　明來知德撰

太和稿　同上

蒼檜館近稿六卷　明張嶺撰

滄螺集　明田惟祐撰　惟祐字裕夫，弘治辛酉解元，正德戊辰進士，有詩名

天眞漫興集　明來弘振撰

南行載筆　明來集之撰

南行偶筆　同上

貯砂集　明任源撰

天香堂詩集　明朱玉貞撰

巖艇草　明釋如曉撰

皇明蕭山詩集八卷　明陳諫輯　諫字直卿，號嬾雲，正德時人。是編所選者擇其有關風教，議論純正之詩。今鄞縣范氏天一閣尚有藏本，僅六卷，非足本也

文源 明張燭撰

詩苑囊珠 明任源撰

紅紗碧紗秋風三疊傳奇三種 明來集之撰

天問補注 清毛奇齡撰

天問補注一卷 清王紹蘭注

說騷一卷 清韓泰青撰

杜詩薈萃二十四卷 清張遠注此編徵引子史各書極爲博洽

瀨中集 清毛奇齡撰

夏歌集 同上

當樓集 同上

鴻路堂詩鈔 同上

西河文選 同上

兼本雜錄　同上

桂枝集　同上

西河文集一百三十三卷詩五十六卷詞六卷　同上

飲和詩集十卷　清包秉德撰　秉德別號即山樵者其詩目曰焚餘涕餘蟲吟寄草雲峯草聲劍聲影語共七種

謙齋詩文集　清蔡仲光撰　道光間梓行文集後附徐芳聲集一卷

介和堂集　清任辰旦撰

綵衣堂集　清毛萬齡撰

客中雜詠　清王正儒撰

菽畹集　清毛遠公撰　遠公奇齡從子也

菀青集　清陳至言撰

琴溪詩稿　清丁克揚撰

螺江詩鈔　清張文憲撰

雪園雜著 清單隆周撰
雪園詩集 同上
迂庵詩草 清丁克振撰
張邇可詩集四卷 清張遠撰是集分三種曰雲嶠集一卷蕉園集一卷梅莊集二卷梅莊集兼載詩文蕉園雲嶠二集則有詩無文
石瓠詩集 清何西堰撰
雲中集 同上
病餘集集杜詩一卷 清王延祚撰延祚字綿國同高余高之父也
式齋遺稿 清王同高撰
退庵集杜詩二卷 清王余高撰余高同高弟也
容安軒詩鈔 清王先吉撰先吉字毅庵康熙庚戌進士詩宗盛唐以五律勝
樂羣堂詩鈔 清單蚪撰
北沙集 清來蕃撰

恆廬集同上

詠梅百首清徐一鳴撰

草廬近詠清來翔燕撰

梅花樓初集二集清何之杰撰

窮工集朱際昌撰時代未詳

緒繼軒詩集史載麟撰時代未詳

寺麓山窗吟草孔繼祥撰時代未詳

可耕堂集清周炎撰炎字青瑤以諸生應乾隆丙辰博學鴻詞科

幽思草同上

漁莊詩草浣桐詞沈堡撰時代未詳

幼山詩集清郭倫撰

自怡草清湯溢撰溢字湘畦金釗從祖以學行稱

暖姝漫稿　同上

學製編　同上

自怡草　清何異蘭撰

松雲堂詩鈔　清趙文璧撰

六湖遺集十二卷　清張文瑞撰

素庵詩草　宋錫蘭撰時代未詳

應絃集　沈桀鐠撰時代未詳

榕溪詩稿　清丁百川撰

不窺園詩集　蔡含章撰時代未詳

睦堂詩集　鄭琨撰時代未詳

嵩峯樵詩　王禮雅撰時代未詳

載道文鈔　清周起莘撰

倚玉堂詩文鈔　同上

湘南詩稿　清韓棟撰

晚聞居士文集九卷詩一卷　清王宗炎撰

渫井軒詩草　清來起峻撰

小春浮詩文稿　清何其菼撰

續蚓鳴集　來鳩撰時代未詳

聚英堂詩錄　徐體仁撰時代未詳

北行詩草　同上

金臺錦城摩雲武彝諸集　清陶文彬撰文彬字仲玉號月山元藻之大父也

泊鷗山房集口卷香影詞四卷　清陶元藻撰

秋佳詩存　清陶章煥撰章煥字秋佳又字菊坡元藻兄也

天目遠游雞肋仇池關河諸集　清陶廷珍撰

知古齋文集八卷詩集二十四卷清朱珪撰

笥河文集清朱筠撰

賢賢堂集清張衢撰

賢賢堂外集同上

西江漁隱詩一卷石亭詩稿四卷清王八麒撰

石亭雜著二卷同上

螺莊偶吟四卷清王八雄撰

逸亭詩草七卷清宋鳴軷撰

越吟一卷同上

近軒文集清蔡惟慧撰

菉庵古今體詩存清吳斐撰斐字菉庵一字懷有乾隆辛卯進士官崇信縣知縣

鬱瘳集清來式鐸撰

浮峯螺峯詩集 清王廷樞撰

蠹餘小草 清王模撰 模字魯望紹蘭父也

焚餘詩草 清丁季良撰 季良字晚軒乾隆諸生

石隱軒詩鈔 清魯邦瞻撰

香泉詩稿 清王景曾撰

晏如齋詩鈔 清顧應期撰

晚香堂集 何倬炎選 時代未詳

翠屏詩選 曹祖佺撰 時代未詳

龍莊四六稿二卷 清汪輝祖撰

紀年草一卷獨吟草一卷題杉集三卷辛辛草四卷 同上

楚中雜詠四卷 同上

歸廬晚稿六卷 同上

後莊文集詩集　清汪繼壕撰

韶鳴書屋草　清郎師夔撰

思惟居士存稿十卷　清王紹蘭撰

芙村文鈔二卷　清沈豫撰

芙村學吟一卷　同上

永思集　胡偉然撰時代未詳

聽松樓集　吳升撰時代未詳

楚游越游閩游詩草　陳昶撰時代未詳

浮槎草　王汝先撰時代未詳

龍池草　王瑩撰時代未詳

小柯亭詩文集　清蔡名衡撰名衡字陸士號詩船仲光之裔孫也道光中以諸生老

寸心知室全集寸心知室存稿　清湯金釗撰

愼思居存稿　清湯修撰

槃薖文集四卷槃薖賸稿口卷　清湯紀尙撰

自如軒詩集　清湯學洙選學洙字魯泉金釗從孫以候選知縣家居殉咸豐辛酉之難

玉樓詩草　清陸成棟撰

青靄居詩鈔　同上

青靄居詩存　清陸堃撰

紀游集　同上

潤齋詩集　清陳潤撰

怡園詩稿　清陳汾選經陶元藻鑑定

怡泉詩鈔　同上

師竹齋吟稿　清陳錫華撰

貞松樓文集　清來煦撰

小琅玕館詩鈔　同上

述古樓詩草　清韓德鎬撰

鷗退居文存初二集　清蔡聘珍撰

小詩航雜著一卷　同上

小詩航詩鈔　同上

紅豆山人詩稿寄傲軒詞稿　高蘭撰時代未詳

鐵園詩集　清陸璣撰

額粉庵集六卷　清高第撰

南畦詩集南畦賦草　曹祖誠撰時代未詳

曼志堂詩集二卷　清曹壽銘撰

槐村詩集二卷　來景風撰時代未詳

浯溪詩草　清周濱撰

求是居詩稿 清任洤撰

擁青堂詩集 清王漢撰 漢字英水，乾隆間諸生，南莊人

水央草 同上

硯鄰居士遺稿二卷 清任國任撰

天籟初集二集三集 清湯金鼎撰

步周詩草 清徐瀛撰

小憇軒詩集 清駱奎祺撰

南浦孏鈔 清韓綏之撰

瘦吟閣詩草 清韓第梧撰

蝶庵吟草 清倪超撰

含清堂詩存 清徐光第撰

竹生吟館詩鈔十六卷紀游詩一卷 清周師濂撰

綠漫廬詩集 清鍾寶華撰

留餘堂文集二十卷 清韓鳳修撰

誾味軒詩稿十卷詞稿二卷 清韓欽撰

棣垞文集四卷外集三卷 清朱啓連撰啓連字棣垞上舍生咸豐浙亂游粵以終文似昌黎爲時所稱

文起堂詩草 清韓之錦撰

吳山閒詠二卷 陳爾猷撰時代未詳

愛廬詩草十六卷 何楷撰時代未詳

時鳴詩草 清朱兆泉撰兆泉字澤亭嘉慶諸生能詩善書

篤初文稿三十六卷知白齋吟草二十卷 傅培基撰時代未詳

得庵詩鈔 沈魯撰時代未詳

水竹居詩鈔賦鈔 清顧鴻逵撰

含藻軒詩草四卷詩餘一卷 金衢撰時代未詳

怡山堂詩文集十六卷　清任以治撰

繩詒堂詩稿　清來宗敏撰

諺有之　同上集俗語爲七律數十首吐屬爾雅純任自然

眉林書屋存稿八卷　清來嗣尹撰

淡以成軒詩文集　清陸雲樞撰　雲樞原名柱字砥中號蒓浦嘉慶戊辰舉人慈谿敎諭

花笑軒詩函稿　清高延福撰

西巖文鈔　許體仁撰時代未詳

西爽軒詩集　王承鉞撰時代未詳

劍川詩集　王文灼撰時代未詳

水竹山房詩稿　王武培撰時代未詳

小停雲館文鈔詩鈔　陳鑅撰時代未詳

霧樓文筆兩山房詩　清王珍撰　珍字蓮橋號石圮大莊橋人

聽秋廬詩集 清陳應元撰應元字東橋寄籍廣西道光壬辰舉人

澄湘子詩草 清來大夏撰大夏乾隆間諸生與王宗炎來起峻同清湘湖侵佔有功水利

航隖山居偶存詩草 清施彭齡撰

雒下游稿 清來可遠撰

廛隱集 任琦撰時代未詳

沈淳楊廉詩詞 朱琪撰時代未詳

所見集憶梅草堂存稿 朱仁撰時代未詳

樗軒文集詩稿 朱訓撰時代未詳

水月樓詩文集 何之標撰時代未詳

瞻雲草北游草嶽麓吟 同上

達觀樓詩草 來士賢撰時代未詳

燼餘錄 來陳珍撰時代未詳

燕喜樓稿同上

燕游集同上

野獲園詩集來文佐撰時代未詳

詩學蜩音來學謙撰時代未詳

依綠園稿來文濬撰時代未詳

香谷近詠來畹蘭撰時代未詳

北巖浪者詩草來恆方撰時代未詳

茗香詩鈔四卷韓炆撰時代未詳

薑山集來宗伊撰時代未詳

堰西集來福撰時代未詳

雲蘿詩稿韓琛撰時代未詳

碧漪齋集張統梁撰世代未詳

西涯詩草 丁應庚撰 時代未詳

雨窗雜詠 同上

琴巖小稿 顧青選撰 時代未詳

青巖吟稿 任四邦撰 時代未詳

貽笑集 任衛撰 時代未詳

采鉛集六卷 任瑄撰 時代未詳

贈遺集 清何之沐撰

春畦百詠 任連撰 時代未詳

拙存集十卷 任宗湯撰 時代未詳

雅操堂文集二卷 孫藩撰 時代未詳

映雪軒詩稿二卷 同上

省非軒詩文雜存 韓維鍾撰 時代未詳

蕉簃集 汪永祚撰時代未詳

綠渠詩草 周沛蒼撰時代未詳

聽鐘樓詩草 清丁文炳撰

稽山吟草 魯紹龍撰時代未詳

好古齋集 王廣撰時代未詳

木犀龕詩詞集四卷 湯企陶撰時代未詳

如是止齋遺集 清陳義撰

學廬遺草二卷 清陸秉鑑撰

餘清齋詩集 清鍾錫瑞撰　錫瑞字小珊道光壬午進士官汧陽知縣

退學庵詩文稿 清鍾錫瑞集

梅湖小草 清鍾觀豫撰　觀豫字慎齋錫瑞孫也道光戊午舉人官義烏教諭

味清堂詩文集 清鍾駿文撰　駿文字伯銘觀豫子也

松巖詩草　清任丙炎撰

紅豆庵稿　清任晉謙撰　晉謙字牧父，丙炎長子

秋樹庵詩存　同上

槐蔭軒詩存　清來成撰

許閒山館詩鈔　清沈成烈撰

問梅小閣詩鈔　清何鎣撰

湖陰小築吟草　清傅鼎乾撰

借庵詩集五卷　清丁鴻逵撰

求志居文集伴蟫窩吟草　清湯鼎煒撰

飲香居士偶鈔　清湯鼎烜撰

綠香山館全集　清來鴻瑨撰

叔賢詩集　清王希章撰　希章紹蘭曾孫，光緒中諸生

二峯詩集　清陳無異撰

澹香齋詩文集十二卷　清韓熙撰熙字春苔喜藝菊因以名其齋

東畦散人詩詞集　清王載垚佚

遜敏軒詩集　清黄道之撰

南强文鈔一卷　清黄元壽撰

望烟樓詩鈔二卷兩部鼓吹一卷　同上

青羊集一卷　同上

登瀛瑣蹟樂府四卷　清陸秉銓撰是編爲戒淫作以登科故事爲題成樂府百首有功世道之文

白雪陽春集四卷　傳培基撰時代未詳

芙蓉劍傳奇一卷　同上

芙蓉樓傳奇兩卷　清張衢撰

玉節記傳奇兩卷　同上

蓮花夢傳奇　清來鴻瑨撰

湘谿集湘谿別集　清釋本圓撰本圓字蛤庵隆興寺僧

竹林吟草　清僧紹鍾撰

焚餘詩稿　清王幾繼妻富氏撰富氏舉人啓英女也夫故守志

詒硯齋詩稿衍波詞二卷　清高第妻仁和孫蓀意撰蓀意字苕玉長於五言以夕陽詩得名

西河龕北詩集　清施養正妻何京撰京字佩瑤雲南巡撫煊之女孫也

吟香閣詩草　清陳義繼妻許氏撰

松筠軒吟草　清潘俊妻傅氏撰傅氏士珍第五女也字俊逢亂隔絕未婚守貞

憩竹軒詩集　清沈荷撰荷爲進士沈祖燕之姊錢塘廩生朱寶忠繼妻

漱芬詩草　清丁文炳妻姚氏撰

梅修館詩鈔　清陳瑨妻陸韻珊撰

文選詳箋　清張遠注

古今詩統四十卷 清王先吉輯

越郡詩選 清毛奇齡輯

蕭山詩錄 清汪繼壕輯

永興集一百數十卷 清魯燮光輯

古今樂府 清宋鳴軏輯

越中三子集 清何之杰、毛奇齡及山陰徐緘撰

曉劍堂詩合刻二卷曉劍堂附刻愚溪遺稿一卷 曉劍堂前一卷，清周博淵撰。博淵字石渠。後一卷周炎撰。炎字西序。皆乾隆時人。附刻一卷陳若摹撰。若摹字愚溪。

江園二子詩集 清傅宗、沈功宗同撰

天倫樂事五卷 清陶文彬及孫元藻、曾孫廷珍、廷玫、玄孫軒五世詩

祖香書屋詩鈔八卷 清湯純、孫烈暘同撰

鶴和閒存集 清潘揩蘭及子炳藻同撰

冠山逸韻十卷 清來起峻輯來氏闔族人詩後附以詞

冠山逸韻續編十卷 清來鴻瑨輯

金鼇集 清陳家驥選家驥嘉慶時人是編乃家驥所選同時人詩

遺愛錄 是編刻於嘉慶間乃裒集邑人詩文贈別邑令季庭蘭而作者

股堰頌德錄 是編裒集邑人詩文爲頌元楊伯遠妻王夫人而作

唐七律選 清毛奇齡選是編名爲詩選實以話詩

西河詩話八卷西河詞話二卷 同上

全浙詩話六十卷 清陶元藻撰

鳧亭詩話二卷 同上

秋燈詩話十卷 清任以治撰

寄傲軒詩話 高蘭撰時代未詳

訒庵詩話 王鴻烈撰時代未詳

肖愚詩話十二卷 清陳錫藻撰錫藻字小虞錫華弟也

小鴻詞館偶吟一卷 清毛繼志著繼志毛西河女適陳

書目 叢書類 其書兼綜經史子集勢難隸入四部從書目答問例別爲一類

惠迪堂叢書 清傅瑤輯

湖海樓叢書十二種 清陳春輯

蕭山縣志卷稿三十一

藝文

金石

秦平陽斤

廿六年皇帝盡并第一行兼天下諸侯黔首第二行大安立號爲皇帝第三行乃詔丞相狀綰法第四行度量則不壹歉第五行疑者皆明壹之第六行元年制詔丞相斯第七行去疾法度量盡始第八行皇帝爲之者有刻第九行辭焉今襲號而第十行刻辭不稱始皇帝第十一行其於久遠毆如後第十二行嗣爲之者不稱成第十三行功盛德刻此詔第十四行故刻左使無疑第十五行平陽斤三字別一行

按此斤有兩皆圜形如今之稱錘以周尺度其柢徑三寸三分下寬而上殺高三寸鈕高六分以今權稱之一重十七兩三錢一重十七兩八錢其一第二行之首字四行之綰字法字八行之去字始字九行之刻字俱漫漶其一第五行之歉字

九行之有字十一行之刻字十二行之其字於字久字十三行之嗣字稱字十四行之功字詔字亦損壞不可辨彼此互證乃可讀也嘉慶間藏西河下王紹蘭家紹蘭得之於仁和趙魏今佚

又按紹蘭藏有漢麟趾褭蹏金兩枚金四角象蹏趾之形以慮虒尺度之自上角至下角長寸有六分自左角至右角廣寸中狹如束要廣九分而弱面爲駿馬飛騰之勢要褭也背有窪狀若科斗其尾下達至盡處蓋渥洼水亦即朱提銀所謂一流也今亦佚以無銘文未便正錄姑附識以備考

漢建寧甎　建寧元年

甎凡八種長約匠尺一尺三寸闊六寸厚二寸邊文曰建寧元年八月十日造作曰馬衞將作曰多所宜曰大吉兮曰大大下有五銖錢文富千其三種無字皆有古泉幣虎符魚尾等文色俱青質甚堅麻布紋稻草紋皆具光緒十年二月航隖山南新寺後出土邑人多藏者

漢億年無疆瓦　已琢爲硯乾隆間藏王紹蘭家今佚

漢長生無極瓦

吳鳳皇甎　方形文曰鳳皇三年七月造

按吳烏程侯皓第五次改元曰鳳皇

晉太康甎　長方形已中斷文曰太康三年八月十三日造

按晉武帝第三次改元曰太康

晉咸和甎　長方形文曰咸和六年八月十日乾公

按東晉成帝改元咸和乾公疑造甎人名

晉咸和甎　風字形文曰咸和六年八月

晉太元甎　長方形文曰太元十七年口月口口日口

按東晉孝武帝第二次改元曰太元

以上俱藏鄭家衖湯在容家

晉太元甎　文曰太元十二年五字反體舊藏王紹蘭家今佚

按邑人向藏隋造象一甎其形方文曰大業六年庚午餘曁令趙沾敬造天尊象

一龕千災自散合邑永樂久長供養背具麻布紋右側文曰大業六年八月左側一兔上吉羊萬年下富貴侯王皆四字並篆文據此則蕭山有隋令趙沾允可補入志書職官表中然考隋書地理志會稽郡會稽縣下有永興無餘曁是甎決爲僞造附識之以免疑誤後人

唐覺苑寺經幢 咸通二年

佛頂尊勝陁羅尼經序 序文不錄

佛頂尊勝陁羅尼經 經文不錄

缺 蕭山縣令柱國李從損 給事郎丞張周士 文林郎主簿秦翶 文林郎尉沈彤 文林郎尉口孜 攝尉姚口鄉貢口口口口奉爲先考捨四千文 口口口口少府二千文 口主簿裴 西陵堰專知官李宇 缺 都遊奕兼知驛渡等事銀青光祿大夫檢校太子賓客上柱國崔實奉爲亡妻口氏捨五千文 劉使劉口口捨五百文 衙前之將兼知都坊馬權捨絹二疋 母親口氏捐絹一疋 同十將徐仲

康捨□千文缺同十將酆行實捨一千文　朱貞幷妻褚氏共捨五千文　徐仲文
爲亡妻吳氏捨三千文　周□言爲先考捨二千文　命婦徐氏爲亡官捨一千文
留□□捨二千文　留□捨一千文　鮑□幷妻周八娘共捨□千文缺□遵爲
亡妻厲氏捨一千文　周行全爲先考捨二千文　□平爲先考捨一千文　龔□
爲老妣捨一千文　滕□□爲□□□□身捨一千文　錢眞並男女等捨一千文
□友直爲先考捨一千文　任則爲先考捨一千文缺捨一千文　徐宗爲亡
妻棄氏捨一千文　曹棄爲先妣捨一千文　周德姪行師行康共捨一千文　陳
宗捨一千五百文　□□□□□□□捨一千文　陸□□爲考妣捨一千文　黃公
鼎爲考妣捨一千文　俞昇爲考妣捨一千文缺捨一千文　厲考貞爲考妣捨
一千文楊倫捨一千文　呂文約爲先考捨二千文　陳元長捨一千文　陳崇幷
妻范氏捨一千文　陳□幷妻□氏捨一千文　□□爲亡妻張氏一千文　王□
一千文　夏叔南弟叔文爲考妣一千文缺□□□□氏幷亡女十一娘捨一千

五百文　陳恭捨一千文　洪平爲考妣捨二千文　又妻祝九娘妣披襖一方
通爲亡妻包氏捨一千文　崔簡夫一千文　楊元通一千文　邵儒爲考捨一千
文　徐師翶一千文　胡元直爲亡十三弟捨一千文　缺捨綾一疋　陳緘捨綾
一疋　莫師復捨絹一疋　楊昌捨袍一　翁眞捨絹一疋　徐緘爲考捨綠襴一
姚元并妻孫氏捨一千文　杜稹一千文　徐行簡一千文　百詡一千文　侯
楚并妻周一娘男口奴女沈婆一千文　張阜爲亡妻劉八娘捨二千文　缺口口
口爲亡妻蔣六娘捨五百文　鄭文五百文葛元五百文　張虔爲考捨五百文
褚竦五百文　呂伯儀五百文　陳京五百文　管從直五百文　李瓊爲考捨五
百文　許元琪五百文　蔣芳五百文　口讓爲考捨五百文　樓惟及五百文
口口爲考妣捨五百文　李慶五百文　羅宗爲考捨五百文　鮑幹五百文　厲
珂五百文　邵通五百文　杜宗五百文　孫仲偕五百文　楊公遂五百文　茹
亮五百文　楊弼五百文　周泓爲考捨五百文　留恭五百文　鄭寶五百文

郭忻五百文　何口五百文　黄公遂五百文　孫絾爲考捨五百文　陸元成爲
考妣捨五百文陸凖爲考妣捨五百文　鄭惟迪幷妻男女等捨六百文足陌　陸
仝浩五百文　方相爲母蔣二娘捨五百文又爲考捨五百文　滕及五百文　勞
昇爲亡妻孫氏五百文　僧懷最爲母親留二娘捨一千文　僧文用捨五百文
陳合五百文　高容五百文　造護淨人名　徐仲玄　張師直　馮直　山公遂
李志　葛祐　趙閏　錢成　許直　潘友芳　胡詡　任苧　杜續　孔賓
李鍠　姚益　徐慶　鮑眞　戴慶　鄒全立　楊行立　高士進　馮興　成和
潘八娘二千文　口一娘二千文　董十一娘一千五百文　陳廿七娘一千五
百文　丁五娘一千三百文　徐大娘一千文足陌　夏廿三娘爲考妣捨二千五
百文　孫十一娘爲亡夫鄭大郎捨一千文　王三娘一千文　柳六娘一千文
范十一娘幷新婦共捨一千文　杜十娘爲亡夫盧四郎一千文　周十一娘捨繡
背子一　舒廿六娘捨綾一疋　朱四娘一千文足陌　賴四娘捨米一碩　張四

娘捨朱二兩　任五娘一千文　張七娘五百文　陸四娘五百文　孫十一娘五
百文　黃九娘　章十一娘　孫五娘　陳六娘　徐一娘　徐二娘　徐六娘
何二娘　口一娘　盛十一娘五百文　周存政　王泰　陳順　丁士和　吳鍊
章用　章冰　姚慶　周行簡　游建　王景璙　朱常寶　石口　胡長文
戴政　饒貞　饒逸　包堅　管士則　郭士歡　徐章　厲鹽　朱二娘　口九
娘爲妣五百文　荀寶五百文　沈興五百文宣及爲亡妻焦氏五百文　口口口
成捨絹十疋　朱六爲亡女焦十十娘捨春羅二丈二尺　盛一娘
咸通二年歲次辛巳正月丙子朔十八日癸巳建功德主唐軫徐行復厲元直同勾
當僧鴻立院主僧繼之院主僧元渭直歲僧常口　都料王鎔書此行在第一面經序題下
太平興國二年十一月日重修此十二字下刻於經文上橫列
右幢在蕭山覺苑寺即今江寺石高四尺三寸八面周廣四尺五寸六分每面正
書九行字徑五分按郡縣志職官表唐令祗李士約葛口二人丞李令思一人簿

宋恩禮一人尉邱丹嚴維二人此幢令李從損丞張周士簿秦翱尉沈彤囗孜姚
囗等名皆其所遺西陵在縣西十二里水經注云昔范蠡築城於浙江之濱言可
以固守謂之固陵唐稱西陵其地爲吳越通津故隄堰驛渡等事皆設專官衙前
子將同十將史志無文惟易州田琬德政碑有十將兵馬使之號則皆隸於使職
者也阮文達兩浙金石志

唐覺苑寺經幢年月闕

囗囗囗囗囗囗尊勝陁羅尼贊幢并序處士胡季良述并書贊文兩面全泐

佛頂尊勝陁羅尼經序文經文不録

越州都督府空二字宣義郎守蕭山縣令飛騎尉楊郯宣義囗囗囗囗騎尉徐袁敬
囗囗囗郎下缺囗囗囗囗囗西陵鎮遏使囗囗前行湖州參軍囗仲倫囗囗缺朝
請郎前行蕭山縣尉李綽下缺囗寺僧道悟囗囗囗囗僧曉囗囗囗囗靈應僧
囗囗僧玄悟缺義章僧囗囗僧承囗僧元溢僧囗囗下缺功德主前宣州溧水縣尉

周師□□丘逸缺□仙李□□□應液董□于□□□□□下缺趙昌□□陳嚴□

□缺陳璋下缺

右幢在蕭山覺苑寺前與咸通二年王鎔書幢並列此幢在西已斷爲二今以鐵葉裹之石高三尺五寸八面周廣四尺經文每面正書九行惟贊作行書俱字徑五分後一面刻題名八行殘闕殊甚可辨者惟有蕭山縣令楊鄰西陵鎮遏使□□蕭山縣尉李綽等名皆可補志乘之闕兩浙金石志

案覺苑寺西幢阮文達公元兩浙金石志不著年月縣人王宗炎謂東西兩幢皆咸通二年立宗炎生於乾隆中或其時西幢年月未泐目所親覩云

唐殘墓志 咸通十一年

□□□□□□□□□□□□□□□□□□□□□□□□□□□□□□□

□□□□□□□□□□□□□之後代有其人□□□□□□□□□□□曾

祖諱豪皇不仕王父諱旭皇任蘄□□□□府君諱若皇任左武衛率府長史君

實府君第四子也口口口而上或仕或不與時昇降自晉室東遷衣冠南隨君之口
口因渡江而家越之山水清秀雞偕乃祖乃宗閱是勝槪卜居蕭山伯氏仲氏官爵
相繼或闕廷班列或郡縣淸途門風禮讓鄉里軌儀君承家代之休美稟口口之靈
異生而好學長而能文尤攻於體物舉進士亟敗於垂成獨口名口時口口之無何
風樹不靜家禍遽鍾萬里奔喪骨立柴毁乃口口口淸口勉之方徵進粥食及禮制
外除是歲將再就鹿鳴口中口口口口無徵奄隨物化國喪賢良家亡令子嗚呼人
之口齡口遐口叐孰口口口而不繫於善惡孝悌也詩歎淑人君子胡不萬年謂是
口也以咸通十年歲次己丑四月戊子朔廿二日己酉終于家享年四十九娶河東
裴氏先府君諱懿登進士第從事陝郊終使下員外君之內子卽員外長女也有男
俞九女二人男未及冠長女適于鍾氏次未及笄藐爾諸孤朝不謀夕鴒原對此何
痛如之以咸通十一年二月廿四日卜于昭元鄉昭元里社頭村之原也庠嘗射策
春闈竊在下風熟君德聲及此承乏數月相從一篇一酌每至促膝無不移時歡猶

未艾悲又聞之嗚呼哀哉天亦茫茫殲我良友丘壠既卜紼有期願刻樂石以表永别乃爲銘曰

嗚呼公都碩學鴻儒修身無玷立行不孤今其逝矣可勝歎乎　其一

幾從鄉薦累敗垂成天耶命耶有德無名沒而不朽永播烈聲　其二

松兮桂兮風雨摧之文章事業一旦已而銘茲貞石川谷難移　其三

續改地在廣孝鄉延壽里社湖村之原也　此行刻於銘曰之下

右墓誌藏蕭山縣人王紹蘭家文凡二十四行正書徑四分其前已缺二行無從得其姓氏銘詞云嗚呼公都碩學鴻儒公都殆卽所銘者之字撰文者名庠其姓亦無考惟文稱射策春闈竊在下風及此承乏數月相從蓋登進士第而官於斯者君初卜葬於昭元鄉昭元里社頭村續改地在廣孝鄉延壽里社湖村按縣志所載宋元鄉里昭名鄉下有社頭里而無昭元里夏孝鄉下有社湖里而無延壽里蓋唐宋鄉里之名隨時增省有書有不書耳志云夏孝鄉以吳夏方孝行故名

則作夏字非誤昭元作昭名未詳兩浙金石志

按此石光緒間佚

唐王子安刻石詩無年月

在縣西南九十里大山石壁舊志云水涸石露乃見其迹乾隆間知府李亨特紹興府志

後唐化度禪院經幢長興四年

佛頂尊勝陁羅尼經序序文不錄

佛頂尊勝陁羅尼經經文不錄

建化度禪院寶幢記

夫眞如演化以廣大慈悲濟度沙界其有達微妙之旨弘勝善之緣盡孝思之心創清淨之業靡不迴慧炬而昭燭乘法力以津梁超彼龍天證菩提之因果竊以自恭遵詔命虔稟遺言承制兩浙口馭藩閫事有益於顯晦功有合於禎休皆許口口鼎新用光積慶昨以西興城壘之内曩歲曾別置狴牢雖宰斷至明固無枉濫

而縻縶稍滯或有淪亡念茲綿歷重泉何由解脱於是變圓扉而崇梵宇開紺殿而立睟容仍建寶幢鎮茲土地磨礱翠琰刋般若之文輝煥禪扃集龐洪之福所有前後幽暗魂識一一咸冀在生然願以此功德資薦
皇考武肅王昇七覺之法身耀千光之瑞相其次保安壃境兵火無虞以子以孫永永蕃盛長興四年癸巳三月二十六日
起復吳越四面都統鎮海鎮東等軍節度使檢校太師守中書令錢元瓘記
都勾當廂虞候姚敬思　上隨身十將口口
右幢在蕭山縣西興鎮明化寺石高三尺二寸八面周廣四尺一寸六分前七面九行後一面十一行俱正書字徑五分按化度禪院今改明化寺在西興鎮後即古之西陵城也輿地紀勝云錢王以西陵非吉語改曰西興其地屢爲武肅屯兵曾置犴牢以繫叛衆迨後文穆嗣位始爲改建禪院此二事十國春秋皆不載是吳氏未見此幢矣後題名都勾當廂虞候姚敬思已見皮光業武肅王廟碑蓋彼

時營造皆令監工故稱都勾當也兩浙金石志

案是幢左一字跡尚顯右一殘蝕莫辨

吳越錢忠懿王金塗塔周顯德二年

藏蕭山祇園寺塔高今工部營造尺四寸三分其式類阿育王塔外四面鏤釋迦往因本行示相前則慈力王割耳然燈後則尸毘王割肉飼鷹救鴿左則薩埵太子投崖食虎右則月光王捐捨寶首文理密綴滲以金飾塔内有題名四行云吳越國王錢宏俶敬造八萬四千寶塔乙卯歲記十九字四行之下又有一保字或有作人字者與上文不相連屬應是造塔時所編記目耳節乾隆間知府李亨特紹興府志

案是塔已佚

後周舍利塔銘顯德五年

文見寺觀志祇園寺下

右舍利銅塔在蕭山祇園寺博五寸高七寸凡三層下刻諸天菩薩番蓮寶樹上

作四脱角矗起圓四天王于裏向而外及四面像與下層等記月五十九字昚作眘願作彫靈作雴彫字與今草書體近雴從王合説文夏承原無所考舊志謂寺中甎塔四方塔二爲梁岳陽王蕭詧造圓塔二爲吳越監軍節度使渤海公造今銅塔實出方塔中足徵舊説之訛兩浙金石志

吳越崇化寺西塔基記顯德五年

文見寺觀志祇園寺下

右碑在蕭山縣祇園寺文正書八行字徑一寸嘉泰會稽志祇園寺在縣西北晉咸和六年許詢捨山陰永興二宅建寺號崇化治平三年改賜今額吳延福爲吳越文穆王恭懿夫人之弟宋史吳越世家云建隆元年俶舅寧國軍節度使吳延福有異圖左右勸俶誅之俶曰先夫人同氣安忍置於法但黜延福于外終全母族史不言鄭國公之封略之也唐下元戊午爲周顯德五年忠懿王嗣位之十二年錢辛楣少詹云遯甲三元術以唐興元元年甲子爲上元會昌四年甲子爲中

元天祐元年甲子爲下元戊午乃下元甲子之第五十五年泝其始而言故云唐下元也今虎邱石幢題下元甲子顯德五載龍集戊午雖以顯德繫年仍冠以下元甲子亦同此例兩浙金石志

道光辛卯二月二十五日偕同祥覺大師過此索拓是刻惜損其兩口拓竟以漆面而緊之可免再剝落字跡也海昌六舟僧記

右西塔記甎側六舟僧篆文記語

右祇園寺西塔基記寺在蕭山縣治西建于晉爲崇化宋改今名有東西二塔乾隆四十一年邑大水西塔圮焉廢甎中得是記及舍利銅塔一銅塔署顯德五年戊午十一月夏承厚鑄舍利塔兩所與是刻前後四月耳顯德爲周世宗紀元吳越嚮奉中國正朔顯德二年嘗入貢於周是年不應稱唐當以銅塔爲合兩記並云結塔二所則東塔內亦有舍利塔及塔基記可知越中金石記載是刻藏山陰小雲栖寺粵寇後三十年久訪無獲今歲祇園寺僧普勤修寺與二塔竟予屬重

訪此記未旬日得於湯氏廢園去寺不數里雜廁瓦礫間斷爲三而無缺不知何時復移至此若有撝呵驅遣而出之者豈非佛力之廣大而物之顯晦亦有時耶爰與舍利同供浮圖上級永鎮山門並志獲石顛末光緒庚寅十月會稽陶濬宣記

咸豐辛酉寺廢兵燹西塔亦殘毀幾盡住持普勤發宏願復舊規所有殿閣等宇皆次第重建歲庚寅修築西塔見所鎮舊舍利銅塔安然無恙而唐之塔基記竟渺無所見爰各處訪覓許久於西門湯氏西山草堂得之草堂諸所藏燹後盡失此記獨存豈非神靈呵護耶惟質已碎裂字文模糊幸道光丙申前應律修築是塔時吳君廷康過此曾手搨數紙留藏寺中今據以校對第四行厚字下係二丈餘其固五字第五行他字下係日製兩字第六行首係也字偏在左邊頓失完善固可深惜然猶得從此仍鎮塔中與舍利銅塔並留千古不可謂非一大因果也普勤請誌於余因爲書數語於左時光緒庚寅秋八月朔日漁垞汪坤厚

右西塔記二跋

宋昭慶寺夢筆橋碑 天聖四年

越州蕭山縣昭慶寺夢筆橋記

承奉郎守太常寺奉禮郎簽署蘇州觀察判官廳公事葉淸臣撰

昔者昭明綴集里巷開于東府子雲著書亭□揭乎西蜀席前修之能事崇近古之殊稱此賢者所以飛令聲布嘉躅也若夫經星著象牽牛列于關梁周官分職司險達于川澤觀天根而庀事聽輿謀而順圖此作者所以啓土功廣成務也其或流風可挹遂泯滅而無聞陳迹有基忽廢墜而不舉斯亦平津之館永歎於屈鼃宛巨之道深譏於單子者已浙河之東偏會稽爲右郡伯禹啓書而輿夏勾踐保栖而霸越靑巖交映佳山水之秀奇茂林森蔚美竹箭之滋殖地方百里者八而蕭山居其一焉縣目伽藍者五而昭慶寺爲甲焉夢筆橋者乃直寺門絕河流而建之也初齊建元中左衛江公歸依法乘脫略塵境捨所居宅爲大福田則斯橋之興與寺偕始其

賦名索義亦由此物也自會昌流禍池臺起傾平之愴大中再造土木亟文繡之華
喻造舟之制曠日不復物豈終否有時而傾天聖紀號之二年冬十有二月
隴西李君以尉評實宰是邑君明習吏事詳練理體牽絲涖牒至必連最批郤導窾
居多餘地其始至也去害吏撫瘵民激揚積弊懮振紘領越明年政以凝民用寧訟
無留牘漁不改夜於是以成法視文奏以暇刻起隨圮位署必葺邑居惟新一月周
爰井疆鋪觀圖籍感釋子之能誌惜江氏之寖微且懼乎褰裳厲深爲斯民病漸惟
涉難貽來者羞乃諭居僧俾募信施其坐堂上之客必得邑中之豪寺僧智朋利貞
有邦德成有章自南同與是謀式幹斯蠱三四佛之攸種咸植善根百千金之所直
悉歸寶塔府帑不費里旅不煩山虞致木而叢倚郢人運斤而風集經始不日而功
用有成晴虹倚空而半環浮鼉跨波而欲渡雕楹矗而端聳鉤植繚而横絕肩摩轂
擊控夷路而下馳飛艎鳴槳貫淸流而直逝以材之豐羨稽工之簡隙又作駐楫亭
于橋之北浹口乎兩槳足以憩行者之勤傳車一口可以勞口口之集是知創橋以

表寺先賢之遺懿益光由亭而覩橋口人之用心兼至建一物而二美具故君子謂
李君爲能若乃度羣迷超彼岸演竺乾之筏喻從善政均大惠易國僑之輈濟又豈
止題柱伸馬卿之志墮履紀黄石之書臨清水以締材徒言呂母架渭河而建利止
號崔公而已哉李君謂予春秋之流可謹歲月之實折簡馳問託辭傳信愧無馬遷
之口叙聊傳巨明之新作云爾時
巨宋天聖四年春三月甲申日記
東越吳則之書并篆額
錢塘趙世明鐫
文林郎守縣尉兼主簿王式
朝奉郎行大理評事知縣事飛騎尉李宋卿
景祐五年冬十一月既望承奉郎守大理寺丞知縣事苗振重立
右碑文二十二行正書在蕭山縣按嘉泰會稽志蕭山縣有江淹故宅今爲覺苑

寺寺前有夢筆驛亦以文通得名讀此文知北宋已有是說毛奇齡蕭山縣志刊誤歷駁文通未嘗至越累千百言以爲江總捨宅爲寺是也通志從之李君以善政之暇繕寺築橋又有駐楫亭傳車之舉可謂惠而知政體克副淸臣之椽筆矣隴西李君卽後題名李宋卿也兩浙金石志

宋越州蕭山大悲閣記碑熙寧元年

文見寺觀志覺苑寺下沈遼撰程師孟立

右碑題額九字文十五行俱正書在蕭山縣覺苑寺碑述大悲像肇始于智源歷慧嚴王承渙緣廣暨榮上人允中垂四五十年而榮上人卒成之贊所謂聖像多難而榮上人則決信不疑者也程師孟字公闢吳人宋史有傳歷知洪福廣越四州此題銜皆福州未知越州時也兩浙金石志

宋武佑廟賜額勅碑宣和三年

文見壇廟志武佑廟下知縣曾古心立石

右牒大小二十二行在蕭山縣北幹山本廟此劉忠顯申請賜牒刻也忠顯正人而陰兵金甲等語據以入告其爲當時實事可知知縣事曾古心舊志無之而有曾喜其字之離合致訛耶兩浙金石志

案此石洪楊之亂時佚

宋廣恩寺題名

在蕭山縣乾隆紹興府志

元重建蕭山縣儒學大成殿碑大德三年

文見學校志張伯淳撰趙孟頫書賈仁篆額

碑陰記

蕭山縣新文廟碑陰記

大德三年八月辛亥哉生明越五日廟成翼日丁巳釋奠于新廟用幣縣長貳師弟子咸在既受福東序還位揖于庭曰美哉廟厥亦勤恤匪易皆敦讓言冈敢以爲功

亦既伐石門外右盡載輸材氏名寘諸石陰適來請記故廟在雷壞東偏庳下狹隘賢令陳公南相方度宜以從寘于兹土後百廿年張公稱孫貴盛爲山疏溝復作廟又後卅有七年當至元廿九年廉訪使者行縣貳學官作廟堂門廡始訖丹漆黝堊事蠹蝕材且盡處久適懼弗即就請用良易蠹尉奮曰厥初擇材弗于其良今弗良圖疇克久語合尹意長官主簿暨典史陳英咸贊尹自調工材所出營度略定廟即日撤去故材蠹中冈有膚寸完張公孫聖先輸其良以勸羣士伐木薦材以後爲耻復合師弟子月入粟布用佐餘費範金斵木與日出入尉日至臨視適程督益虔靡間暑雨成廟之改月處郡洪天澤代處久任猶未塗塈茨天澤緒成諸廡基匪堅埴又將推方議葺廡外内且完尉亦歲滿受代去長孺曰作新廟惟材暨工有弗獲冈克臻廟成弗錄何勸爰作記以貽後廟記翰林直學士張君伯淳所作是爲處久私親昆弟廟事核故弗復書十月癸亥哉生魄越四日丁卯金華胡長孺記漁陽鮮于樞書陳適立石鑱者謝杞

右碑文正書二十五行碑陰正書二十二行在蕭山縣學此碑述至元壬辰廉訪副使王公俣建新學而創殿匪材歷七年大德戊戌縣尉王振等撤新之又輔以達魯花赤可馬剌丁等之謀而始成太史張伯淳記之碑陰記大德三年落成釋奠於新廟用幣而秉及爲山疏溝丹漆黝堊等事亦歷數年而蕆事金華胡長孺記之一殿之成多歷年所可以知其時事矣張伯淳字師道崇德人登咸淳進士擢太學錄至元中被薦入見世祖問冗官風憲鹽筴楮帛皆當時大議對悉稱旨授翰林院直學士詔命皆出其手同修國史拜侍講學士有養蒙文集行世胡長孺字汲仲永康人淳祐進士至元二十五年拜集賢修撰改教授揚州移建昌錄事至大初轉台州路寧海主簿延祐元年轉長山場鹽司丞以病辭隱杭之虎林山見元史本傳兩浙金石志

輸材氏名凡三等以所輸重輕爲之次而右重者

張聖　許友郗　曹元禮　樓子高　董季芳　徐堂　鍾賚孫　厲堅孫　曹芝

孫　韓應和　徐天麒　梁棟　趙希聖　徐天任　丁應松　孫應軫　鄭炳叔
孫囦道　徐公袞　徐頤孫　張佐　張漢傑　徐震　沈德懋　鄭文煥　董
克雋　董仲馨　張堂　張堅
陳鼎新　俞時中　吳宗卿　戴應新　搖夢月　魏俞欽　周祥　孫逢堯　樓
天驥　王德翁次之
鄭文龍　鄭會龍　鄭附鳳　俞春卿　張顯瑞　蔣夢龍　周文煥　樓壽明
樓子昌　董益孫　趙嗣潤　張良孫　俞吉老　戴仁　陳厚積　許祖禹　周
龍澤　沈華甫　許應鳳　宣賜　吳清之　孫筠卿　洪攀龍　孫椿卿　張燮
王德溥　鮑九萬　張文豹　徐魯源　戴胄孫　徐天權　王應元　許麒孫
趙由拒　許天祥　張育倩　周起瓚　戴堯卿　趙與壐　孫寅發又次之

相役職事

司書張易　受給徐震徐天任　督辦董益孫張達可　長諭陳嵩伯　錢應龍

韓文豹　趙與鑑　鄭文煥　曹夢先　周嗣福　周士貴　董仲馨　孫子澄
張天覺　賓正趙𥲅
學官　陳適　洪天澤　陳處久
縣官
典史　陳英
紹興路蕭山縣尉王振監造
將仕佐郎紹興路蕭山縣主簿王泰亨
承事郎紹興路蕭山縣尹兼勸農事王琛提調
承事郎紹興路蕭山縣達魯花赤兼勸農事可馬剌丁
右碑陰原文學校志不錄例入金石
宋帶御器械張塤壙誌元皇慶二年
宋帶御器械張公壙刻

先君諱塤字伯和世居會稽之蕭山大父由舍選登科仕廬陵蘄春兩教官諱炳口口先君立朝贈承議郎先君即次子也其上諱宗顔則先君之祖諱世明則先君之曾祖以叔祖師旦累贈奉直大夫先君生於淳熙甲辰十二月二十二日先妣長興縣主爲榮文恭王之妹聖天子錄用南陽親族授先君承信郎紹定六年從銓曹注寧國府監税端平二年五月召除閤門看班祗候住口轉承節郎嘉熙三年二月匈外特添差揚州兵馬鈐轄仍釐務帶行閤門祗候淳祐元年九月差兩浙東路兵馬鈐轄衢州駐箚帶閤職如故二年轉保義郎六年四月差兩浙西路馬步軍副總管臨安府駐箚待次十一月詔入爲帶御器械兼幹辨皇城司七年十二月轉成忠八年三月轉忠翊十二月御帶因任十年十月轉忠訓十一年十二月以皇城親從陞諸班直沿賞超轉修武十二年八月屬疾乞掛衣冠上不允轉訓武主管佑神觀疏再上轉武翼郎致仕甲戌終于寢得年六十有九子男三人來孫忠翊新添差淮南東路兵馬鈐轄揚州駐

爺仍釐務兼置大使司計議官稱孫武經郎特帶行右衛將軍新差知澧州軍州事節制屯戍軍馬寄孫早世女二人長適進士茅煥次適進士余振孫孫男三人聖保寧老祺老孫女四人先妣先二十年卒葬於邑之夏孝鄉越王山之原口以癸丑歲十一月甲申舉先君柩合窆焉先君性恬退雖游科場不以得失介意既登仕途宦情亦薄自三衢得替還即所居之北里許闢圃鑿池依林麓築堂題扁曰靜山徜徉其間因以自號若將老焉及簉班聯朝謁之暇多放懷西湖觴詠自適生平接物以和賙人急義鄉黨宗族咸得其心嘗曰吾叨恩逾厚唯早歸休爲幸耳至若周旋朱華屬橐宸陛雍容不失尺度三衢恪共乃職奔走徧諸郡按閱營壘戎器靡憚其勞則官業固不苟也來孫等罪逆不孝早失所恃先君相依爲命一旦永訣終天肝膽摧裂雖得冊府名流表於墓道蓼莪罔極情不能已銜哀又紀大略以納諸壙孤哀子來孫稱孫識從事郎資善堂檢閱劉仰祖塡諱

右刻正書二十四行在蕭山縣北張稱孫自述父壙誌而乞劉仰祖塡諱今世多

遵用之案文伯和以文學起家以恩澤錄用官凡十三轉而致仕作靜山堂徜徉其閒暇則放懷西湖以自適所云周旋朱華屬櫜宸陛蓋轉右職而奔走遍諸郡按閱營壘戎器於三衢尤政績也文云生於淳熙甲辰甲戌終於寢得年六十有九前甲戌爲嘉定七年止四十歲後甲戌爲咸淳十年當得百歲與所書頗不合葬於癸丑前癸丑爲寶祐元年後癸丑爲元皇慶二年疑葬時已入元朝故止書甲子伯和有官階可題而止書帶御器械稱孫殆別有意指歟榮文恭王趙希瓐理宗父也又蕭山志載宋寶章閣待制張稱孫墓在湘湖龜山石獸猶存而無此志蓋墓沒已久此志獨存尙得略見大概云兩浙金石志

案此石存佚不可知

咸通重興院碑

紹興路蕭山縣咸通重興之院記

咸通重興之院者許徵君故宅徵君諱詢字元度會稽太守旻之子夙探聖道徇法

休名改其故宅爲蘭若焉唐咸通十四年賜額曰重興意其中廢而復興也靈悟禪師開山妙通律師結界大佛殿光祿徐公所建三聖像東越招討司樓公所造四大部經夢庵記幷所置也山門法堂鐘樓藏殿光明觀音二大寶閣廊廡庖湢衆屋悉完象設端嚴天龍森列每遇夏旱一方人士隨禱輒應徵君在晉時與支遁輩爲方外交講經接席風流千古其地號許賢里厥後名僧相踵振興祖道傳三世凡十數人文物盛矣寺坐鏡臺峯揖幽究巖上有古浮圖大溪橫前左有仙人石傍有仙人洞每以雲氣出入驗晴雨穹屏疊障壁立千仞境趣奇矣昔王勃題詩於其上云巍巍怪石立溪心曾隱徵君下釣綸東有祠堂西有寺清風巖下百花春然則人境之勝自唐已然矣今則屋凋人謝澗慚林歇所不改者獨溪山而已余受經茲山出住壽昌每一回首未嘗不慨然興感故惟古殿頹弊首出囊金率衆興葺募郡壇越造立靈山一會聖像安鎮道場以元日至人日建觀音期懺悔法惟斯寺之建古無紀載後世無所稽攷因叙其始末刻之堅珉嗟夫寺之重興豈特一土木之工哉將見

秀毓僧英宏揚敎觀以續遺響以壽吾佛之慧命而不負捨宅者之初心則區區之所願也

元至順二年龍集辛未中春日在城壽昌正觀律寺傳南山宗教住持智鑑慈忍大師釋道澄述并書

按是碑清咸豐兵燹後佚

覺苑寺興造記 至正三年

文見寺觀志覺苑寺下趙質翁撰趙宜浩行書

元重建武佑廟碑 至正十七年

蕭山縣重建武佑廟記

文見壇廟志武佑廟下劉基撰劉儼書邁里古思立石王元良鐫

右碑篆額九字文二十四行正書在蕭山縣北幹山本廟按廟始于宣和間劉忠顯韐上其靈異賜額武佑後又述主簿趙君禦敵禱雨之事碑所由作也至正十

二年下錐去五字下云江浙行省烽火通于蕭山此方國珍受降復刲衆下海時
豈後復降而諱之耶舊志又名厲將軍廟見輟耕録謂爲秦人厲狄九成與伯温
同時豈未之聞耶抑儒者所弗道耶兩浙金石志
案碑陰正書見陽湖孫氏寰宇訪碑録
文昌宫鐵鐘明成化二十年
文曰帝道遐昌皇圖永固法雨崇□佛日增輝
案鐘身高七尺有奇圍一丈有奇在長山鄉文昌宫即樓家塔鎮東樓
甘泉題詠碑嘉靖十五年
始聞湘湖勝三夜□□□□□□龜山□乃敢涉湖堤□□山氣合山與雲天齊漸□
□□□遠近逾深遂忘歸正德壬午奉使西南將訪陽明洞窺禹穴□□□□□□楊
先生祠于湖山令蕭山貳尹潘望坤
嘉靖丙申月望　蕭山縣知縣□□□縣丞□□□

按是碑在縣署大堂東壁行書無書者姓名每行數字陷入地中致不可讀

茌山摩崖 嘉靖　年

茌山拱秀邑人翁五倫題

茅村築塘碑 萬曆四年

孝悌鄉茅村築塘碑記

賜進士出身承德郎南京工部虞衡清理司主事張試惟蕭建邑襟江帶海淫雨浹旬則滔天爲患恆賴仁賢功成保障若孝悌鄉（原文稱許孝承康熙丈冊之誤）在邑南隅與富陽諸暨接壤其上流諸水自沙河而洩抵麻溪閘以入江舊稱沃壤取稅額與腴田等成化間郡守戴公經理屬邑水利覩江流汨沒低窪諸河遂開蹟堰而塞麻溪沙河之水不通於江沙塗壅淤歲久河口淺隘暨陽二邑千溪萬壑橫流無歸灌入鄉之茅村畈千頃膏腴蕩然巨浸秋成穎秀雨不終宵濁潦淹漬悉枯槁萎如時或共慶豐穰而是鄉獨告無收誰信之哉夫勞瘁三時僅禾數畝民敖敖無望老稚逃亡不知

凡幾剡山僻窮鄉遠離城邑仁人君子雖有不忍非無見聞所及孰覃恩施節陳臺臬事下所司率寢格不舉今　邑侯王公蒞侯名一乾字元卿別號養初登辛未進士第江右太和之宦裔明見萬里惠先無告衆爰復以築堤捍水議呈公惻然曰吾當救此一方簡委待缺巡檢謝成名躬歷茲土計畝以分塘有强不從者有怠不赴者有廢棄不欲者不强之來即以其田與築堤之主每田一畝工費銀五錢計高一丈五尺面闊十尺基廣五十尺周圍一千四百一十七丈二尺始工於萬歷甲戌冬季畢於乙亥仲夏閱五月始克告成得利田九百三十六畝掘毁田四十七畝五分八厘糧差均派圩田之內人力既竭天心默順是歲秋大稔收獲倍常舉欣欣然有喜色而相告曰數十餘年而見有此非我父母俯順羣情安從得之感恩無既圖立石通衢垂諸不朽介丁生鳴春徵言於余且告之故余惟天地有自然之利人終天地之功所以君子行政貴因民之利而利之茲茅村之土因天地之所利者迺荒穢蕪沒人工弗修也今侯因此民之已有而舉以利之是蓋裁成輔相以終天地之功惠出不費而弘厚下之澤顧不

偉與余不佞敢緣衆情識其略云

萬歷四年丙子冬十月日蕭山縣縣丞王嘉賓主簿胡元學典史蔣思澤鄉民丁珊何粹姚珊丁本令道丁敬道姚相丁太同立

邑侯郝公德政碑 崇禎十四年

賜進士第資德大夫吏部尙書前左都御史南京兵工二部尙書奉敕總督兩廣兵部右侍郎巡撫福建都察院右僉都御史太僕寺少卿戶科都給事中通家治生商周祚撰文賜進士第奉政大夫分巡饒南九江道江西按察司僉事前南京工部營繕清吏司員外郎通家治生王思任書丹賜進士第大中大夫廣東布政使司左布政使前南京吏部稽勳清吏司郎中通家治生姜一洪篆額

昔孔子爲魯司寇三月而魯大治歷覽詩書所口記未有若此之神且速者然無他謬巧也不過本格致誠正之學問洗心宥密於以章志貞敎陶世淑民不口察而精詳不煩瑣而周摯迫而出之以暇紛而應之以恬自有左之右之無不宜之故羣黎

徧爲爾德式歌且舞頌聲交作其實獲我所之謠非倖獵也善乎諸葛武侯之言曰
非淡泊無以明志非寧靜無以致遠蓋淡泊則骨勁骨勁則臨事不葸茶寧靜則神
閒神閒則遇變不張皇諸大兵大役大凶大祲凡庸人一籌莫展而清明在躬氣志
如神者當之則裁決裕如厝置井如恢恢乎游刃有餘地矣方今黠虜虔劉於邊塞
流寇蹂躪於中原兼以東南之水旱頻仍螟蝗洊至眞有室如懸罄野無青草者茲
聖天子軫念民瘼以邑宰乃親民之任必得循良豈弟如龔黃卓魯其人然後民有
起色聿沛德綸敕庚辰春榜之副如進士等依次夾選誠曠典也甚倚重也越之蕭
邑久無正篆頹廢竟不可支乃儌天幸得郝侯來涖茲土侯甫下車慨然以興業爲
己任卽察奸胥狡吏痛爲懲創而又和易近民聽斷務得其情所謂吏畏神君民依
慈母侯於朞月閒兩得之矣歲大歉流離口道侯多方設法振濟其閒捐俸煮粥勸
民輸糴捨棺埋瘞置局施藥完聚夫妻子母一片苦心實意雖小民自爲計曷以逾
此更峻搶奪之禁有以借爲名聚衆强虜者立置之法時有巨盜陳華八等嘯擁千

人白晝焚刼侯密授兵快方略手縛而斃之杖下餘黨散戢又有長生教鼓煽惑衆酷似昔日無爲白蓮景象侯亟於勦捕更恐株連乃大張文告曲爲曉諭俾愚夫愚婦如夢之初醒焉否則人情洶洶其流禍豈忍言哉他如錢糧則不加火耗原封發解矣詞訟則差不下鄉十起九□矣□□則簡練鄉勇而城池鞏固矣增葺倉廒而軍儲永賴矣防患則修築兩塘而海不揚波矣躬親祈禱而蝗不入境矣至尊禮學校優恤坊里禁絶供燒肅除豪橫種種懿政難以枚舉蕭之紳衿耆老欲勒石以誌不朽介子壻陳生憲祖門下士陳生邦禧徐生卽禧乞文於余余曰子邑侯新政業以膾炙人口余既聞其梗概矣更一一復言之以爲覈實之定評可乎乃諸生之所悉與余之所聞若合符節至侯鍾瞿塘之雄秀孕巫岳之精靈崔巍浩瀚蔚爲文章見其淵以奧而博以廣其一種灝淑□□眞可砥柱狂瀾者侯殆孔明之後身而宣聖之功臣也耶余雖潦倒言不足爲人重然佩侯明決之品慕侯忠忱之化敢稍爲覶縷而撫述之指日採風使者徵侯之實積以騰薦剡當以余言爲左券

侯諱愈號弗如四川叙州府筠連縣人登庚辰副榜進士

鄉官　姜效乾　來自周　張焜芳　繆伯昇　黄三尚　王鼎口　韓日將　來方

煒　王口口　張口口　何弘仁　王紹美　來集之　何汝敷　來煥然　姜謙受

商周祺　陳邦教　來彭禧　來紹曾

舉貢　周洪任　夏有奇　蔡一鴻　曹振龍　王紹蘭　張訓口　沈振龍　陳邦

政　蔡一信　田萬鏞

經歷　戴攀龍　周五倫　陳邦禧　周五經

監生　陳邦寧　程胤祚　陸宗岳　丁泰祚　何之梧　倪彰吉　倪彬吉　來在

聖　蔣翰苞　周繼祖

生員　韓九管　徐卽禧　來榮　來爾口　陳憲祖　陳邦祚　姜迎元　來諮諏

商興祖　商揚祖　黄運泰　任朝燁　陳邦楨　戴堯仁　蔡國昌　王之法

來宗伊　黄光祚　來奎聖　來口聖　來培元　蔡士口　何文煒　何文燁

任朝臣　徐芳聲　郭爲棟　郭爲楫　陳華袞　陳國光　李仝芳　毛奇齡
鄭時章　王震華　丁克振　丁南錦　陳于京　陳于晉　陳于階　倪弘綜
戴奎秀　蔡良□　任三鎮　戴元良　許萬□　陳九思　任如彬　吳翼聖
陳邦治　倪弘錀　陸應琮　蔡成□　張文錦　陳淸　陳仲□　張佩□　丁
師曾　來道□　來咨□　來方鼎　單紹周　何之桐　李文選　李文達　何
昌祚　何之杰　來方熺　來欽之　韓日就　陸應望　王命位　王正儒　周
萬方　周萬靈　徐長吉　來侍聖　來礪之　蔡一瀠　許祖慶　施是龍　趙
國璘　方夢鯉　周元□　王立相　毛之美　丁斯馨　朱歷相　任□蛟　田
九疇　張擴　張萬銓　任騰蛟　來□　來藻　王之鼐　蔡良楫　蔡良棟
蔡有光　屠弘恭　張日盛　方章　周憲明　王國英　項完仁　蔣騰芳　朱
屏　戴舜岳　黃士龍　施鴻德
崇禎十四年八月　吉旦立石

按是碑在縣署二門西壁

湘湖二隝摩崖清康熙三十七年

湖山拱翠戊寅年菊月邑令三韓金以培阜伯□題

白堰橋田碑記乾隆五年

越州之蕭山面長江背大海地臨孔道輻輳雜沓爲水陸要衝歲丙辰余宰是邦值閩氛鼓煽軍興旁午當是時□□芻茭以及械礮車馬之屬絡繹奔赴鮮有寧晷余日夜戒塗鳩工督葺里中父老率子弟各嚮義効力舟車四達民賴以無恐若白堰橋其一也堰當衝道浙閩下臨深溪富陽蕭山暨陽之水逢渤犇激漂沙齧岸勢淵湃不可制故例土人設木橋以濟行李然歲久傾圮漲流漂沒遄遄募修弗克猝成邑里信士俞懋元俞之球俞光斗方天得輩首創義舉捐資置產且廣募善良以勷厥事得腴田十餘坵計歲所入以備修築復併田歸戶輸糧免差垂諸久遠勒石山麓請於余而爲之記士君子躬膺民社所涖之土凡川瀦溝澮有關旱潦者或請於

朝或謀集國人罔勿殫力竭智以建不拔之利他如徒杠輿梁因農隙而董厥成焉所以任土地重民事也昔者李冰沉犀蜀號陸海鄭國開涇秦無荒歲詎非良吏之師法歟余不敏承乏於此數年來每有建造權諸利害不避艱苦蕭之人亦必欣喜鼓舞勉成余志茲橋者固余志也而諸君子毅然成之俾後之令者聞風興起益廣其業勿使奸人漁利侵剝以永垂不朽長吏有厚望焉

賜進士第文林郎知蕭山縣事姚文熊撰

按是碑在甑山塢東燕亭文武二帝殿內

無名氏冢記 乾隆四十一年

乾隆四十一年歲在丙申夏四月梅雨連緜江水暴漲潰塘入蕭邑槥櫬漂流無算可辨識者百不得一昌緒集同志爲掩埋計本邑來君啓浩捐傳家峙山地爲義冢方伯徐公聞出俸金若干助其費有蕭邑城西隅之王氏子襁褓時父客死粵東旅櫬歸厝久未葬亦罹此厄王氏子逐衆覓父柩不得得一似是者載以歸卜地將葬

葬之前夕宿於廬夢一丈夫貌甚古詔之曰吾非汝父也汝父棺書浙紹蕭邑王玉懷之柩者是已載入傳家峙矣速覓之毋緩語畢欲叩其姓氏適荷鍤者來驚寤遂匍匐來奔述所夢詢之司事僉云誠有是棺惜入土已數日矣王氏子再拜乞指其處連發數穴皆不獲泣以歸邑緒深悲王氏子之孝思不獲伸而益重冥漠之高義不可及也因謀之來君啓浩昇是棺於衆塋之對山阡獨壙而葬之事聞方伯吳之委以專員復諭往覓仍不獲王氏子計窘甚因思君之靈仍往禱焉是夜席草假寐恍惚中復遇前丈夫至曰爾來前爾情可憫也吾之得安是所亦以爾父故吾爲爾指叢葬之第四阜冢畔有土塊方其色青其草偃於北者發之必弗誤語未竟忽不見比明請委員驗之果然趣運鍤發之前和標識宛如昨夢噫嘻君可謂正直而靈者矣當此流離失所之時得寢其穴以享其祀誰曰不可乃義不肯冒他人之父而再託諸夢以詔之令其子得負骸骨以葬君之善全人父子之情何以委曲周至也竊怪以君之靈何不告其子若孫使之歸祔先人之兆而乃甘作餒而之鬼乎豈君

之後嗣不傳而無可告訴耶豈君靈於爲人謀而闇於自爲計耶又或天道冥冥數不可違君果委於數而安於義者耶以君死後爲守正不苟若此其生平非泯焉沒焉可知矣不可不勒石以表之是爲記

賜進士出身奉直大夫日講起居注官翰林院侍講錢唐梁同書書

按是碑在縣西十二里城山寺後殿壁中爲王孝子尋親柩而記記者山陰袁昌緒

蕭邑重建修學宮碑　嘉慶二十五年

文見學校志邑人湯金釗撰書

巖將軍廟碑記

道光十二年十一月二十四日禮部謹題爲遵旨議奏事禮科鈔出浙江巡撫富疏稱據布政使程喬采詳據蕭山縣紳士翰林院庶吉士王端履等呈稱邑南巖將祠管氏兄弟三人長名張實次名張耀三名張聖暨其舅氏董戈剛方勇烈唐時山林

爲虎豹之巢穴神以舅甥四人同心治患清泰中土人周段青以妖術聚賊神等設計入穴奮勇勦滅民物害除鄉人利賴之建祠並祀立有碑記載在志乘國朝初年土寇石仲方聚衆肆掠一日寇過巖將祠忽見神等四人揮刀追捕衆寇潰散嘉慶二十五年洪水泛漲塘堤莫保虔禱神祠水勢漸退道光九年時遭瘟疫奔告於神其患遂消又境內猝遭火災賴神力庇護神之佑良殛暴筆難盡述應請勅賜封號以答神庥而光祀典謹會同兼署閩浙總督魏合詞具題奉旨該部議奏欽此欽遵鈔出到部該臣等議得定例各省廟祠凡有功德於民能禦災捍患者准該督撫查明疏請勅封以彰崇報歷經遵辦在案今據浙江巡撫富等疏稱蕭山縣舊有宋時巖將祠神管氏三人長名張實次名張耀三名張聖與其舅氏董戈篤生唐代託處越巖志切救民功隆濟世昭生前之偉績顯殁後之英靈捍水患而力護沙塘追土寇而威顯榆嶺以及驅瘟逐疫滅火返風貲呵護於羣黎效靈庥於盛世臣等核與禦災捍患之例相符應如該撫所題請旨勅賜封號以答神貺而順輿情恭候命下

臣部移交内閣撰擬各神封號字樣進呈欽定經大學士長齡等謹援雍正三年大
學士馬齊等奏請勅封明代紹興府湯紹恩加以伯爵封號之例謹議伯爵字樣各
繕清單恭呈御覽當奉硃筆圈出董戈綏佑伯管張實保惠伯管張耀昭靈伯管張
聖普佑伯禮部於道光十三年二月初五日鈔錄原奏移咨浙江巡撫富欽遵辦理
宗等謹照閣部頒發字樣刊碑紀封以昭國恩而崇祀典
道光十三年歲在癸巳季秋月祠下司事俞會宗紀
按是碑在河上鎮巖將廟
重建祇園寺西塔記道光十四年
文見寺觀志祇園寺下湯金釗撰并書
朱子視事處記念碑道光二十一年
在西興鎮鐵嶺關外南偏宋孝宗隆興十九年辛丑朱文公視事於此碑身積高六
尺厚六寸豎於西江塘内甯濟廟門外鐘樓之南道光辛丑邑人陸成本立㳻覵

取石碑 無年月

在西興鐵嶺關內江公祠中左廊相傳梁會稽郡丞行府州事江革遷秩都官尚書至西陵渡江舸輕偏欹取石鎮之以濟後人書取石徑二尺兩大字豎碑築亭以紀其清廉云 互見壇廟志江公祠下

金城玉宇摩崖 無年月

在縣西十二里越王城山寺門外咸豐同治間爲粵軍劃去

乾坑橋捐碑

舊設立乾坑寺側路亭內光緒間將路亭改建文昌閣此碑擬仍立文昌閣內

蔣家橋捐碑

在塘村廟側涼亭內

白康堰碑記

在白堰莊聖帝廟內

溪頭潭殘碑

在河上嶺溪頭潭上

附

周石鼓縮本

嘉慶十　年王紹蘭倩金匱錢泳摹勒上石今佚其九僅存丁鼓在鄭家衖湯在容

家

秦會稽嶧山碣石泰山瑯邪臺縮本

嘉慶十九年王紹蘭倩錢泳摹勒上石今統佚

漢熹平石經殘字縮本

尚書盤庚洪範君奭三石魯詩魏風唐風二石儀禮大射儀聘禮二石公羊隱公四

年傳一石論語學而爲政微子堯曰四石盍毛包周一石博士左立姓名一石都十

四石嘉慶二十年王紹蘭倩錢泳摹勒上石今統佚

殘宋拓九成宮醴泉銘一百六十九字摹本
嘉慶十七年勒石西河下王曼壽藏今佚
殘宋拓九成宮醴泉銘摹本
道光間任淇刻石今藏車里莊陳大俊家
小字麻姑山仙壇記摹本
道光間王齡借王曼壽藏南城眞本鈎勒上石今在齡子暐昌家

附帖

神龍蘭亭摹本
嘉慶十九年甲戌施淦倩錢樹堂摹鄞縣范氏本
雙節堂贈言集帖
乾隆間汪輝祖選刻都六十二石今在汪家衖故宅
問經堂巾箱帖

嘉慶廿一年丙子施淦倩錢泳節臨漢隸石今佚

小竹里館集帖

道光間任淇精選當代名人墨跡摹勒上石名碧山草堂帖其石歸王氏小竹里館

改今名石在王齡子暐昌家

蕭山縣志稿卷三十二

藝文

詩文鈔一

此卷擇錄乾隆志凡流連光景無關典要之作不錄非本邑人詩文姑著其籍以爲識別無考者曰籍待考是否邑人無從證實者曰未詳

樂府

元

吳越兩山亭　薩都剌 蒙古

幹山孤亭據磐石老我凭高興無極長松參天凝黛色空翠滿山如雨滴長江中斷海門闢兩岸連峯排劍戟或蟠臥龍形或鼓丹鳳翼仙乘縹緲東海東徐福樓船竟何益採藥人已陳鞭石土有赤四海混一車書同形勝何須限南北吁嗟霸業今誰在吳山越山長不改

明

築隄謠　魏驥

天吳苦作孽壞此長江隄沃壤變斥鹵平地成深池况值天雨雪政及農興時凶年轉豐歲須在人維持顧此長隄壞不葺害無涯鄉老訴縣官縣官惟戲嘘至委十大戶大戶不敢違大戶雖竭力十家豈能支樁石且不備夫匠尤甚虧葺寸反壞尺可奈心不齊欲求官監督監督刑必施刑施先姦頑姦頑生怨咨於是果何若只願天垂慈山水勿澎湃江潮勿奔馳移沙與换港扶桑吐晴曦天吳速悔禍庶免民流離

何孝子　來集之

兒之臂父之身先天一氣分兩人兒臂傷父身活人力遂將造化奪何家一兒孺慕深焚香露禱感天心芳名在史痕在臂舉世人兒皆媿死君不見孝子之子英且豪于公門閭日以高

七條沙 有序　前　人

浙江近西陵一岸有七條沙江水浙下爲長江扼要之所唐人云千里長江惟渡馬百年養士得何人蓋句踐烏鳶之歌傷魂動魄其聲可譜也

江之水何悠悠頹唐瀏灕春復秋子胥一怒竟千古素車白馬當潮頭西有吳東有越兩岸青山界如截自昔迤蜒不盡時浩浩東流幾曾絕鳶烏江山聽悲歌六千君子提琱戈種蠡奇謀今已矣西風捲雨鳴哀鼉潮來江水渾潮去江水清天吳吹浪逐今古神巫爭地同陂平十萬雄兵如解瓦瞥見波心驟飛馬江山不識興廢間潮落潮生總無假獨不見赤壁淮淝釆石磯芳名佳履四蓋垂

端居　來蕃

廡溪有流澌東行亦蒼茫來經蘿山下老樟覆陂塘豈無濛洪人性道存天良農者已長大魁幹肌肉強端居不娶婦何以爲肺腸曰予有父母飽食乃其常竭蹶事播種猶畏無餘糧女子絕膂力豈能勤畝疆坐飧則固然粟虧豈有糧兄兼盜賊滿竊發難豫防盡室速走避中夜踰崇岡羸老仗擔負一心無異商胡能挾婉孌與之共悲惶

清

張十一郎官詞 有序見壇廟靜安綏佑公廟下不重錄　毛奇齡

撞天闕撅雷鼓男旁招女拂舞多贈堂春弭拊來無方去無所雲爲船烟爲馬一間白烟霏霏兮碧水洋洋鴟龜曳銜兮以堤以防匒龍初駕兮茅旗畢張西行弱水兮東通扶桑彭咸何在兮冰夷久藏啣木不可以塡海兮鞭石不可以爲梁逝將瀰浪兮遠放之無何之鄉斯世既不可與居兮聊逍遙以相羊二間鹵兮斥望衍坼犍石爲畄兮海不溢三間山之曲有神宅神燈歸來兮夜雨如漆四間刳羊剡豕薦腥羶兮芟毛薙土築堂壇兮祓除釁臭具湯盤兮金樞玉笥藏衣冠兮四招以茅願神之還兮葅館包肉無敢先嘗兮春秋饗祀長居此故鄉兮海水可竭神不可以忘兮五間

北嶺將軍廟詞 有序互見壇廟武佑廟下　　前人

蕭之北幹山舊多種松深林如神居山頭有嶺名北嶺祠厲將軍神於嶺間或曰神以驅厲名或曰此秦人厲狄也隨項羽入關歸葬此山稱將軍以祠在北嶺稱北嶺將軍相傳山前刨地得石穴骸物俱壞惟顱骨尙存大如車籠卽將軍壙云宋徽宗朝睦州方臘反將寇杭州艤舟於蕭山西江之濱吏民恐禱將

軍神忽東北風發壞其舟夜半見甲士列岸傍中有巨人介首衣虎豹皮長出衆數尺驚不敢近知越州（毛集作知縣今考府志更正）劉韐上其事封武佑將軍暨元至正間東南寇起西陵烽火徹晝夜有從賊中來者云賊思分遣寇東浙以江岸有兵故止然實無一兵也漁船涉江者深夜見神燈滿江岸如列營然以故賊終不敢渡時青田劉基奉其母避兵蕭山値縣修將軍祠基爲文紀事勒石祠左北幹村人每歲於正月初四日祠將軍至今不絕元陶九成載元時至正某年大旱禱於廟得雨俄有降乩於廟者云將軍自言吾有德於民民不忍忘我俾血食於此幾千五百年矣蓋祠久能神呂覽曰五世之廟可以觀怪神至則近於怪焉

翳北山之崒峞兮種落落之高松合千章以爲屋兮連五釵而成叢上拂飛雲之窈窕兮下蟠曲藠之青葱遠觀紅廟在樹中兮近乃識乎將軍（一間）松門兮如椽甃玉䟿兮挂朱樸黃驪爲旆兮白狼爲旃頸披錋鍜兮臂介以釬紫茸飾鐙兮琉璃鞭勃盧之剌兮

鋈金之錞間二西行兮秦關羊腸萬里兮環如曲盤將軍一去兮復來還江東父老兮猶知令顔千秋扞我兮戴將軍之恩間三松風兮颸颸將軍之出兮駕靈虬松風兮颸颸將軍之入兮靈旗蔽之不見將軍兮使我思間四松花兮如蕡新開社酒兮醉將軍社樹兮松椏社羔三獻兮松陰未斜請拂將軍之帽兮簪以花間五連年累歲兮禾未登楊枝三起兮蠶眠不成烏鵶攫肉兮鼠覆罌雞雛失伏兮牛羊又眚生年何幾兮遭時甲兵官吏到門兮驚又驚間六但願兮今茲倉庚鳴兮桑葉肥耕牛吪吪兮長負犂空村啞札兮唯聞繰絲桔槔挂左壁兮清泉滿畦高楊歇日兮涼蟬嘶秋霜未降兮先授以衣新收禾黍兮足供神之饎王孫遊兮皆來歸間七

饑婦行 有序

丁克振

歲辛巳鬻子女以數文量僵尸以幾里目有所擊咽而成聲嗟乎哉小民於骨肉情誼之間則已如此矣

鵝眼千買婦妍入亦鞭之出亦鞭之張目如瞖呼婦出門去東有女士柔妙無比願假

燕言以易數七顏頳溢口忍不顧恥終不得食蜿蜒而死汝朝離此暮則飽犬豕張目
如矚呼婦出門去
浦陽江南五十里仙人嵒與百藥山相對峙毛甡登陟之慨然成詠　毛奇齡
十三始登山見山如見鬼十五見山久踏之似牛豕仙人之嵒對百藥驟見猶然起驚
愕魖頭蘱足何處來頓使嵒前倒行脚當年策彊執神鞭欲驅此嵒神山前彊項不得
卒到海仙人就居近有年四圍削琢作門闑轟騰熇熻罏竈闊攢空岞崿起萬燄燒出
丹砂紫花片在旁有石類駕鼇前當巨石鼇將逃修鱗入溪淹鼇足昂首絲絲細噴玉
我傳此鼇腹虛空仙人產兒坐當中八月水枯穴溪底硃旗石竿羅青葱枯查倒海插
石罅千年海生石山下祇恐此鼇負嵒去黑風驟雨駭秋夜楓橋山人老蓮子曾畫富
春江山水一日畫得一幅成當此一月不得似我今勉强攀天關仙人作歌留樹間向
前倚樹和歌去西呼茅狗聲斑斑
湘湖采蓴歌三首　單隆周

西城春暮桃李香春風吹落春溪傍人隨花片緣溪入小橋南去皆橫塘橫塘一望天水碧四山蒼翠眞欲滴層層屏幛繞湖波青峯盡處湖烟白水面新葵葉似錢隨波長短芳且鮮卵色天中雉尾密玻璨影裏晶珠懸下有丁首丙尾之素鯽上有晨開夕合之水仙小舟擊汰衝波綠翠荇縈衣垂露薄仙靈釵股合還分解珮生絲遞相續日暮村莊似有無前灘月色開菰蒲棹聲一欸萬籟靜蒼茫彷彿千里湖采蓴采蓴風蕭蕭濃陰滿樹啼伯勞羊酪久輸陸內史鱸魚正惱張東曹聽闌拾菜曲未譜採菱歌東南風味稱殊絕實與含桃同催科野蔌澗毛苦易盡銀盤玉筯將如何

誰家蕩槳湘湖曲垂楊兩岸紛相逐朦朧白露花如烟蓴絲細細搖空綠顆顆鮫珠水底明探來還似玉壺冰冷淘槐葉香非冽滑膩醍醐味乍凝外湖沙淺根株少鷗鳧唼喋漁罟繞裏湖澄斂多盤渦卷葉抽莖似芳草爲語採蓴須及早遲迴莫待秋風老

五侯之鯖高如山馬行酒炙車斑斑窮搜珍錯幸一顧犀箸不下空閒關蓴根瑣細生湘渚綠跗柔枝密如縷肉食焉知神格超抱甘獨向波瀾苦幽人氣味倏相投筐筥朝

來理釣舟擷實何辭隄路永搴芳不惜水痕收寒香一帶平橋口脆質腴條不留手汲取清泉蒸竹燃披襟坐啜除煩垢寄語同心共往還冰甌雪椀非人間

江塘行　　陳至言

吁嗟乎江塘行東南巨海連蓬瀛蕩天沃日搖蒼溟百川萬派歸錢塘江潮吐納隨虛盈銀峯萬仞截江出雪屋千重捍江立西陵渡口蛟龍犇越王城外江聲急江聲夜發驚雷霆斷岸橫塘五千尺千尺橫塘長復長大門小門如巍隍怒濤䶠沫盡消滅海童不敢爭飛揚可惜昨年四五月野鬼穿塘水盡決今年春漲水復來兩度紅潮誰可遏馮夷擊鼓神蚪吼排山裂石崩沙走錢王鐵弩射不開白雪青山兩環鬭倏忽城郭行江河茅簷釜甑遊黿鼉黑波瀠洊數百里高原峻谷流盤渦可憐閨中婦吞聲苦復苦眼前兒女同忍饑忽聞水聲不敢啼更有白髮人仰天流淚俱沾巾舊年種粟無官糧今年耕田徒苦辛吁嗟乎江塘行一曲一聲難爲情

五言古

元

江聲草堂　　薩都剌 蒙古

卜居西陵下門臨大江皐江聲自朝夕豈獨喧波濤海潮作波浪山岳俱動搖海潮有時息逝水去無極驚風吹浪花噴濺射崖壁萬籟俱澄心何必絲竹音月明歌水調驚起蛟龍吟

蜀山草堂　　前人 一作薩天錫

蜀山秀東國華山分蛾眉人傳西極來萬里如龍飛根盤大江曲終古不復移之子結茅屋開軒當翠微流水穿澗道白雲繞巖扉松葉釀我酒吉貝爲我衣山鳥或勸飲水客同吟詩造化縱前定榮名不可期終焉忘嘉遯採藥復採芝

乾隆志古蹟按語蜀山草堂在山陰之蜀山考蕭山亦有東蜀山西蜀山之名故存之

旦發漁浦夕宿大浪灘上　　柳貫 浦江

張帆得順風飛鴻與爭疾後浪蹙亦舒前山過如失桐江轉數灣上瀨未入日篙工享安便坐穩頭屢櫛人生倚造物理微難究詰處順安可常離憂詎能必白鷗知此情故向波間沒

明

石巖山　劉基寓賢

落日下前峯輕烟生遠林雲霞媚餘姿松柏淡淸陰振策縱幽步披襟陟層岑槿花籬上明莎雞草間吟涼風自西來颯颯吹我襟榮華能幾時搖落方自今逝川無停波急絃有哀音顧瞻望四方悵焉愁思深

宿西興　高啓寓賢

挂帆無天風到岸日已夕捨舟理輕裝欲問古鎭驛渢渢灘聲迴莽莽山色積僕夫夜畏虎告我弗遠適望林投人家炊黍旋敲石寒眠多虛驚我體若畏席誰云別家遥數日已在客今宵始驚歎東西大江隔

題顧節婦　　蘇伯衡 寓賢

落葉不返枝水逝無還時妾心一寸鐵百煉剛不移篝燈夜紡績將書教兒習了此未亡身終期死同穴

題隱耕圖　　洪　鏞

吾邑西山下君家住更西百年忘寵辱終歲樂幽棲沃壤貲三熟生涯在一犂呼兒勤伺犢戒僕早聽雞高棟縣龍骨衡門絕馬蹄來牟連屋近桑柘覆簷低花外提壺語林間布穀啼沾濡天雨澤灌溉水分溪託蹟堪鄰鄭窮經合並倪不辭身滴汗寧憚足塗泥曉摘蔬盈圃秋收稻滿畦甑香炊白飯甕澹釀黃虀禮讓誇淳朴經營笑滑稽相親多野老主饋有山妻靜裏詩還覓閒邊杖復攜優游太平世何必慕金閨

閱龕山戰地遂登岡背觀潮　　徐　渭 山陰

白日午未傾野火燒青昊蠅母識殘腥寒蛩聚秋草海門不可測練氣白於擣望之遠若遲忽焉過如掃陰雨噫大塊冷豔攔長島怪沫一何繁水與水相澩玩弄狎鬼神去

來準昏曉何地無恢奇焉能盡搜討

題苧蘿西子祠 二首　　來集之

泉石流素香昔年浣紗處功名解誤人西子入吳去彊笑非所歡歌舞何薄遽還顧舊時伴布帬相晤語妾心有隱憂寧不如衆女

芳名滿天下遇合俟良時西子生苧蘿松風吹門扅一朝吳騎雄坐困諸男兒君王無長策堆金選娥眉專寵冠吳宮古今稱絕姿譬諸美珠玉非物所得私寄言柴門子無復歎貧爲

重葺湯太守祠有感兼贈李使君　　毛奇齡

先哲有遺澤所重在廟祀况能利是人不止悅從事緬想前代賢大者闡理義細亦克樹績樽俎列爲例夫君親祼薦每祀致精意稽神戀膋蕭假廟葺頹廢伊昔漢太守不以一錢繫近且開湯門恩共海濤濞感激拜祠宇前後治無二以之祝金石取壽在世世

清

題耕隱卷子 有序　　前人

邑前進單能重先生名瑞隱居西山下自明洪熙至成化杜門絕仕進別號耕隱同志並爲詩贈之迨今幾三百年矣康熙戊辰其裔孫廣宗爲修其遺卷示予予捧而誦之有二洪先生一名鐘一名鏞皆洪宣間詩人其詩類元和長慶名家而其字不傳並不識住何所其子姓于今誰似惜前人輯詩家不能旁搜而邑有前進如是不能一表微爲可憾也因取仲洪先生名鏞者長律一首依其韻和之雖慚續尾顧私喜一日附兩賢後乃應廣宗請而復爲識其大略如此

舊氏傳江表前賢住郭西此山曾豹隱深巷有烏棲地僻難迴轍春陰自洗犂隨時觀塞馬翫世等醯雞但辨麻和菽能忘筌與蹄壇邊松障合門外柳枝低乳犢唧芻出新鶯繞樹啼商歌留白石叢話記青溪奕代存風節居家鮮傲睨川迴魚汕藻堂改燕巢

泥筆箴餘花譜衣形想稻畦閒看三徑菊貧授一莖虀族茂開於越高風著會稽詩題王霸友隱並老萊妻故老行堪式賢孫卷自攜遺文追往哲流譽滿中閨

題丁履端身後芳名卷 有序　　單隆周

履端明太學生父病篤具疏請代父良愈而履端死閱月於廢篋中得其藁同邑孫學思書身後芳名

庚子求代死月杪延樞星張孫求代閶金鑣轉雙睛夸杖成鄧藪衞石塡滄溟事勢豈不艱洞達惟精誠猗嗟東臯君令德垂典型三讓膠庠爵六堂洙泗經悲此膏下童勞我岵上情遂因人定餘灑血干帝庭寒風吹瓣香短燭搖雲屏哀毀有兩髮易僵猶隻生祝宗無他祈飲食詛身傾喬枝高參天鶴鳴鮮和聲爲誦蓼莪詩千載同拊膺

張節婦詩 八首有序　　前　人

里中張氏子素無賴使酒縱博已酉秋遂鬻其婦發有日矣其婦啼泣不食縊而死

翠柏縈蔓草雛鸞投燕巢猗彼窈窕姿二姓成久要虹梁日初升春園桃正夭登堂奉棗栗容止以不佻

貧家婦難爲女紅日易短潘礦突始黔紉紝衣未煖終風曀重陰憂心如匪澣雖有歐冶鋒割水何時斷

良人遊狹斜作計一何拙酒漿與博徒步步尋毛薛盧雉有雙呼餅罍無單竭來歸相怨怒興傷輻輪折

拔我頭上釵君囊恆苦微解我嫁時裳君腹恆苦饑君腹倘苦饑妾飽寧有時但祝天雨粟與君共餔糜

平昔相怨怒將離乃懽笑言談久趦趄瞻睞倍顛倒云有里中兒多錢聘年少及茲綽約辰高遷事重醮

嗟哉生不辰自反誠何辜抱布可貿絲東薔易秋菰豈以齊眉人驅豚入屠酤君心有棄婦妾意無金夫

驚風號北林戍鼓動南郭莎雞激寒響屋梁月將落宛頸青絲繩高秋競寥廓空牀失故妻鬼錄增新魄

四時本平分胡爲悲廩秋貞木萎嚴霜和璧碎道周故廬猶在眼人遠不可求抽札紀遐躅千載馨常留

汪菴野語（丁克振大聲倣古詩也自署曰野語凡三十首作於崇禎戊寅者得古人遺意今錄三首）　丁克振

入室無長物架有萬卷書不必展卷看已自開豫且古帝九十六意屬成堪輿殺機發將相天地千盈虛可兒淸淑姿堆山積璠璵丈室此宇宙歷歷陳前除時與好友共或就丹黃餘哭笑遂今古快意將焉如

嗚呼魏公子眞識天下士侯生老夷門幸哉得所死荊卿去不還刺韓聶枳里本非金石交徒報知我耳況如公子者一顧震千祼伏劍快心神浩浩歸無始

羽檄來京國徵兵赴北方背絕骨肉親負戈履戎行養士三百年坐令敵勢張寧傍戰場臥生死爲國殤樞撫角和戰朝議如沸湯所持盡兩可莫敢專青黃諸將左右顧且

得達死喪遙望帝王居拊膺以旁皇

九月刈稻登交山作　前人

歷歷田中邱層層山外山約約烏桕樹楓柚相與班竹木無遠近列錦開斕斑明霞補山闕微烟裊風鬟萬木忽嚎吪稻海盪金寰遙激富春渚聳聽胥濤還俯仰遂今古永懷詎能刪

七言古

明

江沙放馬行　來集之

江雲漠漠西陵渡江草荒荒欲迷路萬馬蹀躞鳴相驚行人踟躕不敢去瘦馬嚙草成枯根健馬逆風走如鶩蒙茸帶子髭無鬣腰弓直指人烟聚孩兒莫啼婦莫愁急催一飽莫令怒諸馬多從邊塞來千金曾費孫陽顧馱人直上淩烟閣不比牛耕春草塢官吏解穀商解草草堆穀積不知數直驅沙岸走春風骨清神駿雄於虎夷吾計拙海煮

靈馬上之功高千古

苦雪 有序　　丁師虞

飄風陡發竊意必不終朝不期入夜益狂大雪紛至詰旦雪霽而餘寒未解夫役苦之乃作歌以當泣云

終日風霾雲漸黑黃昏飛雪宵轉劇細數六花半缺全滾滾春流周八極碎瓊屑玉一何輕塡谷湮山杳莫測寒聲騷屑屋隙來冰威冽栗重帷逼强起推窗開凍眸模糊似入不夜國兒童趁早玩瑤華白髮田翁獨歎嘖是時隴畝久沾濡上妝百果下損麥幸爾流鶯尚不來卽爲早鴻念羽翮城中好事滄江翁冒寒折柬忙邀客誰念江濱有老人冒風櫛雨無停刻食罷閑吟日近晡須臾送出江山色陰陽舒慘未可窮遙望西山長太息

傳隄歌　　前　人

潮來自卯將及酉百里不暇一回首江風漂蕩江雲生江水欲立衆山走龕山赭山屹

兩峯咽峙海門如覆斗春來汎汎尾閭渦長鯨噴瀑潛蛟吼秋來汛發浦陀岑大雪滅沒金鼇剖千頃長濤天際浮錢塘四面飄楊柳一朝雨漲水湯湯江隄潰決如飛溜天崩地裂勢平吞陷沒田禾千萬畝汪洋浩瀚莫敢攖退讓逡巡聊別搆跨海長虹徒浪言江畔居民復何口我公秀毓大江西江城此險聞之久洛陽渡口尚有神嗟爾黔黎數陽九吾當爲爾築長城漢武秦皇輕料手塹道參差几案前方圓平直稽衆醜文移絡繹不停批余亦勞勞類功狗何須強弩射潮迴膽落鯨鯢潛素蚪桑麻徧野出江皐廬舍田園若陵阜自此年年樂有秋鼓腹含哺眞不偶居民三邑頌安瀾歌舞黃童幷白叟君不見漁人繫艇集江濱入市沽魚呼斗酒斗酒中間發浩歌歌道傅公隄不朽天與俱長地與俱久萬億斯年兩岸垂楊永相守

清

江南歌 崇禎癸未五月太監崔璘鎮浙飛蝗隨自維揚同日以至　丁克振

江南嫩苗不用決江東苗長新如切江南流出滿江東慚愧江東不克啜江東女郎愛

修飾綠衣黃裏生豔絕小兒新揖館師歸又愛方方王字鍥

旄頭行 爲智烈黃母作有序　　前人

王君盤峙名延祚檢校應天京兆才之使給度支役既脂既牽言趨上京止夏津而難及厥配黃以烈死仲子仝高余友也其事爲悉歌以記之

旄頭跳躍太白愁崩騰磊落夷山邱陣雲連亙一千里飛騎直上孤城頭王君此時貫雙箭駱駝塵裏行見收絲毫所有盡天子抵死不市身命酬可憐殺戮是耕作兒更鬬塞違所求據鞍怒目愁鷹隼張牙探矢員弓彄佳人躍出徐徐謂老魅宜殺且復休予有珍寶以鉅萬貿彼一死充前騶慷慨引導向前去玉筋凝閣吞不流純鈎拂霜夾兩鬢弓鞋踼撲血髑髏良久怒目若孤電口血巇噴淋鋼鍪呼天搶地要嗚鏑須臾飽集黃金鏃爲婦死夫亦常理多此智勇能優優遠人亦解覆巾去清風香發千騎謳

乾隆志按語黃母係應天府檢校王延祚妻其事蹟已載王氏雙烈傳然未詳核仝高字叔盧爲母乞詩海內諸名宿不下數百家後得克振作叔盧即盡焚向所乞詩曰只此足壽吾母矣

黃生行 有序　　　　前人

文園爲邑第一君胄介翁子纖若邀予暨徽之徐子看梅作兩日快賞距今十年雖久而不忘賦也

黃家長公字君胄出山性情豁山畫亭臺隈隩傍清溪依隱翔雲入天搆登臨萬頃漫玻璃曲入嶔巖滴珠漏竹木分間各有意馳罔倚徑能畢奏是時山梅幾百株大者屈屹如龍軀變幻百發造物細風雲烟霧鼓作殊翁生日日探靈異榜花賜詩翰墨濡慨然四顧騰太息乃少丁徐兩生俱黃君慕予亦非一聞言發笑千山陘馳書立刻選使雄開林直下鷹兔疾尺牘新從花裏來梅香墨韻封中出兩人貧士傲疏籬一日兩邀坐蕭瑟往返一周四十里兩周八十豈云咫今來已是百二十僕夫汗浹如流水徐生就予話將行蒼茫夜靜翻遵沚四槳擊撥星露中風行頃泊黃家涘黃君翁君與爾豪速客不至方鳴號驚聞水響測舟至奔呼跌撲忘低高吼予兩人若霆怒持之跳躍如猿猱解巾脫衫坐無次先飲幾斗驅寒勞宮燈累百白紗襲古梅一枝一燈入開簾燈

火照春來宿鳥鳴棲落花集夏果秋蔬冬竹雛住山只在山中給羽插銀甕飛翠頻飛
來飛去遙相及鷄鳴數巡聯席眠日光亭午聞鳴泉欠伸一笑著衣起顧視眉目皆遊
仙仙仙下山上山去沿溪逐洄就所便老梅故駁翁生獎坐臥隨意契幽敞畫師盧生
六十餘亦解奔趨激清爽文士一過山不寧指畫增拆助奇賞數杯未周日在松新月
娟娟竹枝上焚香煮茗開竹樓竹梢扣窗月上頭清新香潔沁人髓遊蒙遙與浮雲收
野雉咯咯一澗底山更幾報搖疏修展簟即此臥明月掩紗還避霜風搜朝來整履矢
言别主人款款好彌結爲歌蟋蟀兼初筵馳身旦旦示孤孑客既登舟主岸行水窮舟
遠望方絶至今死别已十年依然光景作明滅

半面將軍歌贈陳佐府　　毛奇齡

半面將軍年四十南戰羊城北馬邑歸來十載青門前可憐立功尙少年當時投筆出
關去萬里鳴沙暗雲霧弭節曾留都護邊連營不倚將軍樹乘秋代馬向風發烽火蕭
關動京闕拚將陷陣入邊雲誰是張弓效關月長驅汗血仗蝥弧撒郤腰間金僕姑論

功交戰課先後不讓唐李邢讓吳諸公皆當時邊將十年埋劍在田野欲向蠻天洗花馬嶺樹叢叢薇眼來瀧川浩浩當胸瀉樓船南下共楊僕射獵重教起軍曲從熢礮火燎顛毛不掛珠禪泣髀肉焦頭滅耳志未成獨留半面哀人情誰憐射柳亭邊住竟使垂楊肘後生

五言律

明

蕭山　　王禕寓賢

身世眞如寄登臨得及時地高風起急天迴日沈遲綠鬢欺紗帽黃花照酒巵不知陶靖節歸去欲何爲

上落埠時塘三陷承邑令命從事塘工　　丁師虞

轉武傳三陷新塘亦屢更怒濤驚旅夢巨浪拍沙汀水漾天俱動風掀地欲傾望洋嗟海若工作困蒼生

張家堰 有序　前人

堰以張名然此百十餘家竟無一張姓者

幽居愁積雨縱覽趁新晴隔岸黃沙迴沿堤白石橫舟輕帆自迅風定浪俱平張氏人何在塘猶署姓名

清

哭倪鴻寶師　丁克振

治長嬉武事彍騎啓重闉社稷思賢主門閭念老親絳袍依落日青簡荅高旻一代文章盡吁嗟天地屯

山居喜徐子徽之毛子大可單子昌其見訪　前人

不遣此花發因能令客來肥蝸欣有潤饑鼠傲無猜饞手搰新芋狂奔逐古苔浩歌誰得住明月下空臺

蕭山道中　朱彝尊 秀水

古樹參差暗春禽旦暮鳴東西開水市高下築山城翠竹千家靜清江二月平昔賢栖隱地巖壑有同情

歸次西小江行舟被捉夜宿蔡村田舍二首　前　人

石壕逢小吏日暮捉人船斷續清江樹溟濛細雨天一身無倚著三命苦迍邅亟把迷津問蕭山何處邊

野老原頭立逢迎禮數增江村寒抱被茅屋夜張燈兵革愁何極桑麻話未能爲言官道近一舍是西興

同徐徽之毛大可諸子飲王自牧三畝園時大可久游始歸　蔡仲光

三畝畫園扃環池巖岫青酒廚思中聖秘笈好談經毛遂游將老徐陵議可聽小山何亂隱此地任藏形

山行過美施閘二首　毛奇齡

西子湔裙處行人喚美施山花鴉子髻浦竹女兒祠教舞宮城豔吹簫里社思苧蘿村祠西子

爲穀士至今山下水流出似胭脂

水碧如漂鏡山青似洗妝柴門啼鳥細村徑覆蘿長零雨浣紗石繁花走馬岡當年教

舞去祠下換衣裳

壽蔡貞女詩 有序

前人

蔡貞女者予里蔡青蓮君女也許配山陰余孟宣未及婚而孟宣病殂摽梅未

將叢蘭已敗貞女告其父素車請往往則賦兩髦而守志焉歌傳蔡婦嘗看芣

苢之花弦斷中郎不辨鴛鴦之線予故撫貞女之木而流涕彈思歸之操以傷

心兄孟宣家有忠節翰林赴水謁帝蒼梧明府歸田攜朋白社遂因貞女之五

旬謬踵高賢之四韻雖知無當於雅歎聊以紀予之里吟

乍作余齊室眞成蔡宋賢三春垂嫁子五十未亡年衛女流泉操貞娘茂木篇彈琴稱

壽酒泪落一觴邊

蕭山

厲鶚 錢塘

喚艇晚來急天陰雲欲凝樹紅迎北幹江白隔西興賣橘山家賤歌菱越女能東遊興不淺篷雨響疏燈

五言排律

唐

渡西陵十六韻 并序　　李紳 籍待考

七年冬十有三日早渡浙江寒雨方霖軍吏悉在江次越人年穀未成霪雨不止田畝浸溢水不及穗者數寸余至驛命押衙裴行宗先齋祝辭東望拜大禹廟且以百姓請命雨收雲息日朗者三旬有五日刈穫皆畢有以見神之不欺也

雨送奔濤遠風收駭浪平截流張旆影分岸走鼙聲獸軸衝波湧龜艨噴棹輕海門凝霧暗江渚溼雲橫雁翼看舟子魚鱗辨水營騎交遮戍合戈簇擁沙明謬履千夫長將詢百吏情下車占黍稷冬雨害粢盛望禱依前聖垂休冀厚生半江猶慘澹全野已澄

淸愛景三辰朗祥農萬庾盈浦程通曲嶼海邑媚重城弓日鞬櫜動旗風虎豹爭及郊揮白羽入里卷紅旌愷悌思陳力端莊冀表誠臨人與安俗非止奉師貞

淸

送毛檢討奇齡還越　朱彝尊 秀水

一舸全家去層闉別袂分孤生倚知己衰老感離羣晚雨千門散新泉五牐聞花光晴澹沱峯翠遠氤氳祖席愁帆影回塘鷖水紋語多兼往事觴罷判斜曛少日偕簦笠遺書索典墳扇邀王內史舞起謝將軍夢筆橋頭月捫蘿磴口雲徵歌依趙瑟漬墨灑羊裙午爨柯亭竹秋眠蕙帳蚊俄驚鄰笛弄頓使酒船焚失路栖淮浦逃名適女濆易穿東郭履慚勒北山文燒尾同華讌傳甘並紫粉四聲研沈陸六義續河汾闌藥園官送朝衫小婦熏香奩詞悵悵錦瑟淚紛紛爲折章臺柳翻辭祕省芸空林憶猿鶴舊社返榆枌到及湘蒓美閒看越鳥耘朋簪存笥滿麴米注牀醺宰相陶弘景神仙鄭巨君行藏應自料不用問靈氛

西江塘即事　張文瑞

往者頻遭劫潮來不可當九鄉愁汩沒三縣忽溟茫白紙催畬米青苗補旱秧大災仍洊至比戶欲流亡慘目驚重見同舟好細商均田攤手實列辟會衣裳協濟依成例經營就故疆游楊先立政山會幷輸將克水多培土私墾自裹糧高卑因地勢修築預農忙若以鄰爲壑眞成燕處堂蚩氓難喻曉智士漫譸張受任人殊少因循禍未央長思痛定意何以保金湯

七言律

宋

送蕭山錢著作　王安石 臨川

才高諸彥故無嫌兄弟同時舉孝廉東觀外除方墨綬西州相見已蒼髯靈胥引水淸穿市神禹分山翠入簾好去弦歌聊自慰郡人誰敢慢陶潛

乾隆志按語蕭山舊志宋時解試姓氏無考錢著作及兄弟同舉無從考證兹於王臨川全集檢得此詩虬鱗片甲宜共珍之以爲考古之一助

藏春塢詩獻刁十四丈學士　前人

菻山東渡得林邱邂逅籃輿亦少留今日更知萊氏隱暮年長憶武陵遊欲營垣屋隨穿斸尙歎塵沙隔獻酬遙約向吳亭下路春風深駐五湖舟

乾隆志按語菻山在蕭山境内宋仁宗嘉祐中刁約守越州荆公獻刁十四學士即約也舊志蕭令郭淵明傳既載太守刁約郭蕭山厭民望語又稱郭爲甯宗嘉定中任以此詩證之益知其誤

蕭山　陸游山陰

素衣已免染京塵一笑江邊整幅巾入港綠潮深蘸岸披雲白塔遠招人功名姑付未來刼詩酒何孤見在身會向桐江謀小築浮家從此往來頻

元

蕭山秋興二首　鄭洪永嘉

闌干曲曲倚西風桂樹懸秋月正中千里功名憐櫪馬百年身世媿冥鴻天垂南斗星猶北江繞西陵水自東撫罷吳鉤雙淚落飯牛捫蝨盡英雄

雙杵孤砧擣客心野雲江樹障秋陰越王臺上青山小賀監湖頭綠水深負郭已無田二頃傳家那有橘千尋臥龍只合南陽老梁甫愁來莫浪吟

兩山亭留題　　張昱廬陵

馬頭曾爲使君回北望新亭道路開於越地形緣海盡句吳山色過江來英雄有恨餘湖水天地忘懷入酒杯珍重謝家林下客玉山何待倩人摧

明

蕭山任氏山堂　　劉基寓賢

新堂結搆倚巖阿地僻無譁樂事多日上黃鸝鳴翠竹雨餘紅鯉躍清波消除暑氣憑松柏舒卷烟嵐任薜蘿珍重主人能愛客衰顔聊復爲君酡

宿賈性之市隱齋　　前人

今年冬雨不作雪屋頭鳥聲渾似春絕憐草色綠鋪地可愛梅花白照人時物已迎新歲換交情空向異鄉親忽思昨夜殘燈裏錯認還家夢是眞

題丁節婦母子　蘇伯衡寓賢

自從烽火起山阿玉碎珠沉奈爾何母志不慚唐竇氏子心寧負漢曹娥荒祠月落溪流咽宰樹雲寒野鶴過太史合收歸汗簡高風千古激頹波

次韻蕭山友人　王禕寓賢

長憶蕭然山下縣去秋爲客日招邀夕陽玄度飛輪塔曉雨文通夢筆橋搜檢蟲魚窮爾雅咏歌草木續離騷舊游回首成凋謝莫遣音書似路遥

登吳越兩山亭　魏驥

兩山紅葉受霜初蠻觸爭雄感霸圖僅喜臥薪方報越誰知嘗膽又吞吳荒臺麋鹿西風老古堞牛羊夕照孤屈指於今已千載登臨容我酒頻沽

舟發湘湖抵峽山書事　闕名

一棹薰風趁曉涼平湖如練接天長蒼松掩映楊蘄嶺黃竹依稀范蠡塘柳下樵夫過弛擔波心漁子去鳴榔鐘聲忽聽來林杪不識招提在上方

儒學二齋落成　魏驥

雕梁彩棟擁華榱感激賢侯不易爲綠水繞門堪洗硯青山入座可題詩牕虚暑退涼生日几淨宵長月上時雅稱明師與良友切磋經史正相宜

登獅子山　王守仁餘姚

殘暑須還一雨清高峯極目快新晴海門潮落江聲急吳苑秋深樹脚明烽火正防長騎入羽書愁見朔雲横百年未有涓埃報白髮今朝有幾莖

挽何孝子邦植　蔡璧

北斡俄銷貫日虹春秋經掩縹囊空生前不愧稱男子泉下何慚見若翁芳草和烟愁結翠野花泣露淚流紅英魂知化爲啼鳥猶怨凄涼夜雨中

望湖亭在淨土山今廢　蔡友

望湖亭上望湘湖景物天開似畫圖兩岸好山青嶂列一泓新水綠羅鋪芰荷香裏蓮舟小楊柳陰中釣艇過滿路松風吹酒醒歸來不用倩人扶

西江塘紀事為邑明府韓康先作　　來集之

城西西畔即湘湖小舸行看江水紆三折勢雄傳白馬兩峯遥望下飛鳧籬花盡散村光麗隴麥將秋野屋蘇共說使君好洒落不隨車蓋不攜廚

清

城西樓秋望　　張遠

山城樓接越王臺秋杪遥瞻朔氣來閩徼霜威凌草木海門潮氣撼雲雷東征驛使誅求急北望親朋歲月催不是登高能作賦縱非王粲得無哀

城山懷古　　前人

句踐祠前日欲晡捫蘿曲磴問雄圖身棲絕嶠偏存越計就孤臣欲沼吳一自烏鳶辭浙水遂令麋鹿入姑蘇憐今散作花臺雨西望迷離暗五湖

登茌山祠　　毛萬齡

層峯如幟面波濤神廨耽耽氣象遥虬捲靈旂翻絕壁虹開複道引迴橋吹笙雨細零

山檜伐鼓天高上海潮最是春風寒食後千村賽社樂漁樵

過楊魏二公德惠祠　前人

先賢輝奕舊書堂門對澄湖水滿廊俎豆不離蕁荇潔黍苗時帶芰荷香畫甍近檜巢山鼠繡碣生藤齕野羊我欲登堂問遺澤車書何便兩茫茫

苧蘿山　單隆周

萬仞胥臺今在無苧蘿猶見一峯孤石留紅粉延朝旭江帶春紗繞綠蕪舟畔鳥鳶休戀越樽前歌舞解吞吳諸侯策力空相逐誰信裙釵起霸圖

龕山　前人

浮圖航塢太崔巍東有禪龕是翠微列嶂忽如長劍倚繁雲常伴白龍飛高臺吹火窺鼉嶼尙父開營挂錦衣山上有烽火臺相傳錢武肅王嘗屯兵於此漠漠瀰天時騁望蘆花飄盡雁鴻稀

五言絕句

清

苧蘿村　毛奇齡

西子吳宮去溪邊少浣沙綠蘿相伴女空自貌如花

苧葉風吹白蓮歌水面寒前溪花滿地不敢過溪看

七言絶句

宋

臨川亭　林希未詳

山川圖寫幾時休再過蕭山歲已周客枕夢東南又北此身大似一虚舟

明

送任原禮　高啓寓賢

鳳凰臺下一帆歸秋雨秋風滿客衣黃菊到家應落盡西陵斜日閉園扉

龕山凱歌五首　徐渭山陰

縣尉卑官祿米微敎辭黃綬著戎衣賊中何事先寒膽海上連年數破圍

短劍隨鎗暮合圍寒風吹血著人飛朝來道上看歸騎一片紅冰冷鐵衣

紅油畫戟碧山坳金鏃無光入土消冷雨淒風秋幾度定誰拾得話今朝

無首有身祇自猜左啼魂魄右啼骸憑將老譯傳番舞此地他生敢再來

旗裹金瘡破朔風軍中吮卒有吳公更教廝養眠營竈自向霜槽餵鐵驄

乾隆志按語府志嘉靖三十四年十一月會稽典史吳成器力戰大破倭寇於龕山詩故有縣尉及吳公等句

苦風 有序　丁師虞

原擬念三日從水底起工俄而飄風愁發寒透重衣夫役苦之口占一絕

西江春漲水平坡令轉祁寒咨怨多爲向馮夷聊寄語無令妖鱷弄風波

清

暮登西興關樓　單隆周

關樓遙控海濤飛客舍凋零禾黍稀幾處村烟數聲角西陵千騎一時歸

詩餘

明

百字令 乘潮晚渡　　來集之

飛颿輕快乘晚渡豈知孤如一葉渺渺無垠檣櫂外瞠目亂山層疊風皷潮先浪催潮後潮到眞雄捷吳兒千個個個開船延接　我乃放乎中流平生仗忠信臨危擊楫百攙千支喜柁夫信手從容中節似沒仍浮幾顚又定欹側還安帖須臾到岸回頭又覺天闊

子胥怒氣亙萬古想見英雄本色浩浩江流平白地捲起狂濤千尺白練翻魚銀花濺鳥雷皷驚蟲蟄錢王射弩秦皇空自鞭石　眼見吳山影裏興亡經幾徧故宮寥寂東漲西坍最很是兩岸潮朝汐夕與月盈虛隨風進退定不差時刻素車白馬此恨如何消得

雨中花慢 雨中自排馬湖歸　　前人

全未分明疑水疑山望中一片平蕪看蜻蜓軟翅蝴蝶霑鬚翼重鳶飛忒忒肩寒鷺立

趄趄笑新詩口滑墨氣浮天罩定葫蒲　前村未遠吾廬閒在廬中貯有琴書渾未識茫茫身世一半含糊往事迴旋若夢新懷歷落多疏旁人若問元眞何處多在重湖

清

長相思 泛舟西小江即事　毛奇齡

一橋低兩橋低棗樹灣頭西復西江深雨欲迷　早烏啼晚烏啼兩槳歸來烏未棲相逢半路溪

霜天曉角 同丁大成史憲臣徐徽之蔡大敬來成夫登望京門樓　前人

平沙十里滾滾江潮水橫下秋鷹如削短草岸朔風起　欄杆人共倚舊關何處是記得西施去路殘陽外碧煙裏

賦

元

蕭山賦　教諭趙子漸

粤若蕭山之形勝也雄哉偉乎分巒峙句踐之役長江界吳越之區浮虹跨山陰兮其
程縈乎諸暨漁川指春江兮其源出乎桐廬都三八而歧分兮鄉十五而環布西陵通
南北之商古驛候往來之使亭竈課煮海之程鄉民羨湘湖之利或蠶絲以資生或力
田以輸賦若乃縣署爽塏市井周匝車馬駢闐縱橫阡陌上下之岸人烟囂雜東西之
橋盤販雲集土產所宜品類不一春波漾湘水之蓴秋霜染固陵之橘夏里瑩點朱之
櫻佳山坼如拳之栗給長山之薪炭利小江之舟楫廣鳳凰之竹筍襲兔沙之紙角穀
雨采茗山之芽端陽劚仙巖之藥羅東壁之野雉拾龕山之海錯名園貴水仙之花市
橋品淵明之菊均大小之興販資富貧之可給且夫習俗奔競詞煩案牘明宰廉勤解
求民瘼爰集俊彥起廢興學晨昏閭里弦歌聲續至若境界蕭爽風景或殊騷客宦游
寄隱於茲江寺表文通之第許寺著元度之居夏暑造竹林而借爽春晴訪桃源以追
娛至如名門望族衣冠赫奕仞牆環待制之府茂林隱尚書之室王庵崇侍郎之墓重
興鎮徵君之宅荊榛荒厲帥之址莊園積史官之粟矧興廢之或異諒地靈而人傑彼

科第之文人紛宏達於今昔嗚呼江山險阻兮古越故疆人才淵藪兮夢筆故鄉偉衣冠之塵蹟兮茲感慨以成章

明

蕭山水利賦　　邑令王聘

蕭山水政敝也久矣適我監司朱公夙夜諮謀荒度底績土用作乂水歸其壑民以數寧聘忝下吏承休讚德作賦以敍賦曰漫餘暨之作邑跨東越而稱雄生阜所鬱茂百城而晻藹水陸所輳萃兩浙而豐隆大江奔騰泙湃而環其外湘湖浩漾長河縈紆橫亙而豬其中嗟錢塘之瀠滯旁通婺睦之萬水儵春夏之淫澇濫奔潰而未已或胥臣怒而揚沃日之濤或天吳吼而蕩頹山之汜矧鏐箭之西射陽侯避而東逝吁茲邑之衝鋒如貔貅百萬之方至鉤援輣車塞川蔽野而我以孤城腹膺其虛駭形勢之若是那生靈之免魚化歷陽波濤之壑蕩蒙古龍蛇之墟茲蕭邑水害之當驅除者也維湘湖之澄泓仰龜山之芳蹟瀦萬頃而爲淵滋五稼以流澤雖師曠奏清徵之歌而三年

草枯公子發仰天之嘯而千里地赤於是漏其遺波蘇槁荄於九鄉洩其餘瀝蔚穎苗於萬陌何必魯國焚巫邀龍宮之降雨樊君設奇灑蜀都之飛墨至於長河連屬江湖控引南北經營乎州都徑復乎四域蓄洩波流旱不竭而澇不盈通融舟楫往者過而來者續茲蕭邑水利之當修復者也維公智行無爭謀圖有成西洛神龜啓元營之秘蒼昊玉女援疏導之經嗤周丹之末工誚劉彝之多拙錫玄圭於燕臺按水利於吳越厥庸丕哉繄蕭邑言之築西北二塘以捍江潮之虐兮則乘高如虹用子瞻之功覆釜如山試廷俊之奇而崚嶒鞏固可以遏洪流之險巇修石巖諸堰長河諸閘臨浦諸壩以沃湘河之壤兮則隄防孔固陋女媧之積灰啓閉惟時法文莊之遺制而吞吐輸納可以沛百里之霑濡岷庸遠於沈溺愁於灌溉降邱宅土野有來蘇之歌化凶爲穰室無懸磬之害彼茂陵之雄傑兮力回天而倒海斬淇園之萬竹兮窮南山之崔嵬竟莫能塞瓠子之方割徒投文而寄慨惟姒氏之神聖障九川而寧坤輿叱鼉鼉而沈困鞭蛇龍以放菹地平天成兮黎民奠乎厥居維公之遐軌兮藐異代而同譽某屬馭於末

乘兮觀河洛而思烈吾將獻兹於太史兮與夏貢乎同書

清

白石榴花賦　　毛奇齡

爲二傅夫人姑婦作也邑文學蔡一蕚與子士翹俱早死二夫人爲守節

太山之旁魯女有獨榮之木焉洞庭之濱湘君有犒璘之竹焉若夫城南蔡氏之婦橫山傅室之子杜預曰女子在室父天故稱室姑婦並孀不雙而處年少執節矻軻爲久既寡衣𧈢終鮮親嗣比次室之嫠並任咸之婦其庭有石榴素質縞衣翩然而茂相對感發若有知解雖經易居仍灌左右有猶子仲光修名秉志獨居之賢者也爲詩歎曰婦姑存至性草木類人情輯曰孀居不記歲曾見幾枯榮時聞之者莫不仰視石榴俯隕涕淚其友毛甡淚下如泗况夫石榴者本王母白雲之根爲漢使銀河之載同蒟醬而來歸異蒲萄之可採固蜀都之饒奇製兮亦塗林之有變彩將移紬的於東園兮發青房於西海雖夏侯所不得賦兮孰傅玄之能解若夫陽春初謝之時暄風乍來之際嗟青蟠之轉天

笑紅英之墮地林鵲無改調之思山蜩有高吟之意陌上之桑自求墓門之梅如棄逢大夫而罷之惜使君之多事於是綠蕒已坼碧葉方吐翠茸成團縹蔕如乳條柯漸苞輔蘂衆夥冰綃細疊霧縠漫裹緬霜姿之皎皎兮美玉質之瑳瑳垂皓帶之連蜷兮拔練裳之婀娜分銀勝於釵梁兮散珠翹於鬟朵經烈日而罔顧兮轉輕霞而未可莫嫌六月之懷冰兮空道雙鬟之如火至若大麥小麥婦姑未收采茶采苢夫壻焉求貴嬪以鬱金爲頌令嫻惟薑橘之羞莫不心感芳華意傷娓葉中藏蔚英外鄙煜爗韓朋之木未連焦仲之蒲可接吟松同林下之姝采苦過山中之妾獻武陵而六實皆虛薦趙郡而百子未合何況種當櫺檻開近鞦韆弱榦窈窱叢條蔓延花邊得路葉隙窺櫓一榮一落十年五年澤銷香莞塵縈翠鈿淚盡暑雨思爲朝煙蕙帳未啓苴繩暗牽釘無粉絮絎有衣緜齊紈本素秦珠不妍睹蘢蘢之隹木兮實有似乎貞賢渺物類之相感兮每攀條而泫然上枝既不能汚兮下枝復不可搴非匹蝬之所近兮何孤鶬之足親思白楡之宛在地兮痛黃姑之上天徒望秋之有實兮心已碎乎珠盤信予情其芬且

潔兮吾見斯花之可憐

序

清

蕭山僱役厚案碑序　來集之

宋元祐間僱役之法不獨司馬氏與王氏異議卽蘇氏亦與司馬氏異議豈同爲君子而意見不同與蓋利在一時弊在千古利在千古弊在一時此不可以口舌爭也吾蕭地居江海之介路當南北之衝其民苦水旱苦寇盜而最苦於徭役天啓年間邑宰劉瀇星始行僱役通詳上臺批允勒石顧便於民而不便於胥役不便於胥役卽不便於官也久之遂格不行而民且重足而立盛朝定鼎之初軍興浩繁物力踊貴上下其手者擇人之肥而食之於是無恆產者上之爲胥役下之爲寇盜有恆產者上之爲縲絏下之爲敲扑嗟乎蕭山之爲士爲民者身其無完膚矣於是有邑宰以計畝僱役爲便民而議行之又有邑宰以僱役已載成書今更計畝僱役是爲加派而議禁之豈同爲

君子而意見不同與審於時變束於功令要其爲愛民之心則無不同者同社諸子慨然念之以爲此不可以口舌爭而亦并不煩口舌也臚其士民呈告之詞并前後批詳之語彙編付梓一開卷而孰爲利孰爲弊孰爲千古之利弊孰爲一時之利弊一一了然豈獨呑舟之魚無所容上下之手哉

狀揭　申文

明

何御史舜賓復入縣志揭　　何世復

故父何競邑諸生也故祖御史以清復湘湖水利爲縣令鄒魯阨絶道路湖怓本境身沈異鄉故父力爲報仇置魯重辟百年史録已載實事三修志書均爲立傳今蒙本縣重勒縣志而妄者陰肆刊落至於湘湖之下則書曰弘治十二年邑人奏聞云云夫復祖之死死湖也公之訟訟湖也此湖之所以復也不潔書父名而改曰邑人則用心刻矣且夫復仇者雖人子所不顧聞然君子立教卽嘗以此爲激勸亦曰奬忠臣所以教

忠矣。獎孝子所以教孝矣。故李唐張瑝、張琇、梁悦爲父報仇，綱目書之；魏邑人朱恭明父爲烏傷長陳頵所殺，而刺殺頵子，史册不去。凡以爲人理所在，不可泯也。彼獨無人理耶？原其設心，但以爲迕長吏耳，殊不知春秋之義，父不受誅，子復仇可也。是以楚平王，君也，子胥鞭其尸，而後世不以爲非；趙師韞，縣尉也，元慶刃其首，而先儒以爲得禮。若父之與魯，以禮爲不共之仇，以律爲謀故造意首論之惡，况魯已去任，非本管也。父執其仇，非推刃也，豈以毆長吏而非之哉？夫不忘仇，仁也；能報仇，義也；居心卽慮以剸仇之胸，勇也；束身歸罪而不奸擅殺之律，智也。一舉而四德備焉，父誠君子所許者。故大理評之爲報仇，司寇題之爲孝子。藉曰不然，則使伊人者身處其地，將忘親以事仇乎？抑猶未乎？夫論在千載，書不足重，不書不足輕，特人子爲親不容緘也。原注：時嘉靖二十三年郡下牒縣學訓導楊鋭等執結云：故御史何舜賓恢復湘湖，一人殺身，九鄉受惠；故生員何競爲父報仇，洒恨已往，垂名將來，允合補傳，無忝作册。

世復揭曰：故祖何舜賓監察御史，久入縣志，屢修不刊，而賕官罷閑，妄以其父冒濫攙入思名臣行數，方幅有限，遂刊去復祖，溢入伊父，殊不知伊父以貪暴去官，計典昭然，未可溷也。若復祖爲諸生時郤補餼廩及登科甲兩辭坊銀其爲行人則著聲蜀府曾建皇華清節亭於成都其爲御史則抗節京畿復樹南臺風憲碑於白下徒以迕勳戚而致謫攖豪吏以殺身豈嘗有纖微之跡可爲國法簡稽者耶是以屈平沈而楚戸哀思范滂死而漢人隕涕且其所爲殺身者非無利於邑人者也百室享其利而一行不使存其跡以情而言固爲刻酷若夫是君者又名教所難容也父既叢釁子復貸惡昔者狄梁公爲魏州刺史人已立祠及其子景暉作魏州參軍稍行汙虐而梁公之祠頓爲人毁今其父之行羞比梁公是君之惡浮於景暉縱有故載亦應芟薙矧本無是也孟子云殺人之父者人亦殺其父於此緘默非人子矣痛予孝之不終每顧名而思義復名具在尙其鑒之原注時隆慶二年一作嘉靖十六年縣學公議諸生毛瑚等由化各都里老孫寶等皆執結直其揭仍去改入傳立御史傳見翁文縣志補遺今攷萬歷以來各志並無御史傳豈又爲奸民刋去耶乾隆十五年重修縣志以御史父子標名史冊各爲立傳入人物第一卷世復傳見人物第二卷

分別花光山稅申文

邑令劉會

萬歷十二年五月蕭山縣知縣劉會爲申豁無名山稅以復成法以甦民困事本縣受

册山總計一十一萬六千四百餘畝每畝科鈔若干共銀若干山無異名稅無別稱此
國初舊制也後因兵亂丁耗差役不敷議將前山分別花光以潤厚植竹木者爲花山
自六都起至十二都止以瘠薄不堪封植者爲光山自一都起至五都止自十三都起
至二十四都止光山無利樵供猶難故依舊科鈔與舊制不異花山稍利人喜爲力故
以五十畝而折一丁派銀一錢六分零不復如舊科鈔之例二項各梓成書著爲定則
此則嘉靖二十九年制也因後老人孫寶稱縣志所載之山多於成書呈請加派爲是
遂於花光山内共增五萬八十餘畝求滿志中所載之數因名曰浮山一體折丁如前
此則萬歷九年制也照得賦役版籍國初爲定内無新增外無新收則舊額百世不易
也縣志不過紀事易至舛誤成書按據黃册似應的確當時申請本司查發成化八年
册總比對相同安得謂成書山額尚有五萬八十餘畝不足乎此浮山之不當增也明
矣且志載山多五萬八十餘畝是矣何科鈔僅銀一十五兩五錢乃不異成書成書所
載少五萬八十餘畝是矣何科鈔亦銀一十五兩五錢不異縣志山有多寡鈔無增減

以此推之志於銀不誤山則誤無疑也此浮山之不當增也又明矣况浮糧之稱本於田地崩陷無在只緣册籍未除姑以浮名之未聞原額之山畫野分區截然齊一乃創制立設而託之以浮也此其妄昧無稽浮山之不當增也又明矣彼老人孫寶者不過喜事生端借公用私以投所好耳該縣追徵覈詳前項鄉民俞相等亦於萬歷十年間呈豁前因反覆故牘眞僞明白荒山折丁的因戶口流亡之故方今人物繁盛丁旣復舊山宜如初但本山頗利以五十畝而折一丁爲銀僅錢六分計之每畝銀不過三釐有奇於稅甚微爲力易辦嘉靖年間行之經今四十餘載圖籍確定民習其故况稅出於山法非無據雖爲折丁之名實爲科山之說何者莫非王土也若浮山五萬畝者借無爲有飾僞成眞縣志既不足憑孫寶尤爲影響山上加山稅外增稅原非惟正之供大爲國法之玷合無將五萬畝盡行除豁花山原額五萬八百餘畝之外增入四萬九千五百餘畝者悉去其浮餘則依嘉靖續供之例照舊折丁光山原額六萬六千六百餘畝之外增入一千三十餘畝者悉去其浮餘則依國初五則之例照舊科鈔原在書

册刊刻已定一時欲便更改似爲紛張無漸斷自今十二年爲始就將浮折免派候下次造册盡行除出改正庶上不失中正之成法下無拂輸納之常規即今日通裁之宜似經久可行之道爲此具申督院蕭批據申詳明依擬浮山候下界除豁

清

請行滾單申文　　邑令鄒勷

蕭邑歷任催徵惟專比現年專差衙役爲害不淺當此衝繁極疲之邑三空四盡之時雖不能寓撫字於催科亦應體輿情於博採紳衿公議皆稱前按院牟滾單之法亟當循行因查滾單之法現年造一滾簿於每甲每戶開實征銀若干初限若干次限若干又給小單一紙照滾簿內開明現年分給各戶俾其照單赴納完糧即繳不必候比不受需索之苦不爲包攬所欺如開徵之後初次未完者一圈繼此二圈再加一圈是三圈已一月矣一月之外分毫不納方行摘拘以一儆百自是而各甲之花戶止令其遵依四月完半十月全完之部限陸續完納即便了事若夫各圖之限年分單傳知催比

不及眞所以寛現年而儆玩戶也兩載已收成效錢糧俱已全完是不敢不以此爲永久之法伏候憲裁

書議辨說論

明

上楊邑令書　王三才

敝邑三面距江潮水湍激北海一塘最爲民害塘壞水溢蕭之受害者僅鳳儀等兩都而其水直注於山會等處與蕭之上都毫無干涉蓋水雖湍甚未有逆流而上者倘恐內河滲洩則於新林地方築一土埂不過彈丸可塞而內者不洩外者不入蕭之安堵如故何以塘爲特以地在我蕭勢難坐視故山會往往推委攀扯顧煢煢蕭民自救不暇安能竭自己之脂膏爲他人塡巨浪乎累歲小小土築費已不貲隨築隨塌民窮財盡則工築之無益明甚民力之不堪再舉亦明甚惟望主議題請創建石塘悉發公帑不煩民力是爲上策若欲計畝而派應相地形之高下酌被害之重輕而大爲低昂其

間山陰作一股而會稽與蕭山作一股庶爲平允況北海之患原無涉於蕭而派修之費獨重於山會誰則甘之敢僭陳其概若此其中曲折自有通國之公論在

議復協濟塘工事宜　任三宅

耆民汪源等因連年修西北二塘責重塘長而空名應役漫不經心以致漸成大患愈難捍禦呈院乞將附塘殷實戶丁報充塘長十二名每名即於帶徵七分之内取給工食七兩二錢量分塘岸著令巡管遇坍便修如遇風潮叵測縣照例分築而宅以爲未盡善也夫北塘之所禦者海也海沙旋漲輒十餘里潮遠不及而塘自不坍往歷數十年可以無議修築迨海潮對塘一衝則沙泥蕩漾而塘即潰壞延袤幾千餘丈爾來頻年修築官費其一民費其十度支奚下萬金即今名曰告成方且役民增補嗣今而後不知作何底倘海沙仍漲而塘果不坍天之賜民之福也雖不設塘長不給工食無害也倘潮又對衝而塘又決天之災民之禍也必非十二名之塘長所能支吾以捍禦也爲今之計廿二都廿三都附塘民居似不當概責以西塘之役止擇殷實遞年令其專

力分管北塘遇有線隙隨卽修葺猝遇風潮大患自當通力合築幷移山會協濟不可專責管塘人戸也

今按任三宅傳乾隆志列淸此篇列於明上意議時在明也

三江辨　　沈堡

三江之目傳記紛紛如孔穎達賈公彦班固郭璞庾仲初蔡沈韋昭皆各有所據韋昭以松江浙江浦陽江爲三江亦未確蓋昭所述乃吳與越之三江而非越地自具之三江也夫越之海口築三江城建三江衛湯守建閘其地亦仍名三江閘則鹹羊一線千載難刋而越人之生其地者皆忽忘之何也蓋三江者曹娥自嵊東來故曰東江浙江亙其西故曰西江而浦陽江發源於烏傷東逕諸暨蕭山之陰而直貫乎內地故曰中江而在蕭山西小江入錢淸處有三江口此其上流三江城卽其下流入海處也自磧堰口決浦陽與浙江合不分入內地俗人不曉其義欲改三江口爲三港而三江城之名竟不省所自矣酈道元北人未嘗身歷浙東故注浦陽一江自相牴牾舛謬尤甚不

知浦陽與曹娥異源而合流不可通爲一也然則浦陽名中江何以有西小江之目曰西小江者別乎浙江之在西而言之也浙江爲大江則浦陽爲小矣其三江城爲三水所匯而全力則獨承浦陽之流而障防之以浦陽貫乎內地所關尤鉅也

（乾隆志按語毛西河以蕭山三江口爲禹貢之三江載在刊誤然其說附會失據今棄毛而錄沈取其彼善於此耳）

清

西山禁伐木說

縣治來龍由西山發脈自錢江湘水衆山迢遞而來陡起石巖峭壁由西山一帶至西門城漕下有石骨生過起而爲北幹山至任家墳及小倉基渡河此河若遇旱乾見泉水一掬滴翠如藍足徵山脈所由來過岸西首爲繡衣坊高地計百餘武乃結爲縣治堂下一井天成石底豈非尙屬山足耶蔚葱佳氣實鍾諸此西山在縣治西爲屏翰堪輿說云白虎昂藏老人星見又云來龍切莫動一動多驚恐故先朝無斫木之事宦於蕭者多康强逢吉順治間派造寧波戰船令韓君昌先孫君昌猷相繼封斫皆不永年

趙君秉和亦爲戰船伐木旋被論去是傷龍脈之明驗也康熙二十一年採辦木植巡道王到縣親封令姚君文熊鑒前轍詢輿論面墾道憲凡西山前後樹木禁弗伐姚秩滿得遷是培植龍脈之明驗也二十二年令劉君儼甫任奉造戰船士民具陳利害卽蒙停止恐後之涖蕭者未悉本末因詳記之

今按此篇乃乾隆志錄舊志文

羅家塢禁採石說　闕名

縣治之龍脈自富春白洋山起迢遞委折至百藥石牛乳溪諸山抵上都西山尾穿江渡脈起義橋傳家山又穿坂過楊岐壓烏諸山前分文筆峯一帶以爲右掖後分青山一帶以爲左掖而石巖巍然特峙於中蜒迤十里至西門石峯降脈落車裏王平地一突翻身逆入以結縣治則石巖迺縣治龍脈所關非淺鮮也石巖西北有羅家塢石質堅細近塢居民採石爲臼爲磨旋奉禁約稍止故無大害近則豪家據爲利藪出重資開掘百十爲羣不數年間遂使高岸爲谷年來涖茲土者少陞擢膺選舉者無顯宦鑿

傷龍脈之驗已大彰明較著矣賈誼有言迄今不治必爲痼疾後雖有扁鵲不能爲已此誠剝膚之災生其邑者固宜協力維持而官是邑者尤宜加意維護者也

軍船渡江說

明制每歲孟春發省營兵二千防汎用船載至曹娥取諸里甲船不足掠山會客船補之甚妨船戶商旅嘉靖中令魏堂以西興鎮爲停舟要會編立八埠船總董率厥差然船戶多山會人去留靡定計可叢出萬歷九年令王一乾與山會公議船駕蕭山營趁應代蕭山載兵然必專有所屬然後能稽其弊而各船必投店戶貿易識認乃立一十四家以管攝之令其公報船戶姓名編册貯縣乃置木牌一十二面居民九十六名輪班總率縣以號票給之驛驛給之總總給之店戶店戶給之各船戶按月輪值間年一差不應差者營趁自若而從前取里甲掠商旅之患皆息官民兩便永爲定例

今按此篇乃乾隆志錄舊志文

防山寇論　吳元禮

蕭邑在吳越時固戰場也三國王朗隋高智慧唐董昌劉漢弘皆戰於茲境蓋治則修
文而亂則尚武勢固然已聖朝聲教覃敷時雍風動率土歸懷誰復有狡焉思逞者然
安不可忘危治不可廢武蕭邑之勢西則長江天塹而省城護之東則曹娥界其外而
府城衞之兩境可以無虞北瀕大海嘉靖海寇大作敗於鱉子門又敗於新林丁村後
盡殲於龕山海寇絕迹今鱉子門等處設兵防守尤爲鞏固北門管鑰可無虞焉惟南
接富陽諸曁崇山峻嶺深林叢箐藏垢匿慝不可究詰彼處高我處下彼民悍我民弱
彼力併我力渙一旦有警蠢然先發蕭能獨支乎康熙十三年閩逆震動富曁接壤間
依山傍澗聚衆而剽掠者不可勝數蕭邑南鄙之民反從而導之所以肆行無忌也是
年六月曁頑率衆數千建旗轟鳴金鼓聲言欲屠蕭邑邑大震適王師征閩從蕭達曁
遇於蕭之黄公鬧部將出戒曰汝避吾不汝勦也言未畢身被殞焉大帥怒遂逐其醜
類而殲之此蕭邑所以能安享太平也嗚呼前事之鑒後事之師使曁頑不爲大兵剪
滅蕭何恃以無恐乎今富陽入蕭之路由田村入和尚店以及大橋諸曁入蕭之處由

桃源黄公閘以及尖山大橋族富且丁衆據山阻澗有練總有鄉兵器械精良人力驍健洵足當西南一面矣尖山等處水陸交衝山蕭連界所當戮力同心倣大橋之制而立爲團練庶足爲東南藩蔽也綢繆未雨之思保境安民之策望於後之司民社者

今按此論富陽入蕭山之路第説蕭山西南陸路之大概兹考長山鄉由富入蕭之路其要道有二一從富陽龍門過石板嶺則由田村而入樓家搭以及河上嶺一從富陽大源過黄嶺則由黄嶺水閣二莊而入樓家搭以及河上嶺此二道爲行兵必經之路遠若吴越黄漢之變近若洪楊之亂歷歷可徵職任防禦者幸加之意焉

碑記

明

西江塘條約碑記　來宗道

浙潮東注患莫大於西江山會及我蕭當西江下流之衝每春潮漲發則怒嚙奔潰迄

無寧歲蕭邑派戶抽丁稅畝徵役累年費以數千計然耗於儈漁者十之三沒於包攬者十之五核計工料十不得二三夫以不貲之財飽儈冒之腹塘仍虛也患坐是益甚海漚余侯來令蕭親往勘周閱者再四喟然曰患不在塘而在築也於是盡革總管塘長與夫頭僱役各名目選召邑耆老蔡三樂等監之時潮溢塘不絕如縷侯先捐貲買竹簖磊石以捍水患畝科銀四釐爲簖石之需皆取諸田之繫塘者他鄉不及也三樂等督工役維謹每簖用土石實其中稍疏則罅漏慮夫役之欺也躬往偵之又插柳簖側使柳根與土石綰結歲久而根益固隄益堅每一夫磊一簖石即畢一工有不用命者令以法繩之始於天啓七年三月廿四日畢於六月二十日又相度瀕塘項家缺大門曰小門臼等處坍地十畝五分捐貲五十金買土悉塡爲田以田租募長夫二名給以餼使守塘三樂所造義渡船兼令撐駕不得索渡人錢並誌之

清

胡節母孤墳圖碑記　　徐倬

孤墳圖者爲紹之蕭山胡節母而作也母姓沃氏四川敘州府富順縣縣丞胡其廉之
子婦邑庠生胡先春之妻太學生胡祿安之母也其廉生於崇禎間由福建長樂縣主
簿陞富順缺以道遠僅挈子先春以行時羣盜四起家鄉隔絕母謹事其姑任氏躬勤
紡績易甘脆以供孝聞族里子二人長肇新次祿安皆幼母課其誦讀竭蹶以資膏火
肇新稍長能治生嘗與弟痛哭請行尋父祖母以年幼弗許至康熙七年祿安私治行
李託言賈於江淮間再拜母與母辭遂就道艱瘁萬狀至富順遇其廉舊役問之驚曰
爾即吾故主胡公之孫乎初公涖吾邑摩呵小民若親父母焉適獻賊兵至公登陴慟
哭賊見其狀貌雄偉脅之降公曰我官雖卑亦朝廷所授豈肯爲豺狼低首耶賊怒提
其髮將斬之公猶喃喃罵不絕口竟殉節以死公死而公子亦死吾雖不從公死竊聞
公死狀受公恩唯恐公之無後而今幸矣祿安因號詢父祖骨所在役曰噫公死時骨
如山積夫孰從而辨之祿安復徧訪諸人悉如舊役言遂匍匐而歸告諸母母一慟幾
絕病十七年而卒時康熙甲子四月初二日丑時也距生萬歷甲辰八月初一日巳時

年八十有一卒至十月初八日辰時葬於湘湖青山之新阡繪爲孤墳圖請記於余余覽而悲之夫母當干戈騷擾之時獨守故廬以養以教俾二子至於成立孰料其夫之隨任罹慘變生不同室死不同穴一至於斯乎顧肇新身爲家督祿安跋涉數千里外則與父死難均可爲孝子吾於是深有感焉凡士君子平居語及國事艱難之日則必慷慨爲忠臣及身當其際位尊者戀於尊而不能死位卑者委於卑而不能死即死之而朝廷卹典或未之及久而湮滅無聞者可勝數哉其廉死位至卑也不特不聞於國且不聞於家幸舊役在而又遲之數十年幸一見其孫而告之亦可見忠臣之不易爲不易爲而爲之使後之人知忠臣必將有後者於母辛勤撫育之力徵之也其廉事今已載入富順縣志母獨無有表其節者爰書於圖後而誌之康熙三十一年壬申九月

翰林院侍讀徐倬拜撰

湘湖水利永禁私築碑記

毛奇齡

蕭山湘湖宋邑令楊公所開湖也公據熙寧大觀間縣民殷氏等有請築湘湖之奏而

下議未決公決議成之遂開此湖用以灌九鄉田一十四萬六千八百餘畝歷南渡高孝兩朝邑令顧公諱冲者以九鄉爭水度地勢高下定諸鄉放水之則算毫釐酌多寡勒石縣門因有劃堤斷臂穴水鈇趾之令而其後郭公淵明於嘉定之末來宰斯邑則益加疏濬凡湖傍山足尺寸皆湖所謂以金線爲界者謂山足黃土外皆湖水也自明弘治間湖豪孫全等漸起侵佔鄉官致仕尚書文靖魏公力爲恢復而御史何公舜賓繼之不幸御史被害孝子伏闕孝宗皇帝親遣給事李舉郎中李時大理寺曹廉同外鎮巡官反覆審理置孫全於辟敕邑令楊公鐸勒石湖口毋侵毋佃毋私築毋蝕水涘毋倚圩傍岸以漁以草以栽以畜犯則重者辟輕者釘發遼東衛永遠充軍載在實錄播諸誌傳彰彰也今康熙二十八年距向勒石時幾一百八十餘載恪遵舊制無敢越者乃忽以秋暵湖涸湖豪孫凱臣等糾集畚鍤一麾而千人聚不鳴官不暴衆築堤數里自湖西至東兩山之間横跨湖面而攔截之邑令劉君據水利衙報文申請而無如阻之者之衆也夫湖職蓄洩不職行走况兩山阨塞從非五達揣其用心不過爲風水

計耳夫兩山墳墓下有關沙可以動勢家巨族相助之心而實則倚圩而栽匯巖而漁
正曩時侵佔所由禁也夫湖分爲三其於上湖下湖不無偏曲然且放水早晚限有時
刻堤截水緩則於限刻最少者每有水未出堤而卽行閘止之患然而九鄉泄泄獨澇
湖蔣棫等爭先控告會郡伯李君初下車時惑於阻撓屢飭集議而卒之用予末議始
飭令剗削榜扭示衆而豪黨多力抗拒官法府復據縣申之藩臬二憲司藩臬二憲司
仍下之府縣剗削按律且爲之永禁以勒之石夫創始之難不如守成開之者一時而
爭而守之者乃在萬世第宋代敕法皆當事主之故洪武祀功尙有楊趙顧郭之祠建
於湖濱而入明以來則藉鄉官爲力持故弘治賜祠特勅名德惠以祀楊魏而其後何
氏父子得祔其傍今鄉人委蛇動多退諉築堤變制無一人爲之爭執而一二州縣守
令儻惑於豪强而動多變法此則生斯土者之一大患事也夫以宋世侵牟雖郡王之
尊招討之貴一丞尹持之而有餘而孫氏一佔卽極之尙書御史門生數世之恢復而
猶不足今遺孽復興幾壞大事及此不戒將何底止因爲布諸石而禁之如右若其禁

條則具見宋淳熙十一年嘉定六年明正統五年景泰四年弘治十三年正德十五年今康熙二十八年禁罰各例載湘湖水利志中

兩浙巡撫金公重修西江塘碑記　毛奇齡

浙江自姑蔑導坎歷婺州睦州以迄章安而陡作一折謂之浙江蕭山西南偏則折流之衝也其水北注澔汧抵所衝而詘而之西於是築塘以捍之以其地之在縣西也名西江塘明正統間魏公文靖躬修之歷一百餘年逮天啓改元秋潦水暴漲決塘而奔民之骴衣漂漂者相望千里顧隨決隨築不致大壞今則五年之間且兩決矣先是二十一年決二百餘丈山會蕭三縣盡成澤國鄉官姚總制捐貲修之至二十六年（舊志作二十五年六月）決二十餘丈急畚壅閒復決三十餘丈非前此墰堅而今墰疏也又非墰之者不力也前此北注濤濤以漸而殺其折也句而不矩句而不矩則水少力水少力則增防易固今則折流之西抱者有沙生脅間水之循沙而折者沙轉出則水轉益水轉益則向之挽彊以西者今徑矢而東而於是承之者以橫亙尺土當長江徑矢之衝初如

撞闉繼如擣匳下穴而上穨欲其墿之久難矣大中丞開府金公覘猶已溺一日檄三下舉三縣民生嘻嘻處堂者而公悉驚爲灼體剖膚之痛先審料形勢若潭頭若張家堰若上落埠若諸暨瀆若於池若大小門臼歷求其受患之故且務極根柢必以築老塘勿僅築備塘爲斷曰不見夫塞河者乎河之患未有減於江然而先之以石蓄石蓄者石臿也繼以楗楗杙也下淇園之竹以爲楗是也而後加之以籍籍者攟木而横之者也而後塡之以竹落竹落者河隄使者刳大竹爲落實以石夾船而沈之是也夫如是而工亦幾矣徒以老塘柢深虛擲民間金僅築備塘此黄葉止啼耳且棄民田棄廬舍何益自今伊始毋怙舊毋憚煩毋補苴目前而隳棄永久牘十上十反甚至集官民里老共議可否必各使心伏令畫押上乃衆議嚐然反謂築備塘便何也以爲河隄無正衝者旁決易補而正衝難塞一也且河身高於隄其決也隄耳此則江深而隄高隄亙於地抵衝者以地不以隄故當其衝時先齧其隄地而後隄隨之以傾方春水發隄地如蝙潭不特捧土難塞即塡以巨舟投以簖石隨濤而捲等於飄蓬故蓄楗之設但

施於隄而不施於築隄之地所謂不與水爭地其說二也且水能決隄不能決地地藉隄以禦漲水耳能遜地於水地不即渫則隄不即壞其說三夫江流有定而沙之遷徙有定乎沙徙西則西衝徙東則東衝築一定之塘不能抵數徙之衝保無東向之沙不仍徙而之西乎其說四要之皆非公意也是何也則以公意在久遠而順民之情則仍近於補苴也乃塘工所需有云得利民田者民利之民自築之蕭山得利田計十六萬畝而山會二縣計一百萬畝有奇則其利六倍於蕭然且蕭山地高而山會地下傾盪之害亦復不啻數倍天下未有利參而功慳禍重而救反輕者考之嘉靖間三縣通修曾無低昂今則山會合金僅足抵蕭山之一似乎畸重乃公復如傷爲念惟恐民力之或不足既已議輸四千金蕭山半之山會二縣共半之而公特倡率司道捐金二千却三縣之半計程立簿猶恐董之非人則其工不固且或來中飽之患復簡屬吏之廉能而勤慎者共推郡司馬馮君會馮君以淸軍兼攝水利遂董其事塘距水五丈底七丈額二丈高一丈五尺長二百一十丈有奇餘悉增庳培薄內桓而外殺甃之椽之諒工

役勤惰而親爲之犒計楗若干土若干篰與石若干自二十五年十月至二十六年三月凡六閱月工成夫方州大臣興利除害固屬本分然往往視爲故事遇修捍所關一委之都水聽其便宜從未有已溺已飢如公者且民利民築嚮有成例而公以冰凊之操却苞絶匭然且惟恐民力之或竭爲之割膃而剖腊以資於成繼此者可風已公諱鈜字治公別字悚存壬辰進士由翰林起家改祭酒歷按察布政二司使進兵部侍郎巡撫福建調煩爲今官頌曰

於越同利有如三江北流而折在餘暨傍馮修罶畱江婔洄湟緩地逆防民爲鯉魴我公仁愛宛如身創負土作埭捐金捍防前者策堰龜山仲房我公嗣興以頡以頏公之功德煌煌版章祇此澤闓一何汪洋沙漫可泐江隤可擋公恩蕩蕩千秋勿忘

永興道藏櫝碑記

毛奇齡

嘗考周官蜡氏掌除骴者遇客死道路則埋之而置揭於其旁大書歲月且縣其衣服任器於有地之官以俟其人而漢制闊略亦復有給櫝還鄉之令自世之漸降重生輕

死於是有暴骼不藏者有徙櫝不得歸棄不及埋捐不能恤其災者王政之多亡亦仁情之不備也永興道多往來暴櫝自望京門樓以達江滸平沙斥略而蜒蜿道左其爲無主者纍纍焉嘗念此木中人亦卽夫道之驂驔車轂人也行營出戶每多疾病一旦之事而黃口牵衣白首倚閭者仰視滄浪天未知死生乃復骨肉墮地漸漬草木衣裳絞襪悉化爲塵埃野馬其幸而就木猶且見棄斯土寒風野火寧無怨傷夫道多疵癘天之行也殣於其地而不使之有所歸邑大夫以下之責也長河來孝廉義士也捐貲百金將聚諸櫝爲藏俟之計而邑侯黃公割俸成之但其事須次第舉也畫地坦衍覆上而塡下區以五楹累令辟若梁周四楹中置楬櫝其上而鱗次之中供大士募僧者守焉大略已成然而啓閉畜發或以時修撤且爲蓋藏而油燎漆木旁及錢鈸日遼而月長皆有費也夫邑大夫創之於始而鄉縉紳士民各承之於後情也昔者文王作靈臺掘得陳骨王命瘞之而六州以誦唐節度使劉昌瘞涇原將士奏之於庭給衣賜塚夜夢將士者各謝焉邑大夫有地之官或不應求報而報之自至人不得辭夫濟人者

得福神道也鬼則近神矣能濟鬼不更得福乎夫王政何常予仁以全而以餘者予福報無不可也因合具二石磨其一以俟登士民之第月與日車守之而以稍任其諸所費者乃爲頌頌曰

維永興之道有露其櫝藏之俟之以均載爾福

蕭山潭頭碑記　闕名

康熙六十年臺灣朱一貴作亂浙兵赴閩會勦六月間浙撫屠沂檄縣爲軍務事照得奉旨兵馬不許入城則經由路途必須酌定昨同將軍面議云地方官既有嚮導兵馬自隨著行走等語查蕭山馬路原有兩條一由西興渡入城出小南門至臨浦路之兩旁皆是田禾計四十餘里其路窄狹馬匹難以並行一由杭州閘口横渡蕭山潭頭塘堤一直大路内河外江田禾無碍其路寬平五馬可以並行且省二十里之路康熙十三年大兵即由此行走合行飭查牌仰該縣官吏遵照飛查明確即日具覆以憑行知引道之官須至牌者令鉉文成遵查飛覆邑紳何錫田丁乾學等以潭頭至臨浦皆大

路惟其間磧堰一處山足貼江計有數丈路稍窄狹因將山足之石先用糠火煤脆集工開鑿立成闊路兵馬坦行七月公立屠公飭禁兵馬經臨碑記於西興關口記曰辛歲之夏閩臺匪類竊發鎮浙將軍移杭城滿漢甲兵暫駐三山資彈壓焉艅艎溯江而上而馬騎邐行厥由陸路吾蕭爲入閩必經之地一由潭頭至臨浦一由西興渡入城至臨浦其由潭頭者外江內河無妨種植且塘堤寬坦五馬可以並行計程尤較近若由西興進發則田間塍埒窄狹難行遍處田園馬匹不無蹂躪農民患之况兵馬不得入城久奉恩綸其誰敢違茲値大中丞屠公節鉞東南民瘼念切嚴飭所司查勘明確仍遣文武僚員爲之導引遂由潭頭渡江循塘而行一路履道坦如至於邑城內外自西陵渡口以暨縣南之田疇蔀屋熙然獲袵席之安更不知師旅之經臨者邑人感公之德敬將憲檄勒之貞珉匪特覘首豐碑頌公明德不衰且嗣今以往永著爲例則其利益無窮矣

重修蕭山縣學碑記（此篇與學校所錄不同）

邑令　姚仁昌

蕭山當東南靈秀之區人文炳煥創學以來修者屢矣修輒有記數十年來如給諫來先生集之檢討毛先生奇齡二記甚詳核有體歲已未學之戟門暴風南壓門闥覘其楝梁欂櫨間朽蠹如絮前令上其事委員勘估頗難之久不報庚申春余承乏茲土釋奠時薛教諭英與諸生數十輩爲余審視余曰是宜撤之不則瓦埴皆虀粉矣邑有陸君者勇於義而獨肩之卜日庀材創戟門三楹簷牙洞豁式廓前制自兩廡迄櫺星齋宿之所煥然一新都宮寢室及正配各主座尉尺度暨茨丹漆皆如制始於辛酉仲春成於首夏共費緡若干陸君爲善於鄉嘗建茌山閘以紓水患掩骼埋胔孜孜弗倦而是舉則功在膠庠尤非一切里巷好施者可同日語也董其事者黃君雲趙君錕蔡君鑑臨陸君名巡字覲東太學生候選州司馬乾隆六年辛酉蒲月中浣知蕭山縣事楚梅姚仁昌記

記

宋

萬柳堂記

通判　黃震

錢塘江濤之壯名天下其東自海門分而入長山龕山兩崖之間者實趨越之新林其地窾以曲長風巨浪日夕舂撞其下豈惟居民懍懍動與天吳海若爭疆界越東南大都會爲畿內輔藩今又爲帝鄉往來行都者總總無不此途出其所關係又豈偏州下邑利害止於一方者比哉咸淳六年庚午秋海溢浙東新林被害爲甚岸址蕩無存矣太守劉公具以其狀聞朝廷亟爲遣吏經度議改築新塘計費用石當緡錢三百萬用公費十之一公以力未及石請用土而故地莽爲一壑潮汛翕忽土立輒湍去公親按禱之神曰此朝廷所加念者願有以相之未幾沙果驟漲始得立巨松數萬如櫛爲外捍吏民讙噪畚鍤雲興四閱月而工役就其高踰丈其廣六丈其長千九十丈橫亙彌望屹若天成公率僚吏行塘上釃酒相賀曰非朝廷之賜不及此而川后效靈其志亦不可忘也命立之祠且植柳萬株大書其扁曰萬柳塘以冀歲久根蟠塘以益固既而念不可忘日葺也復請之朝籍新林寨兵屬之西興都巡檢司任責焉蓋公雖力未及

石而塘之堅緻殆不減石矣然聞自古帝王之建都定邑未有不因長江大河之勝而自昔水勢之衝横侵軼反多見於盛帝興王之時是豈有他哉水之東西靡定本其常性世治日久則濱涯皆生聚故水至輒易爲患如河決然不聞於他時而獨聞於商周西漢及我朝之隆是其證矣我朝自駐蹕錢塘距水彌切樓臺百萬多疇昔海變桑田之地設司爲隄障者蓋無所不用其極越去行都咫尺實共此江濤洶湧之險水性匪西即東害每相關又宜何如其爲隄障哉頃歲庚子潮嚙錢塘甃石後奏全功今歲在庚午適三十年是爲天道一小變今日又東嚙新林即前日之西嚙錢塘者也雖賴餘福之覃魚龍百怪已帖息必欲爲久安計尚惟後之人因公之志續公之功甃石如錢塘耳公名良貴東嘉人時以太府卿直華文閣出守董其役者參議官金華鞏公名柱明年辛未二月十日記

元

漁浦新橋記　　楊維楨 諸暨

至正十三年秋八月蕭山縣漁浦新橋成浦之西北距浙江東南商旅提攜樵蘇負荷者胥此乎道焉晨出暮返奔渡挐舟不無蹴蹋覆溺之患縣主簿趙君來鎮於茲易舟而梁不三月而底於成長凡五百尺洞十有五楹十有六隄其兩旁棧板欄翼互其長吁昔無而今有功實創之難也橋出沒於潮汐之險又難也事出於昔人之所難而得於今人之所易謂惠而知爲政者非歟於是顏其橋爲惠政銘曰江水湯湯界浦之疆涉浦作渡民病於航趙君爲政惠而有方誰謂浦廣不可以梁維彼梁也四方之光也德之長也民之不能忘也

吳越兩山亭記　楊維楨 諸暨

按古吳越東南百粵之國皆在斗牛分野淮海之間爲吳分自豫章東至會稽南逾嶺徼爲越分又按夫差增越封東句甬西檇李南姑末北平原縱橫八百里悉以屬越後越并吳則兼有其地六世無疆楚威王盡取吳故地考烈王以吳封其國相春申君秦幷天下以吳越地爲會稽郡項羽封英布九江王漢封淮南王長及兄子濞以上三國

盡揚州之地吳與會稽皆在封域中至東漢永建間始以浙江西爲吳郡以東爲會稽郡今所名吳越兩山僅以浙東西者言之耳否則古吳越際齊楚而跨島蠻者亭之目力能窮而盡之乎若試與尹大夫談若名山於吳越者東眺塗山神禹氏走諸侯之玉帛而猶有刑塘以誅者何乎惡不可以化率乎宛委遁閣之祕今亦有玄夷使者之獻而百川可理者乎苗爲祖龍望蓬萊之所其鞭石以駕海者亦可以威力迫之乎東山晉文靖公之故居小草一出微幼度八公草木之捷其能保江東正朔不繫秦乎西眺姑胥臺高見三百里而猶不見洩庸之兵在來溪乎施旦禍水果能沼吳之國乎陽山食櫓偷生比嘗膽食蕺者何如也石鼓鳴默以卜兵兆孫恩之亂其果誰兆乎包山石室之藏孔子決之爲禹文聖人之言亦不輕以詔人乎窮窿秦魚吏託赤松子之蟬蛻吾將訪張留侯之所從者倘可得而延之乎龍飛鳳舞之形勝霸有十三州者未足以應之而聚於炎運百五十年文物之盛者其遂衰歇已乎是皆吾慨古君子之所遇者吾觀尹大夫登覽之餘見於嘯詠有感慨悲歌之風吾異時過越憩亭相與灑酒賦詩

其於兩山悠然而得愀然而感者有以告我

明

吳越兩山亭記　　徐一夔 天台

瀕浙而縣者東有蕭山西有錢塘按輿地志二邑皆古越地自漢順帝肇置吳郡限以漸水錢塘入焉後之人遂指浙以東爲越以西爲吳而自唐以來騷人墨客率稱二邑之山爲吳山越山云吳山則遠自天目飛馳而下若龍驤鳳翥於虎林之區越山則近自湘湖分布而出若星離綺錯於會稽之陸而浙江則波濤洶湧潰潭汗漫風帆浪舶上下若雲沙輿水馬往來若螘而界乎兩山之間故在茲山之杪以望浙西諸山而想五代錢氏之保有南渡六帝之偏安亦猶行乎淮甸而望江南諸山見鍾阜之岧嶢石城之嶄絕而想六朝之迭王南唐之竊據也登是亭者能不有感於斯乎

吳越兩山亭記　　貝瓊 崇德

蕭山嘗刳於兵吏於土者率傳視州縣無堅守意官舍民廬壞而勿治尹侯本中始至

德刑並施安輯流亡歲登時和疆場既固百廢具興乃築亭於北幹山巔以爲泄煩宣滯之所題曰吳越兩山亭蓋自天目而來其支別爲岸江之山凡屬於吳者飛舞欄楯之外自秦望而來其支別爲岸海之山凡屬於越者環繞窗戶之間攢峯疊嶂重岡複嶺或起而伏或斷而續大者如宗卑者如介靡者如奔隆者如矗缺者如鑿銳者如削旋者如顧拱者如揖出奇獻秀戢列筆立不可具狀考之記載越之始封北至禦兒則錢塘亦越也吳勝越而取之然吳卒爲越擒越卒爲楚擒皆不能有其地慨想夫大禹之勤太伯之讓高風偉績炳然在宇宙而不滅者如彼後之人顛覆而不祀者又如此悲夫今侯以鳴琴之暇登斯亭也豈將覽兩山以寓懷古之思而已耶其亦觀山之不遷也思固其守觀山之峻而極於天思崇其業觀其出雲而雨六合思溥其澤於民其庶幾乎

棣蕚軒記

劉　基寓賢

至正十四年春二月予以事至蕭山故人包與善留舍於其棣蕚之軒明日余還居越

無何與善以書來言曰大同之先舊爲山陰人今徙家蕭山三世矣先人一身無兄弟而大同之兄弟五人先人因以棣蕚名其軒且卒遺命無負吾所以命名之意願先生爲我記之按棣蕚之義出自小雅周公不幸遭管蔡之變故作棠棣之詩極天下之人情以致儆於世之爲兄弟者今包君之命其軒不亦遠哉夫兄弟一氣之分也兄弟不親亂之本也雖有室家將焉保之先王之教不行此義不明於人心久矣血氣之欲流爲忿爭簞食豆羹不能相讓由是干戈尋於門庭鬭鬩作於戶牖然後手足化爲豺狼而人道絕矣夫父母之生子無不願其人人昌且熾也父母沒而兄與弟不相容死者之目其不瞑於地下矣包氏兄弟能無忘其先人取詩人之旨而服膺焉去其所戒而敦其所勸使祖考慰於上而子孫法於下吾見其世澤之未艾而方隆也昔者湯以日新銘其盤武王以敬義書其几杖器用朝夕見之以啓其心迪其德學聖人者師焉然則斯軒之扁當無愧於古人矣吾子勗哉

怡怡山堂記　　劉基 寓賢

怡怡山堂者任君伯大兄弟别業之所也任君居越之蕭山家世讀書父母具慶年過七十而伯大亦年五十有餘矣乃以二親之命預卜葬地於北幹山之陽去郭四五里室其旁以爲游息之地所謂怡怡山堂是也背崖面岡右迴左環衆木扶疏修篁迎風前池平疇夏麥秋禾芃芃離離遥望越山矯若游龍帶以長渠舟楫通焉匯以清池石泉洩焉聽之泠泠如筑如琴赤鱗之魚汎濫藻荇悤悤沈沈泳泳熙熙景與心融莫知其疲於是天清日明二老乃泛輕舟乘板輿從以諸孫斑裳彩衣徜徉乎其中不知其忘晨昏而樂以永年也雖然此特其娱於外者也人徒見伯大之以是奉其親而親悦之謂悦親之道惟在是矣而不知伯大之兄弟友愛篤於心無間於家人之言以能稱父母之所願欲而父母無不悦者又何俟於此哉伯大之子原禮與余善邀余游而請名其堂予故究其本而以怡怡山堂名之孔子曰兄弟怡怡詩曰兄弟既翕和樂且耽宜爾室家樂爾妻孥孔子讀而贊之曰父母其順矣乎宜兄宜弟事親之本也請以是而揭諸堂以示任氏之子孫俾知其祖父家法之所自而則之效之以世其德於無窮

庶不爲無益而有助矣

賈性之市隱齋記

劉基 寓賢

賈君性之居越之蕭山築室一區在闤闠集古今圖書以爲燕游接賓客之所不高其垣而不覿車馬之塵不深其宮而不聞閭閻之聲以其徑路宛轉戶庭清謐而不與鄙俗者接也王君子充過而命之曰市隱而賈君俾余記夫隱以全身而遠害也市者商販所集爭利錐刀之所也故士不樂居焉而古人乃有隱於是者以其卑賤混濁足以自穢而泯其名也今賈君隱於市而不與市人同其行事得無異於古之隱於市者乎吾嘗聞隱於孔子矣孔子曰隱居以求其志夫君子之有道也遇則仕不遇則隱仕與隱雖兩途而豈二其志哉伊尹傅說處於耕築一旦舉而寘諸相若固有之無動於其中也故曰君子素其位而行不願乎其外知此則可以語隱不必廢其身醜其名而後爲隱者也是故博徒賣漿隱之俠者也放言非聖隱之狂者也辟兄離母隱之賊者也斞潁水以洗耳隱之恐者也蹲窾水以待聘隱之僞者也上介山而立枯隱之怨者也

沈湎於酒不衣冠而處隱之亂者也是皆爲驚世駭俗而有害於道君子不忍爲之是尙爲能求其志也哉賢者遭時之不然或辟世或辟地或耕或漁或居山林或處城市或抱關而擊柝無所不可而其志則不以是有易焉柳下惠之與伯夷跡若冰炭而同謂之逸民君子不非焉庸非其以其志乎賈君以孝友處乎家人以信義行乎里鄰有學有文而口不言其志可知矣謂之隱者不亦宜乎雖然夜光在深山人莫得而見也出而投之瓦礫之間則庸人孺子皆識之矣今君居於市而不與市人同其行吾懼其欲晦而愈彰也他日見王君請以斯言質之

湘湖水利圖記

邑令張懋

湘湖西去縣治僅二里四面多山麓地勢高廣築塘匯水而成湖周圍八十餘里所以蓄水而防歲旱者也水利可及者凡九鄉溉田一千四百六十八頃有奇以所溉田驗其遠近高低均派湖稅則湖水之尺寸皆入貢賦矣湖塘自宋紹興間縣丞趙善濟繕治始完至淳熙時邑宰顧冲立法始備度地勢之高下議放水之後先時刻分毫各有

次第勒記於石以示久遠自宋歷元迄今幾三百載民守其規無少間焉予忝民社之寄來治斯邑首詢風土躬歷湖岸視其放水之穴甚均獨顧公所立碑石毀裂無存旁求得其舊本所載九鄉放水之穴十有八所班班可考其立約束之法尤明誠有不可易者予特慮舊碑既沒愈久而失其眞奸民得乘隙而更變或通私霪以洩水或倚堤而田或匯巖而漁培高抑下適己自便必致害湖之利九鄉之田一遇旱虐得無憂乎於是乃述顧公舊製約束之記謀及丞簿重鐫於石以垂不朽仍誡飭居民增築隄防以禦泛濫幷去私霪以除盜洩禁遏請佃以杜侵奪民利務使九鄉之田均受其溉而無旱荒之虞上不失公務下可厚民生則湖之爲利博矣既而邑之士庶復請繪圖刻石以爲民鑑吁予雖不敏嘗聞爲政之道要在事約而施遠也昔鄭大夫子產以其乘輿濟人於溱洧孟子譏其惠而不知爲政爲其施之不能遠爾若夫我邑前賢約束水利之法其庶乎得爲政之要矣予故重復斯言具爲民勸宣爾九鄉之人追昔會計之功視今緝繪之意永示約束之法云

蕭山縣科甲題名記

明國子監祭酒陳敬宗 四明

國家取人之目不一而足而惟科甲爲最重前代有賢良孝弟博學宏詞等科而法律刑名簿書期會不足道也此科甲所以異於他科由來久矣本朝自洪武永樂以迄於今九十餘年賢才之出東南者居多蕭山爲紹興名邑襟江帶海又有臥龍會稽秦望諸山環抱於其前鍾山水之英華蒙朝廷之化育其碩德雅望英聲偉烈表表在人耳目者前後相望夫士之登名科甲固已散見於歷科之紀錄矣曷若刻於石列名於一堂之上爲尤著此邑令朱玉所以有題名碑記之請也夫士君子懷瑜握瑾固皆有志於奮發然亦必資於激勸鼓舞而作興之焉是故豐廩餼蠲徭役廣科額以進用之此朝廷激勸之恩嚴教條督課程勤講說此爲師者激勸之方也時科試第優劣公賞罰懲怠惰此邑長貳激勸之法也其教養之方可謂至矣今又舉茲盛典以爲學校之光榮蓋非以諛既往也所以勸於將來此鼓舞作興又其激勸之大者也礱石既具玉乃遣庠生謁請予言志之玉亦予徒也不可以辭遂書此爲之記

重建兩山亭記　田惟祜

吳越兩山亭詳載邑志當時文人名士若楊廉夫貝廷臣徐一夔輩咸有詩文賦詠爲集行世歲久亭圮無能興復嘉靖丁酉歲邑尹太和蕭侯敬德考圖驗蹟力興復之仍扁曰吳越兩山亭工甫就而蕭侯去任府判太倉周表來署縣事時巡按御史傅公鳳祥臨縣駐節登山憩息亭中遐覽縱觀吳越山川舉在目睫謂斯亭據奇絕之境誠爲浙東勝概第亭隘不足以容衆乃命周倅於亭後隙地面西樹屋三間以便行庖以休從人適郡守湯公紹恩偕二守孫公同推官周公鳳岐來縣樂觀厥成聯輿登覽因諏知立亭之始湯公乃書知依之扁於亭蓋緣知稼之義謂稼穡民之所依也

乾隆志按語湯守顏曰知依亭而舊志相沿爲知稼蓋此亭久廢故其名亦誤

築城記　邑令施堯臣

蕭山舊未有縣自唐儀鳳始割地爲永興而天寶易以今名歷千餘年未始有城自嘉靖二十九年倭賊由龕子門進西興倉卒殺入莫可抵禦而築城之議起矣然公私無

積隨議隨寢及余作縣之明年黄巖煨燼又明年上海殘破吳越之間殆無寧日會巡撫王思質公忬巡按趙劍門公炳然至復舉是議余遂力陳其事之不可已而民之不足以堪也蒙二公許發司府之積助之余乃歸與邑人度其規制計其工價定其處分以牒請諸二公二公可之因請諸朝朝允之而旬月之間遂翕然舉事矣城基約地九里有餘周圍共一千六百八十丈邑中該遞年一千四百名人各分工一丈二尺料價出於官人給銀二十五兩三錢工食令其自辦以有餘補不足約每工費銀六兩其工食之費頗繁則擇城中之殷實者任之以其得享有城之利故也中外俱用石板而腹內則以亂石和土築之基下俱用松樁遇有河池則仍以石板疊砌俟與地平然後築之城中留路一丈二尺城外留路四丈城河三丈連城共佔毁過民地十丈四尺照畝給價該地一百五十畝共給過價銀六百八十兩城上有窩鋪二十三所雖覺少疏然亦可補城外有弔橋四座慮其有事以便撤西有河陽館一所蓋古臨江亭之遺址東有示農亭一所蓋古候春亭之遺址也工興於癸丑冬十一月完於甲寅春三月蕭民

好義而善幹故其敏事有如此通用過銀三萬七千五百兩而王趙二公大發司府之積亦遭逢之幸也估毀田地稅糧灑派於通縣田帶徵於田地帶徵於地也守城之法止以城中居民編爲保甲計宅抽丁已自有餘蓋置軍未有不擾民者恐非邑之所能堪也嗟夫蕭山介乎吳越之間而據有龕子門之險西屏杭城東藩府治進可以扼賊人之衝而退可以邀其歸路宜其有城久矣何俟於今日耶蓋紹去杭不遠兩郡俱有金湯之固故置蕭山於度外豈知守險者不在城中保土者當盡封內蕭山雖紹興邊地而由來爲戰場句踐棲城山以破吳武肅屯固陵以享國杭紹有警蕭山即首事之地也豈可以其小而忽之耶千古所無舉於一旦甚矣作者之難後之君子幸勿輕於議廢也

乾隆志按語蕭山初名餘暨三國吳改曰永興隋省入會稽唐儀鳳復置亦非割地也記所云大誤

築城記

何鰲　未詳

蕭山縣界在錢塘大江之濱西與杭城對峙又爲浙東首邑凡往明越天台者必經焉

所謂吳越之要區是也其不可無城也必矣迺者倭患弗靖犯及縣界士民相率而懇於施侯侯慨然從之率每里役築城一丈二尺給值二十五兩有奇分工召商百堵皆作城陸有四門水有三門其上下內外皆甃石爲之城門上有樓樓下有廳皆壯偉堅緻則又分委於坊役及城中富民之賢者計勞償值不假督責而歡呼從事早作夜思不廢邑政雖聽訟督賦茇舍城上由是民力益勸城高二丈五尺厚二丈二尺而少銳其上周圍一千六百八十丈爲里九里一百二十步興工於癸丑年仲冬訖工於甲寅年仲春凡四閱月而告成工莫有速焉者矣四方過而見者莫不稱歎謂自浙以東郡邑之城郭莫若蕭山豈惟浙東哉雖浙西亦恐莫是過也施侯經理之功賢能之實不可殫述亦將與斯城同垂於不朽矣其佐是役而均有勞者則縣丞萬鵬主簿張塘典史王元貞云

築城記　　黃九臯

蕭山濱江設縣拱衛省治控制東南諸邑浙東之咽喉也嘉靖壬子春黃巖鄞姚被海

寇患而癸丑尤甚請設都憲節制浙閩軍務便宜行事而思質王公開府之始首主城議華江施侯乃身任之旦夕率僚屬躡山涉水而經營焉東盡民居南包黌校西倚西山北依北幹其間跨山者二跨河者十歷池浸者十有二撤民居者二十有五人見嶽聳雲連瑤城壁立以爲斯城之殊觀也而不知侯之苦心悴容於斯城有難以言旣者侯去於甲寅五月是年海寇犯蘇松嘉湖越幸無事莫識城居之樂及今乙卯九月大舉入寇海航殆徧島嶼六月廿三日倭突城下見我有備相顧駭愕而遁蕭人方知保障之功云

萬歷十四年修西興塘記　羅萬化 未詳

蕭之西興外扼浙潮之衝內爲鑑湖八百洩澇之一道故有石隄里許隄之缺爲龍口塞以大堰堰左有樓曰鎮海樓樓前沙渚彌望蓋西興雖越之鄙江之壖實浙東第一關隘也嘉靖壬子沙漭坍及石隄甲子隄亦盡且及內地樓亦尋圮而龍口猥塞無知鄉民私建淫祠萬歷丙戌秋潮大作漂毁田廬無慮數百水幾與鑑湖爲一尹劉侯泫

然曰是誰咎耶夜即燒燭草移文十道告災於上官翼日通判卜公鏜至邑親勘郡守蕭公良幹議築石隄侯曰隄固宜石顧何所藉手如採舊基築起則浩漫靡就如塹內地則易就而棄地轉多其築水涯乎費則取之丁蕭獨力難任得與山會利鑑湖者共之乃可郡守曰山會固當助不足則以府鍰足之於是巡撫温公巡按傅李二公據牒以聞既得請檄侯亟隄侯乃合山會助費幷本縣派徵分委照磨陳策縣丞王賓典史徐閔督工役以十月三日告江經始顧楗木出他境不易得石在數百里外採運維艱開土夫丁既不易募而潮過則土漲難開冒風雪候潮平不可以時日計以故議卒難定巡撫温公亦難之乃遣參將假兵力爲助然前已檄委府判矣府判卜公知侯之能遂具文請止參將恐其中撓也侯亦自以爲功不辭難昕夕淬勵拊循工匠每聽政於檋橇間人用是不敢玩六閱月而功成侯笑指新隄曰蜿蜒若游龍顧可復使無首乎於是葺舊石臺加隆四尺架樓三楹其上重簷閣道迴廊柱石翼以碑亭屹立江表以壓怒潮已復爲內澇備易堰以閘閘門丈有四尺又撤龍口涇祠改爲閘渠兩涯疊石

十層底石二層橫丈有六尺縱五十步又間以補隄之缺閘外左右各石級十二丈石底十餘步插入江防放水衝齧計費八百七十四兩隄事竣温公來視徧犒諸在事者尋與兩院交章薦侯復勒碑記守令績同年丈王泰徵謁余曰此劉侯所爲績也顧所繇然者有四美焉隆冬興作天氣轉燠美一千一百人役再更冬無一人蹉跌失事美二給費若干榜諸通逵監督丞尉輩皭然毫無所染美三神光屢現若照夜作然美四敢乞文以誌其事

清

邑令劉儼斷毁湘湖築隄記　任辰旦

邑西之有湘湖也周八十里溉夏孝安養等鄉田一十四萬六千八百有奇先是湖未創時蕭固瘠土也雨則潦旱則涸歉多而豐少宋政和間文靖楊公知蕭事視崇化等鄉有高阜數十頃倚山可障度地可圩奏爲湖水得蓄而不洩旱得灌而不枯九鄉無旱乾之患放水先後不無異同淳熙間邑令顧君冲定水利約束先柳塘最後黃家霪

其間高低相等者同放至今爲則湖之四際以金線爲限金線者黃土也黃屬民青屬
湖少有侵佔寘於法故明孫吳二姓有犯者邑文靖魏公大創之載在志書可考也康
熙二十八年八月旱久湖涸奸民孫凱臣等不鳴官不謀衆糾聚族黨築堤架橋南自
柴嶺起北至至湖嶺巧借僧人萃弘名色以便行旅往來爲辭典史劉烱職司水利謂
湖主蓄洩不主行走牒文到縣邑令劉以事關重大責令合縣紳衿里遞公議是否有
利無害公而愼也日久未覆會滂湖居民蔣棫等以恩循舊例事籲公蓋謂滂湖爲東
流之極湘湖放水必由石家湫穿城而始達湖堤一築水勢遲緩他鄉雖受其害爲害
尚淺獨滂湖之爲害最深其詞切直爭之甚力公乃上其事於府略云湘湖創自先賢
設施必有深意千百年來歷無增損突今僧人萃弘及奸民孫凱臣等未經呈稟竟爾
築堤此一舉也或係民便而先賢立法恐從斯紊事干地方制度關繫民生應否任其
所便或仍舊制云云府憲檄行咨詢父老踏勘妥詳公遂單騎至堤相其形勢但見新
堤自南至北幾三里許南北皆山非商賈必經之道況多築一堤則少蓄一堤之水而

放洩亦加遲緩允屬有害無利勒令剗削案未結孫凱臣等又買親屬楊升等扮作九鄉居民以披瀝公鳴恩留萬代事籲公併控府府發覆勘拘審間邑紳毛奇齡等以公籲事具呈內稱孫凱臣等不遵先制私自築隄如鬼如蜮奸黨百出以孫吳二姓之人而駕爲九鄰以在俗之人而駕爲僧人以孫氏所建之橋而駕爲先賢以兩姓相通之路而駕爲通衢以姻婭賄賂之黨而駕爲公呈且有五害四不可之論詞甚懇摯又有去虎村居民張堯等以公籲毁塘事來告其一都三四五圖居民亦如之其二都一二三四圖居民亦如之公乃奮然曰爲民上者利則行之害則去之毋偏聽毋姑縱惟其當而已今湖隄之築不過孫吳二姓稱便耳任一二姓之私何如合九鄉之公今九鄉多稱未便其事非可游移也况此隄一築青山石巖將有觀望而起者撫此湘湖不至瓜分瓦裂不止履霜堅冰至其漸不可不杜也於是嚴行剗削按律定罪一覆府一詳藩臬二憲蒙憲檄行永禁且勒之石於是九鄉民踴躍歡忭相謀樹石以垂永久余值家居且夙受湘湖之利者不辭鄙拙爰爲之記竊思爲治之難在明與斷明則見事確

審利害而所慮者遠斷則毅然行之獨立而不回當此堤之未毀也有曲爲調護者有執兩可之說者有陽奉陰違遷延歲月者公不顧情面不持兩端兢兢先賢恪守而九鄉均受其利一何明也一何斷也自茲以往奸民不敢壞法而古制犂然於以追蹤楊顧遺規萬世不亦康乎公諱儼號鉅夫順天景州人由官監涖蕭十餘年百政興舉於湘湖西北兩塘水利尤所加意云

湘湖記

蔡惟慧

蕭邑海濱其湘湖皆田也惟一線通河僅容舟楫餘依山布野爲古阡陌自宋龜山楊公令蕭慮無以引灌度其地獨高可蓄可洩適富人孫犯辟出其田數千畝贖罪由是鑿成大湖今之泱漭浩蕩者是也明正統初多爲豪强侵佔不足以蓄水魏吏部驥請於朝一清之後御史何與其子競復清之何由是搆禍而競亦以此成孝子名其地在城之西夾於兩山之中蜿蜒環繞一湖全漾萬山在東南者曰西山曰石巖在西北者曰菊花曰靑山中有旗鼓山陽山壓烏山壓烏者范亞父逆知項羽之敗欲擲之以壓

烏江者也江東人以擲爲壓故曰壓烏自西入過望湖橋循西麓而行兩岸桑麻一灣流水如桃源渡口經隆興浮湘淨土數僧舍跨銀塘有頭隖二隖至四隖皆山之曲阿深鬱處四隖之西又有羅家徐家兩隖陵臨樹石山徑窅然較前隖更深鬱有橋橫湖金隄翠柳跨渡西北又城山位菊花青山之中嶺有越王城僧隱高寂有老虎洞石穴如大宇又有桂花墳來氏之塋莊鑿石成亭臺在半山中可以望半湖自南入歷石巖之塘臨釣磯茫然萬頃中有數小山浮沈若蓬島惟有舟楫可通卽壓烏之諸山也其山在西北者控錢塘大江山之在東南者湖臨南門江自跨湖橋以東十數里爲上湘湖橋以西十數里爲下湘湖上湘湖曲而長下湘湖開且蕩自橋之西北里許有小湖曰井山若杭之賽西湖者則又湖之餘觀也湘湖岸可桑不可農散落而居人家大抵以陶爲業浚湖取泥則水益深其地之所產有竹有梯有桃李有楊梅有芰有菱有蓴有茶有橙橘有鱸魚魚如松江凡魚多且肥故自陶以外皆樵且漁一日之所資生不下百金一人之拮据足以供給春夏之交涯之草山之木野之花暢茂濃麗其來往絡

牧牛羊俱有花香氣其山多墓田寒食歌泣紅妝與簫鼓不絶夏采涼菰菱歌滿耳秋則白雲紅葉散映碧光中嚴冬密雪上下粲然著素鳥藏獸阻古道無人自漁烟數艇外惟鐘聲硜硜總之曉則饒雪夜則多月麗不過華淡不可竭高足以望深足以楫出可以名退可以處旁城郭依江海藏名勝永眞璞在非塵非僻之間而已余嘗披覽輿圖山水之幽麗無如東南西湖尤迥出者然不幸當衝會之區地過華物過奢賞過繁名過盛其不顧造物之所忌乎吾又恐其竭而難繼也

雜著

清

康熙三十年黃册要略引

邑令劉儼

黃册之緒至賾而難覈黃册之略最簡而易明欲執簡以理賾當從賾以就簡則册略其要矣粵自無錫張公慨夫蕭之丁糧土田總不總撒不撒挂一漏二詭僻而不可稽也自非殫精悉力而覈諸戶則甲無以約矣非殫精力而覈諸甲則里無以約矣故其

言曰略豈易言哉其剔釐之心良苦而規示之意至深且遠也繼此涖邑者潭南林公華江施公後先各有所潤總不外乎張公之意而與爲損益則生斯土與官斯土者宜何如兢兢守之而弗失歟奈之何至於今竟有駭心奪目棼若亂絲茫同望洋何啻挂一漏二也試舉其概而論之撒不符總甲訛乎圖析戶以花分一田而重號歷數屆而詭寄猶未已也田十有一則糧額差等矣略而弗載丁分鄉市銀米攸別矣忽而不詳山有花光之殊竟易花而爲光圖避重也田有得利不得利之限竟跳甲而越都希兔差也且缺溢之田撥補任意有遠近之不相蒙淳頑之不相類致追呼賠累莫可底極也自往迄今歷屆相承而丁糧土田沸如蜩螗矣予于役茲土亟圖釐正會際大造不敢以寡昧難馴優游以任之爰首嚴細號之册以立綱舉目張之序凡一戶之下田地山蕩必悉也丁糧銀米必悉也字號甲乙必悉也覈諸戶以約甲覈諸甲以約里俾里約而縣額犂然矣向之花分者摘其尤而歸之重號者覈其詳而豁之詭寄者抑富扶貧諭令開而收之暨夫糧額必分等則丁口必分鄉市山淸其號而花光咸有攸分田

定其鄉而得利不得利各歸其圖額有溢必撥新收甲有缺務補頓戶令品搭而各擇其親順里甲而悉安其舊將見自忘其編圖之勞而輸將各適此予之殫精悉力返至賾而歸於最簡則此一册也實與魚鱗相表裏頒正册於各里藏副本於縣架一展卷而較若列眉自張林諸君子創册略於嘉靖十有一年至今康熙辛未歲約一百五十載將墜之籍謬爲闡其緒而修明之以志前作法之良冀後人克潤其美庶於是乎垂諸來禩云

乾隆志按語舊志黄册創自明嘉靖令張選後令林策施堯臣王一乾馬朝錫繼之皆著有册略引然前後語意略同今止錄劉令儼一篇其源流梗概略具於兹矣無庸備述也

蕭山縣志稿卷三十三

藝文

詩文鈔二此卷新纂凡生存人著作不錄惟記載與地方有關繫者破例錄之以資考證焉

樂府

明

白苧詞　陳璲

白苧歌白苧舞白苧自出吳地中萬縷千絲一何苦館娃宮裏多麗姝奉歡行樂無休期揚眉舉袂身欲飛君王醉看心自迷歌停舞歇紅日低玉階露冷風淒淒

君馬黄　前人

君馬黄我馬蒼龍紋鳳臆相輝光上苑看花轡常並文場剪柳鑣成雙君馬固超忽我馬殊昂藏雲程萬里期穩步擢秀揚芬看頡頏

清

慕歌 思禹功也以下三題見晉書夏統傳　單隆周

微神禹吾其魚河流湯湯洛徐徐瓦礫之聚哀哉下愚一解防風九畝身以後至當誅禹步不相過九州驅車巧者何所用拙者爲令圖二解衆人日登茅山不辨有與無唯禹扱袵其上嶙峋蒼翠高萬丈三解金簡碧珪光照四野扶登屈鷲咸集其下四解

河女之章 悲孝女也　前人

一江若街衢馳驟風與水神靈終未來越巫不惜死十三頗有餘上無滄浪天上無滄浪天不若從黄泉江波浩茫茫白日何悠悠精誠洞幽冥衣沈尸還浮自古有江水從茲有神宫禮魂歌蘭菊鼓舞之所同歌聲悲且哀餘音繞山川曲罷有落月四顧當皤然

小澥唱 弔子胥也　前人

五嶽之下波路如掌不知誰何迴轉地軸驅潮晝夜兩上一解荆楚有男子發憤攖逆鱗其君仁恩不忍餧肉螻蟻送其身於江令統諸波濤音兆匒匌在人耳二解嗣後謂得死

所日夜戒嚴澥勢益厲叱咤土伯爲衆鬼先噫吁嗚號往來澥童馬銜解三吳人至今漉酒吹竽合土木肖像讚歎懽踊稽首稱伍公子胥解四壯哉男兒生挾弓注矢破辱俟王死不得志駕澥水滌蕩汚穢千秋萬世何可量解五

貞女操爲來家驥聘妻蔡氏作　吳鍾駿元和

蔡貞女聞夫殤年未及笄矢志等共姜生不識夫壻面何以奉姑嫜但知身屬來家郎相依魂魄青山藏恩綸下逮潛德幽光冠山綽楔今煌煌蔡貞女得不朽旁人未識來家婦墓前看拜來家母家驥雖殤遂有後蔡女之貞嘖嘖人口

按蔡貞女事詳列女傳下

五言古

明

擬古三首　包大本

燕趙多佳士往往生悲歌江山已如此歲月能幾何鷄鳴奮素志看劍涕滂沱驅車入

京洛俯仰愧怍多尙有王子晉乘風踏蒼波擬探延年術於以從養痾

良夜不遑寢披衣步前庭梧桐葉未秋已作悲秋聲相思心宛轉冉冉老易仍美人在何方失道難俶征倦螢被風急栖鳥畏月明物生本有識致身那得寧

美人別我去流雪驚光陰芳塵棲寶瑟淸響絕徽金瑣窗落花靜天涯芳草深涼風吹我衣明月照我襟感此追宿懽江漢雙魚沈相思不可卽夢斷巫山岑

奉題旌表鄭節婦魏氏貞節卷　王玢

青銅不照影影照愁鸞孑朱絲不彈曲曲彈哀音發望君湘湖潯淚滴湘流深湘流有時竭血淚仍漬衿君當瞑長夜妾身任凋謝當成雙樹根蟠結黃泉下

清

西陵曉渡　毛萬齡

曉江發桂棹江曉難測量四顧絕端倪不分滄與桑初景革緒陰光射水氣涼薄霧尙翳空挂席與彼翱吳山近復遠峭蒨忽欲黃迴聘窮海門兩峙青茫茫高霞雜晦明萬

象屢改張孤鴻哀一聲欲辨即已亡但聞沙岸側羣烏噪千檣無何波面平皎如匹練長潛虬臥不起奔鼉抱窟藏丈夫志桑蓬何爲戀故鄉隆隆黃金臺苕苕燕市旁仗劍奮千里誰復哂我狂

避兵小源　單隆周

高邱無靜柯淺瀨無潛鱗所以塵埃外每有避秦人策杖走窮谷亂石迷通津頗見茅茨屋時聞鷄犬音嵐烟停修篁巖光通綠陰夕懼虎豹過朝連猿狖行竹箭引山瀑樹膚春溪輪俗鞅寡所累即事多所親幸遠兜鍪徒莫傷饑渴情

登北幹山謁厲將軍廟　蔡名衡

我自出北門朔風吹凜冽濠路石崎嶇修造未合轍迤邐留步亭（坡下有留步亭以憩行人）登高途拗折北嶺圍危城屏障宅靈窟上有將軍廟人稱古豪傑姓厲厥名狄秦人推英烈項羽起山陰轉戰同行列首領八千兵輔楚力已竭功成竟垂敗碧咽萇弘血勛德在民生廟食常未絕有宋宣和間方臘擾西浙烏合賊渡江禱神神提挈金甲擐雲頭神兵

六丁掣大風鼓巨浪飄沒衆草竊郡守上其事武佑廟額設朝廷候指揮勅牒鐫石碣（宣和三年尚書省牒江浙淮南等路宣撫使司狀嵌石廟壁）靈承上帝廷赫濯彰旌别疫癘於以驅雨澤於以泄闔邑畀純禧肸蠁祀前哲今來肅拜瞻修治增藻棁柱石蟠雙龍凌空驚睒睗靈官執一鞭當門愈橫絕江水環滄茫斡山高巇嵲伊誰送我歸松風鼓白雪（庾信詩邱中白雪琴）

苦雨　　韓欽

去冬經月晴膏雨盼春及既雨復苦雨喜過憂斯集衙居兄湫溢漏滴滿牀濕呼僮中夜起捲被負書籍駭聞鄰垣崩有若雷起蟄震動相牽連其勢殆哉岌司晨鷄不鳴懸溜聽轉急巡廊眺中庭平地水淪淪泥蛙據塵甒涎蝸篆苔級柳眉緘碧愁花頰慘紅泣瑟縮矮簷底人似鷺鷥立無聊命杯杓乘醉訴鬱悒屏翳鑒精誠旋軫直呼吸焦明匿不飛助暴各歛戢雲衣揭層層風扇動習習淋浪徹繁響滴瀝罄殘汁爽籟披襟當霽色捲簾入平生欣戚懷俄頃不相襲農野更歡騰斜陽聚臺笠

偕林藹人（式恭）王道甫（養壽）家定九弟（鎮）游惠濟寺

前人

城居意不愜悶若籠閉鶴吟朋好牽率載酒游精藍門前喚小舟恰受人兩三春漲沒魚榜短棹橋門探遠聞梵王宇僧唄晨呫喃石晉肇初地賣藥來瞿曇薙蕪剔瓦礫竹裏結茅菴莊嚴遞恢拓寶刹開潭潭淨師著南渡樞素尤精諳掖庭老供奉妙手無差參穆陵擘窠字墨彩瑤光含寺有宋理宗御書藥寶二字祕方禪衣鉢療疾非丁男醫僧世習女科王封侈十世得勿無稽談我曹性疏懶淨業非所眈展眉入蓮社碧醑敲泥壜陋彼伊蒲供肴炙紛醂醃人天各歡喜主客皆沈酣倦就齋榻臥醉折瓶花簪狂奴荷佛恕相對忘和南晚鐘忽已動塔頂頹陽涵舍舟覓歸路街市行趦趄詩隨酒氣湧夢入茶香甘夢醒燈未燼彌勒仍同龕時以送試寓覺苑寺

七言古

明

郭氏孝童歌　倪朝賓

祝融扇禍何太烈六月飛烟如電掣一十七人倏煨燼令人聞之痛欲絶郭氏孝童事最奇入火救母嗟何之母弟三人烈燄中宛轉抱持不忍離籲天無路身無翼化作飛灰雲墨墨火怒風號鬼神泣白日黯淡慘無色吁嗟乎與母同死亦何求赤霆爲御太虛遊火宅便是清涼國須臾一炬成千秋孝童之軀雖可爇孝童之名不可滅莫謂祝融肆不仁煆煉月骨飛芳屑

按孝童浦南鄉石峽村人即郭倫蕭山賦所謂孝童救母僅傳郭氏者也倪朝賓桃源鄉梅里人萬歷辛丑一甲三名進士

秋風辭三首　　來知德

父存日疾痺經秋日多呻吟感之哀而賦此

秋風號兮如裂布我父風痺艱行步而何一往長不寤天寒日短時將暮欲往從之天無路黃雲慘淡烏啼樹肝腸摧斷誰瞻顧

秋風號兮歲云徂我父風痺誰將扶生兒小時掌中珠及長南北走紅途烏生有子反

知哺我生糞土不如烏縱然有子不如無
我生我生空朽腐今夕何夕納場圃日往月來箭到弩兒與父兮成今古丈夫生不列
鼎釜死後椒漿竟何補兒哭父兮哭聲苦父不自知臥黃土

清

郭氏悌弟行

樵夫百十上西嶺有賊羣呼競走逐陶氏狂夫刀斫人脫兒墜崖死成獄仇家一網誣
平民郭氏姓名三十六薦念天顯子友公兄作渠魁持械獨拷掠支離不可勝悌弟無
名自投鞫以死代兄眞勇極縣官義公長歎息偏戍山右僅匝旬論釋歸來人目拭（時清仁皇帝幸山東見戍者至問其始末命釋歸）家無擔石勤且劬中年豐穰樂家居牀頭有酒醒來飲囊中有
錢子讀書薹頑白髮貌蒼癯欲言不言口囁嚅少年舌上有龍泉太平老翁其如愚公
羅禍時余未生我年及冠公已老不顧因兄傳悌名日夕相逢說古道

按此詩倫爲郭子友作即蕭山賦所謂郭家悌弟者是

烈女行　　來鳳翽

人生奄忽如朝露去處卽經來處路但令丹忱可質天鼎鐺刀鋸胥無怖自來何者爲愼終結纓正笏數英雄不料兒女亦奇節身命付之談笑中錢家有女傾城色貌如美玉心如石紅顏薄命古今同父兮生我畜不卒忍汚含垢隸爲奴燈前夜夜雙眸血主人約我桑中遊白圭受玷痕難滅巽語赧顏謝主人婢子非緣惜此身抱得區區一寸心晶瑩不願蒙纖塵主人傾聽亦折服願愈睽兮心愈毒積羞成怒怒成殘務使淸流變而濁忽見江干泊妓船船中妓女交遊熟主人一笑上迷樓枕畔喁喁寄心腹議將傳婢囑浮家渡頭使唱長干曲就令松筠勁節多那堪霜雪添嚴酷異日停船借問時纏頭不惜紅綃束破曉陡率羣小來大姑方起臨妝臺聞道聲聲索大姑口未啓問心先摧主人瞋怒揮之去片刻不容暫停住羣小洶洶挽復推衷腸鬱結難相訴自思奴罪不當死未知此去歸何處我生不有命在天夷狄患難行乎素須臾蜂擁到錢江中有畫船浪擊撞美人上岸相迎迓且語大姑弗自傷小鬟爲帶拋家髻鴉母爲勻奉聖

妝小鬟鵶母重相逼淚痕添得長江溢蘭蕙不偕惡草生鸞凰不並凡禽集此身受殺
不受汚拚將一死成完璧俄而月滿平沙岸江心一片吳門練奴心原似月澄明奴恨
又如江浩漫破窗徑出赴洪濤節義直凌蒼穹高姑與鼎成三不朽曹娥孝水子胥潮
尸流不逐順風去猶爲中流作砥柱異香四散面如生及見羣雌髮猶指士人見此亦
憫憐懸棺窆諸古道前蔣家山下一抔土露冷風淒六十年塋域廣輪不掩坎時復濇
濇流淸泉牧童朝縱牛羊踐夜來又見狐鼪眠墓前誰奠一肩豕墓下誰焚一束紙不
獲朝廷隻字褒不登郡邑千秋史當時父老無復存里居時日多疑似惟有環江萬疊
峯爲姑生死眞知己我欲表姑名不朽無如筆舌鈍予口有願未知何日償予懷耿耿
空搔首悲來振筆書數行長歌當哭姑聞否

按事蹟詳鳳翽錢烈女記中

沈李歌 有序　　黃元壽

沈李歌者傷李氏某姑之死而沈其寃也李氏某姑邑之臨浦人麗質天生略

涉文史性靜婉足罕越庭戶年逾及笄未字父母俱謝世有兄弟四人長邑之庠生稍循謹餘則癡頑遊蕩而已家本小康坐此中落其二兄更頑好與博徒遊有孔氏子者里中之程卓也與其兄爲博友已負孔數百金一日治具邀孔於家爲牧豬奴戲晚後孔微醉引入內室而已獨徬徨外庭蓋有意設阱將伺其與妻並處突入內室誣以褻事要挾以償夙負奈未與妻商酌比孔入內庭而妻避入小姑臥內孔於燈下見姑與妻凝妝而坐艷若天人因屬意焉逡巡而出次日謂李曰能以若妹與我作簉室則夙負不足計更以三百金作納采李心動明知實告必不諧約以某日令孔備安輿率健兒數十至家刼姑以去無何密謀漸洩姑日夜飲泣憤不欲生姑之長兄懦而良爲之畫策垂夜挈姑以藏於親串家事平矣姑乃鬱鬱不樂有夫已氏者本里中無賴之尤爲孔氏爪牙以刼之不遂作蜚語以汚之曰孔某嘗在李家伊妹本以孔爲牆東宋而心許者何李某之拂人情也姑聞之恥甚以爲此汚非西江之水不滌遂於戊

戌秋夜作絶命詩二絶云煩惱重重鎖一城不知世路有寬平從今畫斷紅塵界不管黃鶯巧弄聲愁腸百結泪潸洄辜負爺娘養一回聽到鄰鷄啼喔喔似曾催我赴泉臺題畢以粉和酒飲之而殞其長兄若嫂憫其賢爲之廣延浮屠營七七之齋奠以冀姑生叨利天予嘉姑之節烈因作沈李歌以哀之

高唐雲散巫峯傾女兒花死木留貞人間不少傷心事半夜錢唐作怒聲江頭嬌女珊龍系金雀鵶鬟質自麗曉妝慣泥母梳頭夜讀還隨兄學字牆東宋玉幾曾窺月下雙文那足擬跨鳳雖無蕭史郎乘龍也願參軍壻前身獲譴在瓊臺重把蘭香謫一回匆匆豆蔻梢頭過荏苒光陰到摽梅塢欲藏春蜂蝶鬧枝宜連理雨風摧椿萱並謝遮無蔭鴞鳳同巢禍有胎蕩子摴蒱家業燼新豐年少蜂成陣拔釵搜篋計將窮十斛明珠償博進畫閣深棲碧玉嬌吳宮暗遞西施信有客南陽鼓鑄豪黃金不惜買嬌嬈自從韓椽窺簾後錯認雲英贈玉交未必禽妝成强委直將雲夢僞遊遨幽香嫩蕊封姨妒誰畫星旛殷保護蘭芷偏生荊棘叢佳人也得延年助鴿原能奏抑衙功鴛侶肯教沙

叱誤雲鬟撩亂顫驚魂一幅鮫綃揾泪痕換馬幾嗟花薄命遷鶯猶喜璧留珍一波甫定一波起謠諑娥眉亂朱紫烏鳶未遂啄雛心鸚鵡翻調簧舌技願採羅敷陌上桑忍言仲子牆頭杞黃昏月冷杜鵑啼啼斷肝腸愁入髓撒手紅塵返紫虛從今滌盡釵鈿滓君不見息夫人桃李不言花自春又不見漆室女惹魯人疑入山死苦樂雖殊清濁分青娥有志光彤史古有香山長恨歌我歌沈李恨如何

五言律

明

登龕山　周郁

吟蹤偶留滯極目海邊州江闊天疑沒潮喧地欲浮年華同逝水身世若虛舟聽徹嘔啞曲殘陽滿戍樓

謁龜山祠　朱原益

文章能闡世政事亦過人見雪思芳躅看山仰至仁芹香侵廟食花影落朝紳回首湘

湖上融融總是春

清

淨土菴　　王先吉

離郊多古刹勝地獨稱幽人烟出戶晚巖桂映門秋野色陰晴變湖光日夜浮禪機何處是雲白滿山頭

浮湘閣　　前　人

高閣憑虛峻登臨繞翠微蛟龍簷下起鴻雁望中歸平地蜃樓幻空階寶筏依廬峯擅絕構卓錫自能飛

隆興寺　　陶元藻

林巒無人愛烟霞此地生竹分新故綠泉注淺深清茶話兼涼雨鐘聲入暮城誰從幢刹界重問澹園名

貞女詠　爲朱家驥聘妻蔡氏作　　徐光第

易以乾坤始家人利女貞玉因完璞美泉本在山清恨不翁姑事兼貽父母名妾身心共白莫道未分明
夫壻未謀面全歸恃此身九原相見日卅載未亡人荼菜同茹苦蓮花不染塵冠山青萬古高節共嶙峋
異室今同穴貞心可慰不旌褒惟一字題詠共千秋苦韻焦桐續芳聲彤管留懷清臺已古地下許同儔

按蔡貞女事詳列女傳下

魱魚 有序　　韓欽

產松林銅盤湖中僅十數弓一區有之不生他處取以四月餘月亦無也色白如銀味特鮮美惜其細已甚觸暑易腐土人用油醬炙之藉以致遠色黝而味渝矣按爾雅鯦當魱注謂似鯿而大鱗肥多鯁即今鰣魚與此大小絕不相類而曝書集有食魱魚一律指小者而言則其名由來已久意者應時而出品亞

於鮒魚假此美稱歟蕭去松林二百里甚不易得有自錢清餽者亦非原質詩以惜之

笑爾么麽質眞令白小嗤滋生偏擇地逞味亦乘時出網銀千縷調羹雪一匙輕船能急遞莫使素成緇

吳越兩山亭　黃元壽

玉頂高峯峙江山一望收龍飛天目勁鼈鎭海門秋句踐五千甲婆留十二州英雄今已矣終古暮雲愁

七言律

明

寓懷　陳仲淳

曳紫拖金不外求巖扉只合老藏修紅塵世界三生夢黃閣功名兩鬢秋雲樹晚添孤客思烟花春殢少年遊何時明月清風夜尊酒賡歌頌有周

答魏端璧見寄　韓肆

相府潭潭一鳳毛，奮身能繼舊勳勞。南金器宇朝端重，北斗佳聲海內高。忠義持心逾鐵石，文章落筆湧波濤。緣知晝錦寧親後，猶有餘情念布袍。

清

田疇爲潮衝齧入江者十八九矣距家止半里許桑田滄海驚感賦此　來宗敏

海水南逾澨沃焦，滄桑倏忽變今朝。纔登樓見滿江雪，不出門聽三月潮。萬頃波瀾誰作砥，幾家廬舍莫非僑。愁來欲借錢王弩，飛射鴟夷白馬驕。

晚渡錢江　前人

拍岸驚濤落眼邊，潮平風正一帆懸。大江日夜流千古，全浙東西劃半天。殘靄遠拖漁浦樹，暮鴉遙點范村烟。英雄多少浪淘盡，擊楫中流爲慨然。

龍潭濬源 并序　來翔燕

余來氏世依冠山之麓其山之南流斜抱村居迆邐而東入於河其北流則散漫無歸由江外洩本龍之水反背而趨依其麓者山鍾其靈仍不得水毓其秀矣吾宗前哲多議及欲引納之有志未逮乾隆壬子因江潮坍偪進築備塘燕乘衆力隨於備塘貼內曲折穿通將風車漊引泮龍潭不旬日而濬鑿成渠古云會有源頭活水來雖招衆怨或亦族運當振興之候歟時也亦勢也茲慮後人不知所自因賦以識之

六百餘年籍此鄉流泉何自相陰陽冠山舊峙家聲遠帶水新開世澤長竹徑曲穿三握髮桑林環繞九迴腸窮源敢繼前人志毋我雲礽數典忘

題堰西園三律 有序　陸埜

堰西園來虹橋舅翁別墅也聞中有層樓遠瞰大江其下橘樹成林蓋神溯久矣舅翁歸道山今已四年嗣君守之招集看橘余以事未果寄題三律即以誌謝

青鞋未到俺西行十載神游夢屢成佳客坐花移日影秋風過樹帶潮聲書窗匣庋多遺硯（舅翁藏硯既佳且多）菊徑籬開有餉罌（舅翁成進士知江西萬載縣）不料江園新得趣沙鷗猶弗踐前盟

霜林蜜橘鑄黃嬌裙屐隨看興共饒輸玉叟談巴郡果鏤金人詠夕陽條色新可奪鵝雛酒香嫩應包鮫室綃强我欲扶沈醉至西州門外樹蕭蕭

主人招我橘洲佳况復園多玉篆牌沙徑榼攜松翠落江樓簾捲浪花排獨如闞澤言除籍焉得金香納入懷渺渺長河千尺水此心洄溯卻無涯

題蔡烈婦曹馬兩孺人　朱鳳標

一夕腥風折大旗牽衣出戶獨遲遲劇憐杜老移家日親見曹娥赴水時貞烈並登賢女傳孝慈長繫郡人思葦間訣絕無多語應入黃門傷逝詩

浙東形勝極峥嶸誰撤沿江列戍兵烏鵲喧闐師已遁鸞凰漂泊義無生久聞刼火空墟落賸有豐碑勒姓名寄語長官勤採輯好憑彤管播芳聲

題厲將軍廟　韓欽

霸圖成敗不堪論，古廟誰招烈士魂。百二終歸三戶滅，八千賴有一名存。沐猴前事神猶憾，逐鹿餘威寇自奔（方臘欲東犯會稽，見將軍擐甲陳兵於西興，旂有北嶺字，遂不敢渡。郡守劉韐上其事於朝，賜額武佑。見施宿會稽志）。靈爽至今昭福佑，歲時報賽自邨邨。

荒遠難稽肇事前，宋元俎豆自千年。文成細認殘碑蝕（壁有劉文成撰碑），武佑新更賜額懸。雲氣四山開戰纛，淵泉一曲奏神絃。客來莫話烏江恨，眼底滄桑又變遷（亂後廟毀，今始建復）。

按將軍事蹟詳壇廟武佑廟下，此詩序文不贅錄。

過湘湖懷何孝子　傅以言

久傳奇孝古無儔，生不誅奸死不休。春水滿湖人子血，秋風亂冢土豪頭。一官鄒令甘羅辟，九世齊襄痛復仇。功在鄉邦名在史，荒祠憑弔且句留。

登越王城山　傅鼎乾

越王此地沼句吳，北控之江南控湖。伍怒未平驚海白，施顰已杳說陶朱。壓烏山小疑遺壘，洗馬池深想霸圖。飛鳥引人花送客，歸途何用杖藜扶。

月夜登石巖　傅鼎頤

徑窄峯迴老樹橫筍輿不便便徒行昂頭霄漢天都近到眼滄桑地不平夜月半空萬籟靜曉鐘一吼四山鳴往來絶頂無人問天際閒雲自送迎

五言絶句

明

荻徑塘　楊德中

古塘頽荻徑秋來荻花盛留得荻草根能保蒼生命

游越王臺　趙恭

高臺今已毁山水似當年依舊東鄰雉飛飛下麥田

清

題藍田叔山水圖　毛萬齡

雜樹搖階綠羣山入水蒼誰能塵世外間坐一茅堂

秋感二首　　周博淵

悲風號空林靜夜猶未息報君秋節至霜露生怵惕

霜露不憐人寒衣寄未得惆悵東鄰婦獨自含淚織

己卯八月江蘇學政任滿將書籍寄歸蕭山題一絕於書目示寬修兩子　　湯金釗

待我還山日消閒讀此書晴窗勤檢點慎勿飽蟫魚

題衍聖恭恪公畫竹蘭　　前人

綠竹懷君子猗蘭思達人清芬留翰墨詩禮澤長新

七言絕句

明

寄伯溫劉先生　　任原禮

石頭城下一帆歸籌幄功成早見幾惆悵此生空老大笑摩龍劍電光飛

按原禮名源號養晦業於乾隆志本傳注明

梅壟　黃琮

韓公樓榭枕湘湖月上荒邱咽鷓鴣過客不禁攜淚處荊榛滿目水痕枯

清

江樓望潮二首　蔡仲光

秋盡風高落日清江樓數望不勝情錢塘急水懸帆渡誰道中流白浪生

不獨登高逸興飛彌天白浪拂裳衣懷人萬里愁無極野草紛紛戰馬肥

威武將軍歌五首　前人

威武將軍數戰爭繞江笳鼓夜深鳴搴旗雖未横江渡隔岸先聞咳唾聲

威武將軍勇絶倫樓船一聚又秋春辛夷花下人難坐羅刹江邊國易貧

威武將軍與日豪繞營垂柳蠹飄飖可憐荊楚輕遙士驅作吳兒學弄潮

威武將軍運戟强臂毛如鬣畏禁當會稽已稔聞操刺日坐沙頭喜拍張

威武將軍嘗敵還短衣大袴馬連錢奇材劍客咆哮甚咫尺江山不得便

按此詩爲畫江之役刺方國安之逍遥拔扈而作

江寺　陶元藻

江總才華歎寂寥臺城腸斷紙鳶飄一鈴常響浮圖頂猶似聲聲語六朝

游鼇烏山　前人

禪扉兩版帶殘輝夾岸嵐光冷翠圍望到白蘋洲外路賣魚船載一僧歸

湘湖竹枝詞　王端履

越王城上白雲齊越王城下雨淒淒一棹跨湖橋外泊綠楊兩岸鷓鴣啼

十里烟波兩劃開我南君北共徘徊白蘋洲外逢僧話知自楊岐寺裏來陶鳧亭先生鼇烏山寺題壁有望到白蘋洲外路賣魚船載一僧歸之句余幼時尚及見之今已無存矣

椶笠芒鞵小暑初梅風如翦碎菰蒲少年邀喫楊梅去行過頭湖到二湖

湖鏡如揩浸碧虛一枝柔櫓蕩芙蕖竹篙輕傍漁舟插要買新鮮杜父魚杜父到處有之出湘湖者

尤佳

湖心三月水鱗鱗湖面花開盡白蘋採得蒓絲全不滑祕傳煮法要瞞人蒓菜雜生蘋藻間不可辨別惟土人能識之春時采摘沃以沸湯方能柔滑其法秘不傳人

雲影空濛露一斑峯頭妝束翠如鬟到來湫口須拖𡑞且看隆興寺後山

盛家港懷何孝子　傅鼎頤

想見當年陳習園親朋都著白衣冠拔鬚矐眼人休訝斬得讐頭方報冤

詩餘

明

沁園春　來集之

題賈祺生江上新居北直人舊令蕭山

江上園亭聚峯樓閣大雅蕭疏笑楚弓一把誰亡誰得越山千點吾愛吾廬壘石移松編籬護竹又濬方塘學種魚柴門外看塍盈薤韭水繞茭菰　室中惟有圖書更棋盞

琴囊景味迂喜閉戶蒲團爐香自得良朋車轍村酒堪酤耳熱酒酣予倡汝和搔首乾坤一夢餘家常事是大人所學君子之儒

又

燕趙悲歌金陵懷古到此蒹葭喜盈廬松竹皆分召蔭繞階蘭菊原是潘花子婦壺漿兒童竹馬此後眞成鄰舍家相驚歎道今居野築前此官衙　四圍山色無遮聽入戶江聲早晚譁自五噫噫後聲聲帶淚六歌歌罷字字生嗟南海茫茫北雲渺渺此身隨地不天涯休回首望中原戰馬何處桑麻

又

排馬湖邊越王城下長河遠村覽江廬許刹思量六代桃源漁浦追憶虞秦東弔蠡謀西憑胥怒還溯桐江覓釣綸扁舟去訪六千君子倘有遺人　鑑湖原屬閒身好蘆葉叢中烏角巾趁早霞初挂獨留麗句秋風未起先薦湘蓴果熟楊家廚烹蔦鳥更盧橘含桃品味新雲巖寺恰古稱西隱與子沈淪

清

滿江紅　韓欽

中元夕觀放河燈

莫是燃犀怕澤國魚龍掀舞但遠望明明滅滅參差難數大地現成星宿海迷津照徹菩提炬更僧棚倒映燭搖紅波光互　似螢火菱塘度似漁火蘆灣聚訝中流蕩漾順風吹去慘碧幾行先月墮餘青一串和煙沍漸白楊隱隱散秋燐東方曙

點絳脣　前人

家弟宜江鎮就舍後小廊爲舟室歌以落成

宛在中央悠然欲動江湖想曲檽低幌恰受人三兩　略可絃詩略可傾壺釀桐陰爽雨敲疏響似打菰蒲槳

賦

清

蕭山賦　　郭倫

蕭山之爲縣也𥿄（音縟）其彊哉東繡山陰南錯暨陽北瀕滄海西亂錢塘截補五十里縱橫在郡西方肇域於漢定名於唐若夫都列三八鄉分十五磧䃨中開浦陽西吐帶海襟江重巒疊塢藩籬之所居會稽之所部山則百藥崷崪（百藥山在長山鄉崷音愁崪音萃）衆草皆馨九峯巄嵸（九節峯跨八九二都）羣卉所扃西山如嶂北幹如屏洛思蹉嵯於東北石牛峩峨於西南文筆環季眞之宅（文筆峯在縣南二十五里季眞賀知章字）仙巖投元度之簪（許詢字元度隱巖上仙巖）城山棲越王之甲郭墓瘞孝子之男鳳塢馬谷（二山名）覺海長潭（二山名）蒲蓬蒙茅（四山名）冠笏甑龕（四山名）⿰山那潘橫岆（四山名）獅虎蛇鮎（四山名）雲門石峽（二山名）或⿱山前或嵾九龜五鳳（縣有龜山九鳳山五）或伏或嵁長山東趨尖山參天祖龍驅石（即連山）范蠡遺鞭（黃竹山在縣南二十三里范蠡遺鞭於此生筍爲竹色皆黃）歷冒虞帝（歷山在五都）峯附梅仙岧岧白墅迤迤謝尖壓湖似玦石蓋如輂道林崖崖杜同蟠蟠犬螺形異茗菊名刋（山名）崛崿乩峭巀嶪嶔盤（皆山形）窟藏鹿麂巖夥猴玃水則潘水名舊（即南門江）湘湖澤多迴環七十餘里溉灌九鄉之禾蓄兮有時放焉有科創於楊而定於趙

培於魏而淸於何十湖二瀆沈璧恬波金泉爲井白龍成渦山溪水庫迺堰迺坡以瀦以洩澤並江河浦陽注瀏南北分彊羅刹溯流潮汐噴碨旱驅魃虐洄駕艅艎長波浹渫洄湍涴汪乘飆挾潦大汛潰塘村民惶惑敗我稻粱漁浦滙歙婺之浸西江合山會之防物產則有湘湖之蓴長山之朮埭上之楊梅長河之蜜橘雷筍春舒雪桃冬實楓將落兮蟹輸芒桃欲實兮鯉逐匹抉蜆江沙踏蟶瓜瀝（瓜瀝地名）拆栗佳山採茶響鐵（嶺名）盎背有鯽巨口有鱸荳有虎爪稉有羊鬚芡有頭兮菱有角瓜有瑙兮（雪瓜出井亭村二都者最佳）棗有蒲潘水之銀魚鱗細湘湖之鴛鳥咮殊龕山之樹桑遍野北海之熬汁滿區（煎鹽爲業）煮竹爲紙編竹爲桴駢集河上遠達京蘇小滿繅絲寒露掇棉茅簷雪積編戶霜懸臨浦龕淮蘇之粟義新引衢婺之船太平久而庛（音徒）無隙地徭役輕而農有衍錢俗重世系民好訛傳家藏釀酒戶誦成編牛運有車脚槳有船淸明上冢男女牽連麗服靚妝揚艅駕艑羊豕之祭富室皆然（蕭山淸明墓祭爲紹府之冠）昔恥卒隸今重市廛衣冠華胄漸流爲輿皂詩禮苗裔多走及幽燕狐胡爲而假虎民胡博而舍田市靡領而非貂野靡履而非

鮮冀風俗之還淳惟丞令之無愆封建廢兮郡縣興政教脩兮循良著凡厥士民咸瞻喜怒貪戾則雖去猶仇慈惠則其來何暮歲餘幾千人鮮可數懋德杜公縣東虎渡高第游楊道南風樹顧興水利趙立湘旁主簿誅卦保障一方蘇罷櫻貢施築城隍沈圩陳壩民不能忘國朝徐賈繼起鄭王鄭稱一貫王號無妨民懷吏畏沁入心腸蕞爾偏隅屢爲戰區東浙孔道西陵畏途夫差敗越王郎拒吳高遷屯卒查瀆潛趨孔顗作逹吳喜執殳漁浦濟師同市獲俘楊素奪知慧之岸錢鏐殲劉董之愚士誠抗明錢淸受荼方馬截江王師所誅屹岪施城遠逸倭奴山川旣隘人物亦寥厥稽所樹今古同昭德以忠孝爲大品以隱逸而超兩試花如桃李三立珍擬瓊瑤仁義都尉行必讓路太學博士耕必束腰木石人心晉夏統（人名）芝草嘉禾唐戴恭（人名）賀祕書賜鑑湖之曲孫雲驤挫憑海之鋒淯（人名）僅刺草而名聞朝右兮伯會（人名）遘旱而泉湧廬東或河渠著績兮（宋張夏蕭山人守泗州日築堤以禦大水景祐中浙江修石塘請置捍江兵死而爲神後封靖安公）或臺閣生風（張叔椿字景韶宋孝宗時彈劾不避權貴官至吏部侍郎）或布衣兮垂訓誡（來勵字宗亮隱居不仕家範嚴肅所著有四訓八誡以示子孫）或縣令兮泣耆童（沃墅蕭山人洪武初知溫

縣時民艱於食墅令開闢荒蕪樹桑棗百姓德之及代去耆童皆爲垂涕或片言而弛黨禁兮張孝伯宋隆興進士嘉泰中參知政事以爲不弛黨禁後恐不免復仇之禍韓侂胄然之追復趙汝愚朱熹等職名黨禁寢解或正論以豁愚蒙或晦迹於市廛兮或抱石以赴池中楊守程諸生也明亡偕妻湯氏幷一子抱石投去虎村池中而死若夫碩德期頤魏文靖允矣偉人魏驥字仲房蕭山人永樂乙酉進士好別白君子小人七十七歲致仕卒年九十有八謚文靖復讐遣戍何孝烈壯哉男子明何競字邦植父舜賓爲知縣鄒魯所殺競復仇戍福寧衛赦歸競自父歿至死服衰絰終身鄉謚孝烈先生張楓邱見憚於寧王張嶺號楓邱成化進士性剛直爲江西布政甯王宸濠欲拓地廣其居嶺執不允來馬湖除殘於副使來斯行字道之號馬湖萬歷進士有韜略爲天津僉事與趙彥等共誅白蓮敎徐鴻儒終爲布政有槎菴小乘行世蔡都司刳腸而殞蔡嘉字爾佳康熙丙午武舉後陞都司嘉入賊營賊執嘉嘉罵不絕口刳其腸而死雍正六年奉旨祭諭陳吏目連袂而死陳翔龍蕭山人爲臨清州吏目崇禎十五年清兵圍河間力禦城破並死之事詳明史烈烈縣丞竭竭典史秀才自經不愧明倫醫士生埋無非合理更有童家義徒趙家孝子倪家友兄郭家悌弟門閭終輝聲稱長繫胡爲忘敦本之桑梓徒遠行而游說路迢遞兮難窮遇迍邅兮未際由少壯而奔波將遲暮其奚濟望海角兮心摧走天涯兮身斃若乃淳風茂德歷世留言孝弟名鄉大義名村殷旦入朝百官失色黃淵處里六行克敦善丁侯之里濟慕吳公之默存怡怡

長者之宅草草學士之軒倪苑馬避竊以善族王侍郎徙垣以睦鄰樓仝善著書以濟世來兩山致仕以怡身來天球字伯韶號兩山明宏治進士歷官陝西按察司居官廉幹致仕後布履怡然自得謝居士造浮橋以療痘姚太常奏瘠田以蘇民黃梅懸來尹之鑑來三聘字任卿萬歷進士官至江西右布政司初尹黃梅有惠政嘗郊行大風揭輿蓋入池三聘命索池中得屍縛凳下乃集匠識凳主得其奸狀伏法一邑大驚號爲明鏡烏犍轉單叟之輪山西巡按鷹鸇忤閹山東邑宰蟋蟀思親同爨則樓家兄弟五世除妖則管氏甥舅三人咸哲夫之至行歷百世而常新至於腹似書林羣推來老來鴻雯字羽上蕭山增生恬於進取學有淵源兩浙稱博物君子時人語曰若有不曉須問來老所著有蓄德錄百卷藏於家筆如轆轤爭羨毛君即毛西河淡園晉史郭爲棟字淡園所着有晉史摘謬十卷繩訛摘謬倘湖樵書博洽多聞來集之號倘湖所著有樵書十二卷泛西河兮懷四友沈禹錫蔡仲光毛奇齡包秉德時稱爲西河四友陟北幹兮憶二門蔡仲光徐芳聲俱博學善屬文康熙二十年徵聘至其門俱不起來相遺憾兮卹崔來宗道號路然萬歷進士選入翰林厚重簡默人勸其建言曰此御史事也天啓七年以吏部尚書拜東閣大學士人因呼爲清客宰相後以其爲吏部時爲崔呈秀母請卹典因入逆黨削其籍戴侯抱慚兮斬袁戴僧靜永興人事齊太祖沈攸之事起僧靜手斬袁粲爲齊元勛封興平侯食邑千戶蓋位高兮責重雖一眚兮終論如孝童救母僅傳郭氏王慄救父時方九齡翳皆孺子克蹈天經若夫婆娑窮巷之居婉

娩幽閨之守堂號志姜灘名烈婦潭以怨投堰成割股義著卹鄰（吳翼之母丁氏）孝能豁瞽（王氏女）殺盜復讎媳爲舅苦屬殮納棺女因就土心同金石之堅名勒圖書之府風敎明而戶識貞淫節義重而家多寡姥泣血椎心酸風苦雨坊也有幾指不勝數漫誇美人之入吳更異將軍之救父而且取石有亭夢筆有圮秦君有里大成有碑咸前人之勝蹟迺流寓之所遺嗚呼渾沌既開陰陽廣運茫茫九州逮秦而郡餘曁一區會稽之暈天地胡私能者克振域靡大小邑有忠信山川莫移富貴代進方來未艾已往如瞬望西岑之多塚嘆東蜀之已蕪矧庸夫之窀穸費千金於碣趺弗樹千秋之業空負七尺之軀倫也家無四石鄉列八都盤溪九曲陽湖一隅類鷦鷯之巢木似鳧雁之依蒲五十里之彈丸奚詩人世二十世之井里亦愛吾廬

蕭山賦

楊繩祖

會稽舊郡於越巖關疆分浙水邑著蕭山位當少陽之域度居牛斗之間卦爲巽而日爲丁辰屬丑而星屬權在商爲藩籬之地於秦著餘曁之名新莽以餘衍號邑句吳以

永興稱城經天寶而名凡四易迄聖朝而邑不再更乃分隸乎紹郡供輸挽於神京其鄉則都惟廿四今昔有合併之殊圖凡九四坊里有分編之等如陳村徐潭百步朱村黄村史村社壇許君諸圖皆崇化之所領也縣南小鳳龔墅開明社頭諸圖則昭明之所領也趙墅永豐五里安射濱浦秦君去虎滂湖諸圖則由化之所領也山澤范港許村斜橋杜湖寺莊城東城西諸圖則夏孝之所領也雞鳴安正亞父諸圖則長興之所領也清德靜居横塘羅村魚潭諸圖則安養之所領也開善三基謝山馬閣篷村諸圖則許賢之所領也白墅香橋鄭村兔沙盛村諸圖則孝悌之所領也鳳凰許賢高屯安神高鳴諸圖則長山之所領也通遠崇山方山曹塢永福諸圖則桃源之所領也前濠莫浦峽下宂村河由諸圖則新義之所領也安國孔湖臨浦西施朱村諸圖則苧羅之所領也招蘇朱汀蔡灣諸圖則來蘇之所領也東京下浦陳墅楊新佳浦楊東楊南諸圖則里仁之所領也白鶴大義新田瓜瀝章浦忠義袁里龕山童墅路西佳浦周里塘頭丁里翔鳳長港諸圖則鳳儀之所領也牙錯雲連花村煙嶺比戶可封同溝共井聚

烟火於萬家聞雞犬於四境歎生齒之殷繁藉有司之鎭靖其市則有橋連夢筆地闢禪關南開臨浦北設長山鎭則有永興古道厥號西陵南則街通漁浦東則市接錢淸其嶺道則有響鐵吳嶺黃嶺可通富春馬叉巖上濠嶺可通諸暨其水道則首出西興沿江而南曰黃家渡又南曰上沙渡治南曰刹江渡沿江而北曰黃灣渡折而西曰汀頭渡又折而北曰周家渡又北曰單家渡又東曰馬社渡又東曰捨浦渡治北曰長山渡東曰丁村渡又東曰龕山渡自錢江折而差東曰漁浦渡又東曰義橋渡又東曰磧堰渡又東曰臨浦渡春潮秋漲雷轟電怒呷越呀吳片颿穩度舟子熙嬉如逢其故至若東西六二南北九十城圍九里跨山屹立東曰達台南曰拱秀西曰連山北曰靜海攘往熙來以出以入水門凡三可通舟楫別有文明釁宮呼吸前明趙公於是焉葺其廨署則山負北幹河俯菊花堂有忠愛牧愛協恭之異房有吏戶禮兵刑工之科門號龜山之署宅傳退食之衙面文峯而聳翠書戒石而稱嘉外則丞廳尉廨標其舍西興漁浦分其司倉有預備便民存留之目庫有架閣儀仗黃册之差軍器局設於倉北稅

課局建於治西惠民局爲施藥之所旌善亭爲崇祀之基申明亭在鳳堰之市駐節廳在馬埠之坻樓曰鎮海門曰望京亭則有暑雨蒙山民造一覽莊則有崇義載義由化昭明山則蕭然淨土柴嶺碑牌酒泉石巖東蜀西蜀前峽後峽文筆塔山尖山長嶺黃竹霧樓壓烏糠金眉山定山荷山箬山蒙山龜山茗山菊山北幹西山去虎鬬雞城山茬山石井壽山獅子翠嶂青山冠山乾薑筴竹海山黃山半辦三臺石牛雲峯楊岐開善白文靈峯歷山鏡臺龍門鶴嘴鳳凰馬谷黃嶺兔沙紀山佳山杜同玉峯東山甑山化山橫山蓬山峽山白鹿苧羅烏石覺海洛思航塢螺山龕山吹樓鱉子小山大山莫不巉岏巑崺別派分支以出雲而興雨唯寶藏之是資至其浙江浙河發源徽州朝潮夕汐一日一週東則江名浦陽源出金華北流諸暨匯於紀家東過峽山注於麻溪北經烏石錢清是歸漁浦峽浦臨浦捨浦水經足補運河則北至巨塘東入山陰雙河西河蘇潭菊花新河陣河蘆康同科湘湖則四面距山九鄉灌地周八十二里穴一十八處計廣三萬七千二畝溉田一十四萬有許賴前楊與後魏得土功之是敘他如落星

白馬淨林瓜瀝牧馬女陂清霖厲市周家楊家桃湖通濟詹家戚家干澇卸梓徐安正湖後山馬社州口名溪荷花名池是蓄是洩以耕以漁至於西江塘則跨苧蘿新義安養臨浦富家漁浦四都褚墳諸鄉北海塘則跨長河西興瓜瀝龕山諸鄉其在西者則有潭頭塘嘴閘堰項缺于池張堰上落埠大門臼汪堰吳堰方堰周堰傅山義橋新壩諸塘其在北者則爲西興北海龍王巨塘橫塘瓜瀝萬柳任塘藉劉公創議並築以捍衞經韓侯分段修葺而益良又若新林淩港龕山長山麻溪臨浦村口霪頭有壩有閘是築是修大憲有周太守有游後先保障功並於劉其餘橫柳荻徑黃竹白露盛港施河史池童湫石巖鳳林秦堰潘浜楊岐有穴許賢有霪河墅石鰌湘湖湖陰迤運周匝自古迄今若乃登翫江之樓瞰兩山之亭或更名於鎮海或四望而攸寧麗句乃秦系所在取石係江革之型或望湖與會景亦臨江而勒銘江聲蜀山草堂斯在徵士有園文通有宅軒棣蕚而樓交輝集詞壇之騷客至若物產之阜尤極豐盈秔稻宜炊者則有黃稑白稻銀杏金成烏嘴羊鬚廣秈香秔秫稻宜釀者則有青稈白穀臙脂葡萄老

少凹穀細稈趕陳麥則有小大之別蕎麥之名荳則有虎爪虎斑江鼈蜿褐黃白赤黑羊眼飯青或時兼乎四季或性備乎五行或消長豐歉之各異或高下早晚之攸分苟農事之克盡自嘉穀之頻登他若油白芥薹蒿虀韭薤蘿蔔莧菠甜茄葱蒜則蔬之屬也東西南黃香甜菜絲則瓜之屬也楊梅枇杷石榴櫻桃橙橘梨棗柿柑香橼桃李梅杏則果之屬也菱藕芡實茭菇茭白則水實之屬也湘湖有蓴沼沚有荇則溪毛之屬也茱萸芎藥白朮紫蘇茯苓半夏枸杞括蔞則藥之屬也或一本乎化工或半藉於灌沃或取之而不禁或用之而至足雖野蔌而山肴實養生而佐粟其木則松柏桐槐樟梓桑柘黃楊冬青椿楓榆柳烏桕香榧徧生邱壑竹則金紫青黃斑毛慈石鳳尾龍孫依山環郭花則薔薇海棠桃梅蘭桂牡丹芙蓉紫荊芍藥寶珠洛陽荷花罌粟山茶木香叢生綺蔓草則菖蒲芭蕉苔荏莎艾金線吉祥丰姿綽約逞風日之暄妍寫扶輿之磅礴爾其爲風俗也其君子質直而拙於奔競其小人愿慤而安於勞苦市井之民多便慧而失之詐鄉遂之民多簡實而失之魯山居尙氣而失之競澤居尙謀而失之鹵

東土多敦朴而鄙瑣西土多縟禮而繁縷聯姻或侚門第而亦重貨財治生多務稼穡而少營商賈雖時習之多歧實民風之近古客曰雄哉偉乎茲蕭山之形勝也間嘗稽之舊聞亦云巒峙句踐之域江界吳越之區浮虹程營乎諸曁漁川源出於桐廬都三八而歧分鄉十五而環布西陵通南北之商古驛候往來之使亭竈課煮海之程鄉民羨湘湖之利或蠶絲以資生或力田以輸賦若子云云則是縣治爽塏市井周匝車馬駢闐縱橫阡陌上下之岸人烟囂雜東西之橋盤販雲集春波漾湘水之蓴秋霜染固陵之橘夏里瑩點朱之櫻佳山拆如拳之栗給長山之新炭利小江之舟楫廣鳳凰之竹筍集兔沙之紙角穀雨采茗山之芽端陽劚仙巖之藥羅東曁之野雉拾龕山之海錯名園貴水仙之花市橋品淵明之菊均大小之興販資富貧之可給抑聞物華天寶人傑地靈善言天者必有驗於人善稽古者必有徵於今且夫洗馬訪越王之蹟浮湘尋許詢之居夏暑造竹林而借爽春晴訪桃源以追娛前城山而後塔寺右胥江而左鑑湖名勝若此何以加諸况乃望族名門衣冠赫奕仞牆環待制之府茂林隱侚書之

室王菴崇侍郎之墓重興鎮徵士之宅荆蓁荒厲師之趾莊園積史官之粟彼科第之
文人紛宏達於今昔豈懿行與芳言反不可以殫述余曰子不聞夫三國鍾離父子濟
美智名勇功有加無己孫季高平建鄴而民安戴僧靜破淮陰而亂止賀知章以淸談
而賜湖王敬素陶土筩以引水張孝伯力弛黨禁沈公持熟精吏事張卽之雅善六書
魏希哲達通魯史張秋顏耿介不移張景韶權貴不避顧利賓幼達五經葉履道少敦
六行來經邦折節讀書盛源之杜門安命翁五倫殲白蓮之魁來汝賢調丹陽之令或
冠山兮隱居或江淮兮遊學或疊石以便街衢或緣隄以勤董督蔣繼曾以孝友著韓
振强以孝弟稱王崐毓奉母歸養來舜和孝義難能其餘封股椎心指天誓日修學賑
饑黜華崇實奇節堪欽芳型不一是皆前輩鄉賢志行昭朗著千秋之令名足光價於
吾黨者也若夫能吏持籌觀風式化教孝敎忠無虞無詐其自嬴秦列邑至今建利除
害代有其人而舉其最著者則有若陸凱王雅凤昭幹理宋卿蘇壽益善撫循杜守一
德能去虎游定夫獄更稱神華元凱覈實坵畝汪仲舉疏浚運河於善新學校以式多

士尹性施德刑以去煩苛張暉阻開紀匯楊時建築湘湖郭淵明疏濬湖利趙善濟議繕湖渠秦尙明酌減賦額許承周摘發奸胥朱栻立丁田之法張選刻黃册之圖韓昌先創立里甲施堯臣始築城郛王念覺纂修圖志彭彥彬禁絕追呼蘇琳免櫻桃之貢顧棻垂房署之模王一乾申革糧役劉望海杜絕差輸李鞏貸鄰郡而賑溺吳公遇歲歉而蠲租陳仲華剔豪强之弊沈鳳翔退皂役之徒蔣思澤訟去鞭扑歐陽公恩免差徭啓雙河三橋二塔之功則陳如松之美蹟除盤借圈賭掠賣之患則賈蒼嶠之嘉謨凡若此者或賽祭東橋或立祠西郭或崇祀於黌宮或飛陞於黃閣或類孟嘗之還珠或如昌黎之徙鱷或同彭澤之陶潛或媲河陽之潘岳或飛舄等葉縣之仙或馴雉匹中牟之略類皆盤筐蟬綏黃綬銅章遇盤根而益利操餘刃而無傷並荆玉南金以立品偕白鳥靑鹿以致祥以故繫維公之馬牧緤氏之羊與汝陰而稱神父隨褒德以號循良門有蕭閑之景庭無爭訟之章今我蘇鄰李父母之來治吾蕭也任歷六年治臻三善名列八賢才高萬選其廉而有守也則范甑生魚其德足感民也則荀庭集鳳既

笠織而無餘亦葱韭以自奉其一塵不染也則置水以投其一介必嚴也則得錦而送其侍奉萱幃也則泉因孝感而成甘其留心民瘼也則湖以積堰而利用而且剔三蠹除五害攬三江之故蹟則時事搶修步萬柳之遺蹤則情殷報最憫我民之猶魚免桑田爲滄海洵無慚明府之稱允不愧循良之宰何乃十奇致詠三異觀成男因鄭字子以賈名清呼一葉績表三岑盧堂懸鏡玉壺貯冰方期錫李常之絹忽焉攀劉寵之車徒令望空躑躅搔首踟躕擘漁浦之烟光則千層繚繞盼清江之月色則一片空明攬北幹之松風則濤聲遠近把西村之梅雨則爽氣縱橫聽羅刹之潮聲則鼉鳴龍吼望湘湖之雲影則霧縠川紋擷書院之遺芬則班香宋豔對文峯之拱秀則晚翠朝晴欲擬賢明之宰難繪圖畫之形思攀轅其莫及徒臥轍而難停淚既沾於古碣腸復斷於離亭大江東去曲水遙經伍子之濤頭湧白嚴君之灘上含青所由述全蕭之形勝憶曩哲之典型敍九鄉二十四都之槩繪兩湖八十二里之程縷土宜與物產駢士習與民生用掇一方之紀略參三政之情溯甘棠之遺愛摹苗黍之專誠痛花殘於潘縣悲

琴罷於宓聲公則爲山中宰相民乃失堂上神明此何論誌邑乘者前有張崇諸輩賦蕭山者後有子漸諸公而即境寫情因人賦物其詞雖異其心則同蓋雖在鄉言鄉不雕不琢亦聊以謹酬我客而奉獻乎我公也

按嘉慶七年邑令李庭蘭去任民懷其惠各作詩賦文辭以贈行彙刻之曰遺愛錄此賦前有序後有頌以無關掌故不錄

序

明

張氏家乘序　　魏驥

予嘗讀吳越外史知武肅王朝有尚書公張亮恭勤忠孝能始終輔國衛民每惜其不生於光嶽全盛之時與伊傅相後先猶幸而奉國歸宋錫爵贈謚尚得與開國諸公相伯仲而竟未知其爲吾邑蕭山人今同自雲間杏林長者以所輯家譜示予命予題其上予拜受讀之乃知尚書公亮爲先生第一世祖而先生爲尚書公第十一世孫也噫

仁者必有後信矣哉夫尙書公今幾四百年矣而杏林先生乃能紹述其家傳讀書尙義享高年式鄉閭更得丹溪不傳之秘而爲世良醫是誠有功於民而能不墜乃祖之家聲者則豈非尙書公之流澤孔長也哉今先生又能積德累仁光昭前烈吾知嗣先生而作者固未有艾云

清

東門陳氏族譜敘　　王宗炎

鄭漁仲曰隋唐而上官有簿狀選舉由之家有譜系婚姻由之大姓家狀上之譜局官爲考定藏於秘閣副在左戶私書有濫糾以官籍官籍不及稽以私書近古之制以繩天下者也譜牒寖廢訟獄繁滋歸宗復姓者與爲人後者乞匄攜養攀援依託者傅會疑似攘蔭爭貲者官聽不聽委於族長族長固陋失學耄昏忘祖片言失之圮族紊宗欲救其弊莫如復官譜其次則修私譜官譜之法郡合其縣縣合其鄉鄉上其著姓删繁纂簡斜上旁行略敍郡望兼誌門閥分枝派别約舉大綱私譜之制通者取歐兼者

取蘇生卒歲月子姓嫁娶宅兆分合條臚件繫瑣屑紀載私職其詳官職其要交稽互覈以稗治書宗炎志焉未之逮也乾隆庚戌以語吾友陳君應坡陳君曰願之久矣且吾亦有大不得已者焉自吾先人福一公始來蕭山其子曰文祥公文祥公之子曰孝隱公三世皆葬縣南之來蘇鄉附葬者四十餘冢皆吾族也長浜溇湖二氏起而爭之縣無以質訟於郡又不能舉其契三分其基而各祀之讞迄無定吾請定以譜長浜氏之言曰吾祖福一公與汝祖福二溇湖之祖福三兄弟也死而合兆是改吾祖之行爲其祖行其不可冒者一也又言福一公當明時自臨安遷蕭山吾族之譜載宋承務郎康義公隨高宗南遷居古虞之桂林三傳至福一公在理宗度宗時及文祥公以齊履謙薦被徵則在元仁宗時先於明二百年其不可冒者二也長浜氏又曰福一公名福字善成娶何氏生子茂吾譜則云公諱度字懋功娶陶暨王文祥武祥實公二子秦越本殊鳧鶴難續其不可冒者三也溇湖氏之言曰吾祖福三公合葬於來蘇子孫祀之說與長浜若相唱和而溇湖之始祖名芳行乃福五其不可冒者四也二氏之言曰三

誤成五二誤成一改若譜之福一爲福二則不合者皆合是又不然長浜氏族籍匠而氏屠載在譜首可覆視也吾譜作於明寰公生明神宗季年而卒於大清康熙之朝中更兵燹壁藏系世遺聞舊牒手自考定其女適屠九章卽長浜氏也後易陳氏而改娶成爲娶成使三族果合明寰公必不以女字親同姓其不可冒者五也往者方訟之殷各上其譜有司以譜出私家事憑口述莫能徵信姑從闕疑向使官譜法行檢稽故府源流既正是非立剖何至先人邱壠受享非族幸而私譜故存數十年後猶能詳考博辨以明二氏之飾冒而况二氏以外同姓夥衍與吾合族者繡衣坊紀家匯南門轉塘而止耳其餘城中有東橋陳縣以東有漊下陳塘裏陳霞浦陳其南有陳村陳山頭高田臨浦諸陳其西有東山湖頭二陳雖以彊識之資博聞之詣日總月覈糾棼譌紕所在多有若夫代遠事湮失系墜記泝崇韜於汾陽繇武襄於梁公孰從而辨之則信乎官譜宜立私譜宜修而吾陳氏之譜尤不可以不急治也既以告宗炎退而從事於譜三年有成以敘爲不可辭也書以誌緣起焉君樸而靜學專而守固倘能推其力合同

縣諸大家譜牒徧稽而彙葺之定勒成編綴附誌乘復隋唐以上之良法於以審斷決獄息訟平爭其爲益豈淺鮮哉

蕭山漊湖陳氏族譜序　王端履

漊湖環荏山之南陳氏聚族而居者有二居西堡者別爲一族曰西陳居東堡者則爲漊湖陳氏其先世譜系荒渺脫漏無徵不信宋元之間伯玉公自杭州遷居蕭山石板衖爲一世祖始有居址之可稽六傳至福三公卜葬來蘇鄉始有墓域之可證九傳至月軒公仕明官刑部郎中始有爵秩之可考十五傳至敦樸公始家漊湖大其族譜一修於錫元公再修於稽平公三修於列宸公道光丙戌族長某等又合族衆而續修之問序於端履讀其譜而歎其得尊祖敬宗之道焉夫三代以上宗法明而官掌其事三代以下宗法廢而家自爲書降及六朝崇尚門第北地姓著崔盧南朝望推王謝甚至寒門不躋華要士庶不通嫁娶於是單寒孤畯不得不遠託雲礽近附貴盛以自張其閥閱歷今數千百年奠世繫者沿其流弊仍譌踵謬而不知所返且或變而加厲即陳

氏之著望於蕭山者凡十餘族按其譜牒類皆分支潙汭衍派太邱至於源流闊隔則憑虛臆造以爲增續譜學其不可問矣獨澇湖陳氏則不然近宗始祖而不追述舊德詳列本支而不依附他族若邑東門之陳長濱之陳皆屢請通譜敘昭穆澇湖自伯玉公以來閱世二十有六而東門世止二十長濱世僅十七且東門獨唐義公長濱祖福一公以世以祖莫之能合則與爲親同姓而別自爲譜別嫌明微之意也若埭上之陳榮山之陳雖離析轉徙舊乘不詳而埭上實出自敦睦公榮山實出自敦歷公皆爲敦樸公之親兄弟溯本窮源遙遙可接則引與同譜而別爲一支明不得襲澇湖之稱也非愼之至而能若是乎愼故尊其祖而不敢冒不可知之祖以爲祖愼故敬其宗而不欲援不相屬之宗以爲宗其體例謹嚴創自舊譜而某等仍守其法而不廢殆古所謂賢子孫歟抑聞其族有義學有義田規畫燦具所以敦任卹而厚風俗有非他姓所能企及則其收族之道固不在區區譜牒之修明已也

蔡氏兩烈婦序

邑令　龔鳳岐

作文若無關繫不如不作爲書烈婦行原有關風化之事古人登集最隘慎浮墨也故兩漢不輕許人節義唐宋以來濫矣萬口一詞烏賴以信今而傳後余宰蕭之四稔陳情乞養將賦歸邑孝廉彦湘同年友走告其嫡庶曹馬兩烈婦死狀謂不可無余言並手傳贊題詞纍纍几上浮若干高瀏覽一過各出機杼發潛闡幽光怪陸離固已無意不摻無法不備矣而心儀懿範更有爲兩烈婦多者溯自粵匪跳梁堅城深池勁卒利兵所在皆有往往賊至則委而去之兩烈婦以一孱弱女子卒能於寇深時先促其夫若弟奉姑太夫人亟爲趨避又能倉皇生智出懷中三歲兒授其夫爲設謀脫虎口纔相繼投水死餘一子二女同時隨娘死嗚呼難矣曹則從容出以慷慨馬則慷慨出以從容於國爲忠於姑爲孝於夫爲節於身爲烈於幼子爲存似續見仁慈於殉亡三子女則處骨肉流離間尤徵至性不能移觚奇合握珠照雙懸其有補於綱常名教而足以涵養人心風勵天下者爲何如也余恨知之晚心滋愧焉用敢特筆書之以告後來之采風者

傳

清

書郭原平傳後　會稽李　模式侯

長恭至行高義輝映史册讀之如見三代鼎彝敬愛撫摩不能釋手乃里籍既著吾羣南史又非僻書而越士罕道其名蕭山亦迷所處迄今譚永興風蹟者許詢捨宅之寺江郎夢筆之橋附會侈張流連歌詠揭碑表里常若不遑而獨楓郭氏孝行之居無有咨訪者夸流寓之風華昧本貫之惇美問引船之埭莫辨郭門溯運瓜之湖幷迷瀆水豈非文采之浮名易傳懿實之庸行易沒雖有佳傳鮮肯究尋乎至於義行嚴門山陰先哲連綴郭傳並生元嘉而世期姓名亦無知者是可慨已長恭稟承賢父孝實因家然世通瘞兒事乖倫理而迹既類巨姓又同前不應一族之中兩見驚人之舉疑巨之行事不見漢書劉向孝子之圖既爲贋作干寶搜神之記尤出無稽雖今古艷稱實係附託（漢人郭巨埋兒事僅見搜神記及太平御覽所引劉向孝子圖）若長恭者傭食養親獨力營墓皆秉彝典不越常

聞乃至恐裸耕之慢墓倍價買田念家世蒙旌大喪慟哭而三農之月束帶以向親五日之臨麥餠以給食深達忠孝之禮有過經儒所爲出於顓畮眞非恆理惟因宅上之種竹懼盜者之墜溝立橋令通採筍置外既隣矯激又近專愚賢者之過非可垂範者耳

清

陳節母俞孺人傳　王端履

孺人姓俞氏山陰五章公長女而蕭山陳公立人之妻也陳公諱位以字行性穎異弱冠作爲文章咸中程式以思遠名應童子試見賞於邑侯某公歸益肆力於學遂得咯血疾未預院試而卒時孺人年甫二十有一慟不欲生絶而復甦者數四其弟川濠等慰之曰姊舅姑老矣叔氏尚幼姊死誰代姊夫供子職者孺人乃勉進饘粥煢煢孤獨下無子女旁無妯娌寒暑一樓晝夜紡織以奉甘旨並積十指所餘爲叔廣宗公營婚娶閲十餘年廣宗公生子夢川孺人即嗣爲己子愛之如所生夢川長克盡孝道乾隆

五十有三年以孺人貞行呈請有司上其事於朝得旨旌表如例論曰孺人之姑王太孺人端履曾祖姑也孺人胞妹適瞿杳川公又端履舅祖母也先君子嘗以母禮事之故端履幼時陳瞿諸親長往來不絕每憶新歲節屆燒燈瞿姓少長咸集燕飲信宿相得甚懽廣宗公卒夢川踵至親串同堂欵語竟日老成典型追溯如昨而數十年凋零殆盡音問契闊彼此子姓相見均不相識幾不知先世之爲姻婭也者良可慨已陳氏舊譜載立人公生雍正三年九月十五日卒乾隆三年九月十二日案乾隆三年歲在戊午距雍正三年歲在乙巳是公卒時年止十四齡恐未可以娶妻又載孺人生雍正五年正月二十六日卒乾隆四十五年正月十五日案雍正五年歲次丁未下距乾隆戊午僅十二年尤非理之所有據山陰俞檢討鴻所撰家傳言公卒時孺人年二十一推之當是乾隆十三年丁卯歲疑莫能定故不敢敘之傳中某等其詳稽祠堂栗主函中所載據實訂正無仍舊譜之誤可也

狀呈

清

上藩憲請褒越中節孝狀　汪輝祖

具呈蕭山縣進士汪輝祖爲博徵苦行錄實祈褒事竊維皇仁表節里崇斲石之坊婦德完貞祠勒題名之碣窮不憂於無告善何患其勿彰然而發端在保社之間吹求瑣瑣申報由學官而上考覈層層罰無疏漏之條事以因循而誤自非息子誰闡幽光降及孫曾都成陳迹故伶仃下戶懷淸不乏嫠孀而遼闊多年潛德易歸湮沒輝祖鞠從二母深知齧檗之艱乞得十行並許卓烏於宅閈因侍帟幸話旌門方欣曠典之親膺旋慨殊恩之溢分謂族姻某某亦勵貞操何蓬蓽蕭蕭不聞褒異誡小子毋忘茹苦願他年更計推恩輝祖當據家乘得節婦二十三人稍爲詮排上之縣府時以方攻帖括未暇搜羅何圖一第倖叨慈顏頓謝九京不作遺訓難承負此生昊天罔極之悲眷疇昔同病相憐之語冀承先志博采孀閨布同好以腹心溯流芳於桑梓山陰則編修王增會稽則舉人陶廷珍蕭山則主事來起峻舉人王宗炎生員鄭王賓汪銓餘姚則編

修邵晉涵舉人翁元圻諸暨則舉人樓卜瀍嵊縣則生員王元春共襄厥事各舉所知發隱表微有力者不錄循名責實無徵者弗登力瘁四年地周六縣或居貧而無嗣或鬻子而困窮或時遠而名彰或義昭而世絶稽其年歲均爲合格之人揆厥遭逢將在就湮之數有可傳而傳者豈涉瞻阿無所爲而爲之曾何假借至於貞姬守義烈婦殉夫以及奉舅刲肌救姑割臂情尤可憫道並難能無非厲俗之模率皆據實以紀恭維
大人彝倫標準名教宗師褒以一言榮逾華衮俟諸百世信可壽於彤編是用略緝芬徽伏乞俯垂觀覽昔者大威從政先旌李婦之廬度尙涖官首謁曹娥之墓風聲以之丕樹史册垂爲美談以古方今於斯彌盛敢祈大人檄行所司之縣扁表諸女之閭其有歷代既遠無閭可表者並飭備存檔案於修志事稍資徵引温重泉之寒魄知正氣不與形銷扇嫠室之貞風庶弱寡更無隅向則小人有母窮廬酬推及之私即大化無遺廣廈庇單微之族矣所有上虞新昌二縣輝祖現在確求容當續稟謹呈計呈事實册八本乾隆四十四年九月二十三日呈

公籲勘詳永禁官河築斷呈文 乾隆二十五年四月二十一日

黄雲

竊維蕭邑低窪素稱澤國全賴官河水道暢流出西小江至山陰三江閘宣洩田禾始無淹沒之患詎土棍肆將官河水道築箔畜魚重重隔截節節阻障水利志云大凡竹箔截水每一竹箔阻水三寸各鄉水口數十餘箔阻水何可勝道且土棍築箔只用中間丈許軟箔略容行舟其兩旁水底俱訂厚竹硬礄密排如壩一遇霪雨泛溢宣洩紆迴田成巨浸頻年水災職是之故查康熙庚午年水溢蒙郡守李公鐸督令舟人盡拆竹箔載在山陰程鶴翥閘務全書五十四年蒙郡守俞公卿拆拔城河水閣並督拆官河箔斷在案乾隆九年蒙郡守周公範蓮拆拔漁斷詳奉各憲勒石永禁碑摹呈電是列憲民瘼痌瘝無不家尸戶祝乾隆十一年御史湯某條奏內稱山麓池塘種樹畜魚部議有宜於樹畜之處勒令業主樹畜夫築土遏水曰壩宜於種樹停水曰池宜於畜魚並非官河大港許人築斷卽十三年督憲咯准支河小港聽民簽箔畜魚亦並無官

河大港聽民築簖之示無如奸徒祇圖一己之利罔顧通邑之害借影池塘小港畜魚不論官河水道公然分界分段築箔作簖我蕭西北兩鄉之水一由運河一由山北陸家閘二處出水會於新壩直抵錢清三江閘東南兩鄉最要水口在大通橋各路來水俱會於此從此東注出於螺山閘等處入西小江而至三江閘是各處官河行水之道猶人身血脈三江閘猶人身尾閭血脈淤滯尾閭不通雖有扁鵲不能醫矣是築箔畜魚之利在一家而築箔禍稼之害徧萬姓孰小孰大各憲父臺自必洞然况現據二十三年夏霪雨滂沒田禾荷蒙府憲飛即委員拔箔水得暢流被壞田禾尙得補種不致十分成災則拔箔之效又近有明驗今查土棍築箔如鱗是以鄉民沈應華等於三月間控奉藩憲批發府憲查禁乃有爲首築箔之韓再侯以已犯案山積攙出惡棍韓英侯韓聖佩等於本月初十日誑案詞稱向在納課支河小港簽箔畜魚等語但伊等築箔之處俱屬通流大道並非支河小港臺勘立明查鱗册民間浜灘有課歲有字號畝分有戶額印册而河泊徵銀十五兩零派於通縣各圖全書亦載栽菱人戶出辦每圖

或派一二錢四五錢係地總糾納並無業主戶名印册根等豈得冒認納課以蒙天
即根納些須河稅亦止許兩旁近岸栽菱豈容廣佔河身築斷畜魚阻礙水利夫農田
全賴乎水利霉雨秋霖災宜預防若箔斷不除則水溢難退必害田疇農號野哭乞叩
俯順輿情親勘各路出水咽喉要處逐一開載地名詳請上憲永禁築箔永除大患闔
邑銜恩

署蕭山縣知縣胡粤生批官河水道有菱稅而無魚課是以奉憲勒石禁止築斷今
採菱之戶何得違禁截流現在奉憲飭議候即委員押起魚箔仍候親勘詳議可也
此案具呈黄雲等十四人有胡梁兩令覆府詳文各一通永禁碑文一道分别録
後

詳文　申文

清

禁築魚斷覆府詳文節略乾隆二十五年六月十四日　　邑令胡粤生

本年五月十七日奉憲牌內開云云等因下縣該卑職遵卽扁舟減從帶同畫工弓手人等親詣韓英侯等簽箔處所逐一查勘勘得韓英侯等在官河大通橋之東北阮家埭又東至上洋東南至東京前南至王家橋北至范家河等處各攔築一箔東西約長三里南北約長二里每箔俱寬有十七八丈不等中畜魚蟹並栽菱芡勘畢卽查訊各供在案據此該署縣胡粵生勘議得蕭邑地方依山憑海地勢低窪若遇霪雨之時山水陡發易於泛溢全賴各處河港分流宣洩伏查通縣之水發源三處一自正西而來發源於排馬湖湘湖之諸山由盛家港金鷄橋分流會於新壩其水七分流入運河三分流入范家河至韓家大橋等處其入運河者直抵山陰出三江閘歸海入范家河者分流出螺山閘入西小江亦歸三江閘入海此水自正西而來之源流形勢也一自西南而來發源於橫築塘支港有八其最大者會聚西山之水由十字港會正南之水出大通橋分流張家河及董家橋二處其分流於張家河者抵張家堰入西小江分流於董家橋者抵螺山閘入西小江亦統由山陰之三江閘而歸海此水自西南來之源流

形勢也一自正南而來發源於白露塘支港有七而十字港爲最大入西小江之處有六而螺山閘張家堰爲最低是以大半從十字港會西南之水亦入大通橋流抵西小江出三江閘而歸於海此水自正南而來之源流形勢也祗緣各處河港向被民間橫截河身簽築箔斷養魚魚鮮每遇水發之時冲氽泥草壅塞箔斷脚底其水面雖屬通流而河底實同築壩以致宣洩紆迴不免泛溢是魚箔有妨水利確有明徵是以民人沈應華等上控藩憲批送憲臺飭議下縣業經卑職查明請照完糧之科則分別辦理等由議稟憲臺在案茲緣箔戶韓英侯等上控藩憲批送憲案飭勘到職卑職遵即親詣韓英侯等簽箔處所逐一查勘勘得該處實係大通之河西受西南西北諸水東出螺山閘入於西小江爲西南西北諸水之要道今韓英侯等在董家橋之下螺山閘之上四處築箔其自西徂東則由阮家埭抵韓家橋及東京前上洋等處築有四箔其自南至北則有王家橋至范家河築有兩箔在此時水平之候原無阻礙若遇水發之時勢必停汚積垢宣洩紆遲漲溢之患勢所不免再查一都韓莊各戶每年僅完河課五

錢六分爲數甚微而所管河面東西南北計共有五里餘路似未便藉此輕微之課而任其佔踞數里之河身也况河課一項全書開載係栽菱人戶出辦並未征有魚箔課稅似應僅許在兩旁近岸處所栽菱以抵辦課其攔河築箔永行禁止至此外如有別家簽箔築齗之處凡屬通河並請俯照卑職原稟一律辦理其有向來管業浜漊照依池蕩瀆瀝科則完糧者原非通達之河本無礙於水利應聽其在於浜內按照完糧畝分丈量簽箔畜魚以資生計不必槪行禁止再查陸巡黄雲蔡鈞等訊無勒獻不遂遣丁上控情事沈應華龍禹成亦訊非聽唆越訟應請均免置議緣奉飭勘理合勘議繪圖詳覆

府批節略官河設箔畜魚阻遏水道實於民田有害戊寅秋潦本府親駐蕭山委員拆拔水始遄消是漁箔之應拔已無疑義自應及時押拆以防秋霖泛溢未便藉輕微之課任其佔踞也但該縣地勢最低易潦而難洩者南鄉爲最應將某某處爲洩水要道現有魚箔若干應行拆拔先行查驗繪圖造册申送以憑委員押拔其餘旁

流小港無關水利者不得濫及致傷小民謀生之計如只籠統定議將來奸書蠹役借此又有一番需索有錢者雖阻水道亦不拔無錢者無礙水利亦拆去該縣務須率領丞尉各官親行查驗不可假手書役致滋弊端此繳

禁築魚斷申府詳文節略 乾隆二十五年五月初五日 邑令 梁世際

本年六月十四日蒙本府正堂張批發前署縣申詳卑邑民人沈應華等呈請飭禁官河築簖養魚一案當經署縣胡令詳議奉批在前等因蒙此該蕭山縣知縣梁世際查勘得卑邑民人沈應華等請禁魚簖以救田禾并簖戶韓英侯等指稱紳士陸巡等勒餽不遂唆越上控一案前經署縣胡令勘明水源河道其攔截河面築簖者請永行禁止并訊明陸巡等並無勒餽不遂及沈應華等亦非聽唆越訴均請免議繪圖議詳蒙憲臺批飭前因署縣旋卽卸事未及辦覆卑職同任懍遵憲示率同典史親往四鄉河道周巡遍勘不敢假手書役查通縣共有魚斷四十處內計某某莊浜兜築簖九道俱係在於完糧浜瀝內簽簖畜魚內不通舟亦無去路外無阻礙水面應請存留其餘某

某莊韓聖佩等共築斷三十一道俱係攔截官河並非完糧浜瀝實屬阻塞水道應請拆拔永行禁止至奉批飭應將某某爲洩水要道現有魚簖若干應行拆拔先行查驗繪圖造册申送以憑委員押拆其餘旁流小港無關水利者不得濫及致傷小民生計等因仰見憲臺既通水利復顧民生之至意卑職身任地方敢不悉心查察務期辦理平允使完糧守業之良民得以資生俾壟斷佔河之狡棍無復鴟張備查蕭邑地方江海環抱境内之水發於西南洩於東北其發源於西南者即胡令前詳所稱一自白馬湖湘湖諸山而來之水一自横築塘而來之水一自白露塘而來之水週流河道經絡四鄉分入運河并西小江東達山陰出三江大閘北出本邑之長山閘而歸於海惟是長山閘雖在縣城之北面以通邑正隅論之實處西北方蕭邑地勢西北土高東南地低長山閘在於西北之肩逆吸下流出水不多全賴東流山陰之山西閘并三江大閘以資宣洩也夫運河以及西小江二條乃受西南分流之水以達東北固屬彙歸之要道猶人之有身體也而四鄉各河道紆迴重複遍繞各都圖若非來源經由即屬宣洩

去路以通舟楫以濟田疇之水道猶人身之有四肢也肢體血氣相通經脈聯絡呼吸無所阻滯人則無恙若一處血脈窒礙則此處受病安得不去其阻礙之病而求全體通利乎况蕭邑東南二鄉地方廣闊西北二鄉河道相通既利田疇亦便舟楫惟低窪之處甚多是以雨水一過貴乎速洩非浜瀝池蕩不通舟楫之區斷未便聽射利之徒橫截河道壟斷畜魚致有阻礙水利也是以先有憲禁實爲因地制宜之良法即乾隆十一年御史湯某有山麓池塘勸民樹畜無失地利一奏奉准通行幷未嘗許民堵截官河阻抑水道也至於乾隆十三年前督憲喀准於支河小港簖箔畜養魚蝦者乃指行旅不通之支港非指舟楫往來要道而言抑亦無關宣洩之地方或可從權若夫蕭邑每多水患之區自應禁止簖截河面庶通縣田疇得減淹沒之患而收宣洩之利卑職歷年查禁並奉憲臺檄行拆拔之後在貪利愚頑不免仍蹈故轍且借勸民樹畜准於支河小港簖箔之文未免咀唔違犯今蒙憲飭查議永定章程正有益田疇無碍水利之善舉卑職查明箔簖分別去留謬議詳請竊以除現在完糧浜內築箔九處並不

橫截河道亦無阻碍水利與池蕩畜魚無異相應存留外其餘三十一斷皆屬堵截河面有碍水利均應拆拔永行禁絕無可再行區別轉滋口實者也餘悉胡令原稟原詳無庸多贅緣奉批飭事理合將查明簖戶分別去留處所遵照繪圖造册詳送

府批既據查勘明確分別去留仰即委員拆拔仍候轉詳此繳圖册存送

書

清

答汪龍莊書 王宗炎

去秋長君省侍曾奉一函爾時患瘧不斟忽忽道意今年初夏鳳西入滇道出長沙本擬泐呈尺幅行裝頗亟未及附書湘江春水繫懷正切忽奉琅華深荷垂注承諭作吏臨民之道布帛菽粟可飽可嗜鄉嘗訪咨先哲稍聆緒言竊謂獲上方可治民者豫立之素治民方可獲上者實至之應猶疑宦海波瀾不盡如書生議論讀來教之言益信廉吏非不可爲而紛紛以上司難事者眞吾治民之有未盡也炎雖不敏何敢不力自

愛惜以無負弓旌之議是以銓期日近自問實難譬如室女聞納徵之期孕婦居誕彌之月已決計候過班後請咨襆被衣囊作儒生本色第未審何術之從可以不迷所往尙祈鑑其拙誠加之箴誨也舍間叨蔭平善正月間產得一女已知呱笑添丁之望又不免遲遲矣舍弟紹蘭歲科正試及古學優行諸作從無第二人位置今年選拔又小翻新樣每學正備共取三人吾縣則蘭弟居首次傅君淦次曹君祖倓府學第一則任君以治餘姚第一則黃君徵乂宗工諭意選首獲雋即可以次升充大君子憐才之意多士參列三名終不如一成之難變耳南園景況平平葭汀迫臘殤子絕弦意緒大惡渠欲作四方之志炎勸以綱紀肅淸之日當潛志下鍵以博一當鱗便時希札勸之或不至以規爲瑱耳收到雙節文字一卷銀二封炎於此事素未諳練詢之碑帖行據云木一面兩面價値不甚相懸如果須石計價則相差頗多或即用石兩面鐫刻將來於迴廊或門塾嵌砌仍可兩邊摹拓現擬卽日過省商議必令其來蕭趕辦總期經理得宜不敢爲門下過惜資也

上阮中丞書　嘉慶十四年六月上

王煦

竊維蕭邑湘湖創自前宋楊文靖公爲九鄉水利攸關邑南之新義鄉地勢較高河道淺狹即不甚旱便形乾涸灌溉禾苗全賴湖水較諸他鄉尤爲切要而湖水所注定有界限如新義鄉之水由湖之鳳林穴開放以潊堰天閶二處設閘爲界煦家於是鄉世蒙利澤其湖旁有山環繞而山所不到處築土爲隄隄有歲修額欵昔年多爲吏胥侵蝕隄身卑窄不能瀦水農田苦旱歲嘗不登乾隆五十八年阿制憲時爲都轉煦蒙薦引入吉大中丞幕中諮及地方利弊煦以湘湖情形陳告當奉行司委勘借領五年修費銀一千兩作一次大修有案可查自是湖多瀦水灌溉有資惟潊堰天閶兩處舊設閘座年久損壞閘底空虛雖下閘板水仍漏洩每於交秋放湖必須零築土壩而附近之義橋鎮牙行因潊堰爲通商河道一經築壩客商多從他處行走不能牟利每爲阻撓於前盜毀於後煦思舊閘現在若加修整臨期下板填泥即可放水既省勞費亦免阻毀當因工費無出而煦亦遠游山左遂爾因循上年秋間牙行韓瑾等毀壩滋事農

民無辜受刑於是本鄉十八莊居民羣爲不平各願按畝捐穀修完閘座以爲一勞永逸之計詎被韓瑾等多方阻抑致相上控煦在寶山縣田令幕中未得經理其事昨接家信知蒙大人以事關水利委員勘辦竊以爲訟之曲直應聽公斷若修閘之舉不改舊制不動官項不礙行旅諒可得邀允准迺聞委員訊斷不准修閘止許照前仍築泥壩人言藉藉有謂牙儈斡旋語涉不經煦亦不敢妄論第壩既應築閘自當修如果今日不宜修整從前便不應創設既爲應設當無不准修之理且零築泥壩之勞費與修閘下板之至便較易知也今必欲使民勞費於農忙之際而不使爲至便之謀實難測度其故煦尚未識如何具詳指何窒礙倘以閘經修整易於下板即不旱乾亦將放湖或恐未及交秋先行堵塞故令築壩以難之是則重於爲商而輕於爲民國家重農務本似不宜然况商旅本無定向爲此嘵嘵者不過圖利牙行牙行利而農民病輿論自難翕服且民遵定制斷不敢私自放湖即慮及於此亦祇須明示禁約又何必因噎廢食或謂委員上詳竟稱該處僅有石橋並非石閘并以蕭山十八壩俱係土築爲例殊

堪詫異查蕭邑放湖除新義鄉向設兩閘之外祗於縣城之東西門外各築二壩餘無設壩之處其所云十八壩尙係宋時創始之制迨後河道變遷遂多不用其應築土壩與久建石閘因地制宜非可概論且獨於辛義之瀫堰天閶建有石閘亦可見高鄉需水較爲緊要至瀫堰閘埭現與橋塊相連萬目共覩卽韓瑾等前呈亦稱昔年曾經修閘豈委員履勘竟未之見乃必掩有爲無設奉大人另委公正大員覆勘立見其謊似不應如此欺飾恐所言得自傳聞或未盡實倘其詳內果有此語則是執定不容修閘之見爲此附會飾混之詞夫閘不容修而竟謂無閘是欲滅其舊跡使永無興修之日以遂牙行便於毀壩之謀恐其從此得計每當放湖築壩阻撓盜毀更甚於前而十八莊居民强懦不齊强者積忿莫釋必滋他衅懦者畏累及已裹足不前水不能蓄田無灌溉有宋七百年來湘湖水利馴至廢壞豈不惜哉煦草茅下士本不當上瀆尊嚴第久謀修閘而反致廢閘後慮多端情難自已伏維大人至誠敷化養士愛民利無不興弊無不去而又勤求民隱凡士之進言者多予容納事之可行者悉爲採擇淛水東西

無不仰沐深仁厚澤自不使偏隅水利不能修復舊規致留岾隙而礙農田用是歷叙陳稟如蒙允准照舊修閘經費捐備工易告成自此杜岾便民安享其利則歌頌恩德當與楊文靖公並垂不朽更請鈞檄行縣知照煦當解館回家與鄉中之誠實者協理其事先請本縣驗明舊閘口門之寬闊與閘底之淺深注定丈尺俟工竣再請驗勘如不深寬致礙商旅重載煦甘受咎另行賠修既修之後呈請大人頒發示條若非乾旱不得下閘放湖如夏間雨澤愆期必須湖水車戽先期呈縣照依舊例立秋下板白露開閘勒石其地至公無弊自可永遠遵行煦處館爲生有田不及百畝素守兢兢從不干預地方之事惟湘湖爲桑梓利賴昔年修隄經理幾費辛勞今當舊制興廢所係幸值憲明在上不揣冒昧謹達下情惟冀俯賜電察附呈湘湖考略一本鄉隅私記不足以呈台覽而其中略悉治湖原委倘蒙不加揮斥不勝幸甚感甚煦謹稟

議

淸

議築新林周紀略　　胡潮　會稽

山會蕭三邑濱臨江海全賴塘堤以資保障而蕭山新林周一塘內爲民田外爲竈地竈地有塘曰馬塘塘有霪洞牧地有溝竈牧兩地之水由溝以入於海旋因海口日高溝身日淤外沙居民偷挖塘身竈牧之水轉以內地爲壑水鹹內注禾苗枯萎嘉慶年間經陳侍御奏奉諭旨令前撫憲陳勘明查辦查看海口高仰水難入海議請以蓄爲洩令竈牧兩地廣開溝渠用備旱潦將該塘堵塞永禁開掘勒石塘上議非不善但溝渠蓄水幾何且雨霖泥卸旋就淤塞水無歸宿厲禁雖嚴而外沙居民偷挖如故每議堵築百計阻撓塘口既愈刷愈寬貽害則日深一日道光己酉庚戌兩年之間三遇水災內地積水難消固因霉雨過多出水較緩亦由三江閘二十八洞所洩之水不敵新林周萬頃汪洋來源之旺也夫新林周一塘捍潮禦海永禁開掘誠以內地則膏腴成壤外沙則坍漲靡常以徵額計之輕重懸殊以民廬計之衆寡不敵設有不測其有害於田禾者倘輕而其有害於人民者更重何可以私害公以小妨大若不及時籌築勢

必變沃土爲瘠土轉有年爲荒年不止也惟堵築塘缺必令外沙先將溝道濬之使深海口開之使通使竈牧之水循故道以達於海而後挖塘內灌之弊可以永息經邑紳平疇童光鑠潘治安婁咸胡泰階等查丈該處塘缺計寬二十餘丈改作石塘估計工費需四千稟請府縣先爲籌墊堵築並爲外沙籌款清溝適牧地之溝被清水冲刷形勢深寬較之人力清挖者更爲通暢雖此時無須清理而外沙向有清溝費隨糧帶徵自應仍由蕭邑按畝徵收隨時給發清釐免致淤塞以垂久遠新林周塘工不數月而告竣惟塘身兩面用石中墊以土而土不勝石不無滲漏又經潘治安於塘外添築護塘種植柳木而塘益固其始終駐工不辭勞瘁惟潘治安之力爲多嘗思利不什不興弊不什不革此塘數十年來旋築旋開每議每阻同於築室道謀迄無成功今因迭被水災田廬淹沒民不聊生始得郡守徐公決計興築改用石塘固同磐石此誠千載一時而貽之以萬世之利者矣爲記其顛末如此

說

清

蕭邑新林塘籌水說　胡潮 會稽

原夫治水之法有以宣爲洩者順水之性也有以洩爲難而以蓄爲洩者就地之勢也論水之性則無不就下論地之勢則高低之中有窪曲者若湖形然引之使出其勢難蓄之使留其勢易蓄水必有溝洫慮其不能容納則大者爲湖小者爲蕩矣觀夫湖必有隄蕩必培岸不惟防其溢亦且斷其源也今新林塘在東南而海口在西北西北子沙高與東南塘面相等是塘以內天然之湖形善治水者不與水爭地古之排大疑決大難之人必就勢以爲湖瀦然必棄數千畝之地豁數千畝之粮而後湖成焉論者謂維正之供國家豈惜此區區不爲豁除而小民五十餘年胼手胝足之力生計在茲廬舍在茲甚至祖宗之邱壟亦復在茲一旦舍爲巨浸則又愛民之心因民之利而利者所不忍言也夫以天然之湖形而不能使之爲湖將導之使出耶是又時與勢所不能者以時事言之度支有常以地勢言之高下迥別如欲導之使出必使東南之窪下改

而爲高西北之高仰改而爲窪此人定勝天之說也不亦難乎雖然有行之而著效者如黃河之引河是也道路之長挑挖之深化逆爲順化險爲夷班班可考蓋不知費水衡幾許金錢而後能成況成之後亦不數年而淤矣若新林塘工不過北海塘四百餘里中之二十餘里乃一隅中之一隅即海潮距塘已近尙無大發帑金之理況距海六十里以外不煩言而知其經費之無出何況隨挖隨淤更無以有用之錢糧置於無成之工作又何況爲地勢之所限紆迴曲折挑至百里之外挖至尋丈之深新林之水未必即出滄海之潮先已倒灌權諸順逆安危之理莫若以蓄爲洩而蓄之扼要首在馬塘面加高以遏來源來源既遏則溝洫疏通足以容現有之積水再開池蕩有以備四時之淫雨異日者旱不患其不足潦不患其有餘方且水利興焉何有水患之慮是馬塘之內竈地誠當以蓄爲斷也至於馬塘外牧地情形非洩不可之故良由地之寬廣三倍於竈地水勢之來源有長山有龕山有赭山有河莊衆山之水發必同時來非一路山水久以牧地爲壑牧地久以竈地爲壑竈地又以新林塘爲去路今新林築塘竈

地之水無去路矣無去路因而蓄之慮其蓄源不絕故築高馬塘以遏之馬塘既築牧地之水無去路矣曷不就牧地亦照竈地蓄之而牧地之不能蓄不可蓄者有二說焉一則地廣沙鬆地廣則來源不易遏沙鬆則開蕩不易成此不蓄之一說也一則牧地大半皆植木棉木棉忌水居民少而散佃多佃戶多則人心不齊居民少則人力不足力不足者難與創始心不齊者難以圖成加之以忌水之地强之蓄水未免拂民之性而滲水之沙使之蓄水亦未免失沙之性二者既失非牧地之水仍從馬塘灌入卽頑民仍將馬塘如新林塘之盜挖乎有一於此幷竈地亦不能蓄水此所謂牧地之不可蓄也爲今之計加高馬塘竈地未有主蓄之一法開通海口牧地未有主洩之一策論者又謂牧地之洩獨不慮海潮倒灌與夫經費不支耶是又有說焉海潮之入所患臨塘不患坍地使坍地而至馬塘已不下數萬丈坍至老沙猶可建閘以禦況此數萬丈之地豈能卽坍又况牧地坍漲本屬無常何慮倒灌其開通之處祇就牧地之卑下者較新林塘直開至海道路不必紆迴經費便省大半牧民切膚之患惟恐不洩因高就

下各自疏挖可使水之西注者西之水之北注者北之仍得以人事順水之性非如新林塘之必須東南而至西北與水性相拂也故曰竈地主蓄牧地主洩必也蓄洩並行而後可非兩端之說也

棘說　　陳至言

蒙之麓多棘延袤數里許罥崖塞塗中闢一罅以行過者觸其叢亟勿得出至踣躓毁而躪不可解青崖子過之逡巡勿前有負薪者休於道曰子何憚於是而止也告以棘故薪者曰嘻吾生於是五十年矣自少而壯自壯而老而棘之生也猶故吾之朝而出夕而歸也亦猶不之異子何憚於是而止也請偕與之行且屬曰毋葸第視子之心勿視棘也如其言遂出棘所薪者乃告之曰子知其故乎夫棘之爲物也柔而蔓陰而善入黝糾附麗而易生苟觸之急則其肆毒益甚且夫物之棘者亦多矣名者棘於朝利者棘於市憎惡者棘於口怨怒者棘於身棘之爲禍也隱隱則伏伏則烈烈則必觸觸則必傷吾出於此入於此而不傷者勿觸故也吾故曰第視子之心勿視棘也長揖而

去青崖子曰薪者其知道乎心無棘故棘勿能害慎斯術也以往可以无咎已

青山堰說略　　張世培

青山堰基在十一都邊境而溪水始入堰溝即從上山頭村中經過灌溉東山坂田七百餘畝查咸豐以前向歸上山莊魏姓人管築惟髮匪亂後金姓人管築數年旋以離堰稍遠每致疏忽復歸上山莊人管築於秋時每畝量穀四升以償修築之費至乙卯年春金董魏三姓各相爭築以致興訟乃於河鎮巖將廟集議經各業戶公決永歸上山莊魏姓人管築稟縣蒙官長批准而爭始息嗣後永歸上山莊人管築如咸豐以前無異東山坂亦名下圩坂

攷

清

潘水攷　　李慈銘會稽

漢志餘暨蕭山潘水所出東入海又上虞柯水東入海水經注謂潘水即浦陽江之別

名柯水卽上虞江蓋道玄未到東南不必確稽其地知爾時永興上虞實已無此兩水故指兩江以爲疑辭浦陽江宋以後謂之錢清江今俗謂之西小江也上虞江宋以後謂之曹娥江今俗謂之東小江然二江皆源出烏傷山中由諸暨至蕭山之義橋幷匯錢塘江水而其流始大曹娥江亦卽所分之東流漢末以後皆謂之浦陽江非兩水也蕭山卽在今蕭山縣治城內安得謂浦陽江出此乎使班氏果以潘水當浦陽江則何不繫諸烏傷（今義烏）諸暨下乎蓋古水多湮不可攷矣

辨

清

全謝山漸水篇跋辨正

李慈銘（會稽）

閱結埼亭集外編其水經漸水篇跋云此篇錯簡狎出故不可讀漸江固至錢塘而止然其江浦則由靈隱而阼湖而臨平而柴辟而及於東岸之固陵而查瀆其自西陵湖而下如系之曰湖水上通浦陽江下注浙江而後由永興以入越由是而山陰而會稽

則了然矣又云浙江西入之道得柳浦而曉然若無水何以有浦又何以有埭又何以
有橋既有之則知其與臨平湖水合由臨平而達禦兒之柴辟江水亦合谷水而下至
於柴辟以趨固陵案水經注此篇叙浙江又東合臨平湖又逕會稽山陰縣又東北逕
重山西下重山即稱山今之臥龍山復云浙江又東逕禦兒鄉又東逕柴辟南又東逕柤塘又逕永
興縣北縣在會稽東北百二十里故餘暨縣也禦兒者今石門縣也柴辟者今海鹽縣
地也固陵今西興永興今蕭山縣江水既至今紹興府治之臥龍山而復至石門嘉興
且云東逕其爲錯簡無疑戴東原氏據歸熙甫本移浙江又逕固陵柤塘二段於東合
臨平湖之下又逕會稽山陰縣之上然下云逕重山西下又東逕禦兒柴辟又逕永興
則仍東西顛倒且將固陵永興離析尤爲非是謝山仍依原本誤文爲說而欲移又逕
會稽山陰縣至東北逕重山西一大段於逕永興縣以下其湖水上通浦陽江下注浙
江二語本屬之臨平湖下者乃移之西陵湖下西陵湖者酈氏云湖水上承妖皋溪而
下注浙江亦謂之西城湖蓋卽今之臨浦六朝所謂漁浦也柤塘卽查瀆亦曰查浦蓋

卽今之龕山以三國志孫靜傳宋書孔覬等傳證之可知毛大可杭志三詰三誤辨謂查浦蕭山地在峽旁者是也毛氏又謂浙江兩岸東西相對有三渡上折從富春江來一入錢塘界而西岸有定山爲錢塘地東岸爲漁浦爲蕭山地夾江而峙在其中渡則錢塘西岸名柳浦蕭山東岸名西陵亦夾江而峙其下則在錢塘海寧之界東南岸蕭山有回浦西北岸海寧有鹽官渡亦夾江而峙皆據宋書孔覬顧琛吳喜諸傳齊書沈文季傳爲說惟以回浦爲卽漢志東郡都尉治之回浦則大謬矣宋齊時之回浦乃江口小渡地名偶同耳謝山意以柳浦當今之閘家堰謂漸江由富陽逕六和塔下由靈隱會武林逕臨平會臨平湖水逕石門合浙江然後由海鹽澉浦逕海寧以東注蕭山之西興然酈注此篇錯亂甚多終不能諟正也今人汪士鐸譔南北史補志以禦兒柴辟盡入之山陰縣下蓋爲酈注錯簡所誤

按縣在會稽東北百二十里句東疑西字之誤

碑文

清

永禁魚簖碑文

邑令 梁世際

特授浙江紹興府蕭山縣正堂卓異候陞梁爲籲叩憲恩等事蒙特授浙江紹興府正堂加一級軍功議敘紀錄四次張憲示內開案蒙欽命浙江等處承宣布政使司布政使加二級軍功加一級明批本府議詳該縣境內韓英侯韓聖佩等築簖之處實係出水要道應請拆拔永行禁止以疏水利等緣由蒙批條議案內畜魚係指池塘而言卽前督憲飭行准免拆簖亦係不通舟楫之濱漊處所非謂官河大港皆可築簖而置水道於不問也况蕭邑之箔簖因礙水利屢經拆毀乃韓英侯等復於官河築箔反行揑詞上控殊屬刁懥如議重懲以儆所有勘明應拆各簖候秋汛起魚後押令概行拆去勒碑永行禁止其不通舟楫之支河小港濱漊各處仍各聽民自便繳圖册存蒙此除行該縣卽將違禁築箔揑控紳士黃雲陸巡蔡鈞之韓英侯韓聖佩各責三十板取具不得在於官河簖禁畜魚遵依幷永行禁止碑摹備送外合行出示曉諭爲此示仰蕭

邑漁戶人等知悉嗣後只許在於支河濱漊不通舟楫之處築斷畜魚不得在於官河
大港築斷有妨水利兩旁只許栽菱所生魚蝦等物乃水中自然之利聽從窮民捕捉
以資生計如敢違禁佔踞定即嚴拿究處不貸等因到縣奉此遵經委典史蔣大松於
應拆各斷押令拔盡并將韓英侯韓聖佩責儆並取不敢違禁遵依申送及出示遍貼
曉諭外合行勒碑永禁爲此碑仰闔邑蕩戶人等知悉嗣後支河濱漊不通舟楫之處
聽民簽箔畜魚如有奸書蠹役需索許業主呈明究處至官河大港舟楫往來水道一
概不許築斷倘敢仍前復設畜魚妨礙水利許地總人等呈報本縣以憑嚴拿究處如
敢隱匿不報一經察出並行坐罪其官河大港所生魚蝦等物乃水中自然之利各遵
府憲示飭聽從窮民捕捉如有地棍佔阻滋事一經訪聞或被告發定行拿究各宜懔
遵毋違須至禁碑者

乾隆二十五年十月　　日立

按是碑立城隍廟中軒下因水利無從附麗姑錄藝文中以存掌故黃雲等十四

人公呈及胡梁兩令覆府詳文同

禁湘湖盜佔碑記　郡守　范恩敬

事有一二人趨目前之小利而害及羣生且延於數十百年之後者莫侵水利若矣審乎利害之士知其然也故必力杜其端而任長民之責不忍民之罹於法而懲之則先事之禁可不亟歟蕭山縣湘湖自宋政和間楊文靖公爲令經始開濬蒙宣洩之利者由化等九鄉之田計一十四萬六千八百六十畝均水有則私佃有禁凡縣府志乘及邑紳毛檢討奇齡湘湖水利志張氏蕭山水利三刻諸書詳哉其言之矣乾隆四十八年庫書傅學明武舉曹聲煌革書吳士達革役周登山屬令壩夫王良千於湖心定山北首盜築土塘一帶希圖佔墾爲田在籍主事來起峻進士鄭應簡等控縣勘實剗平分別枷杖前守詳奉藩憲盛核批完案嗣紳士來大夏富鳳韶來陳珍章大呂來宗玉魏蘧復請藩憲樹碑禁止蒙批案經府詳即稟府永禁自行勒石來大夏等錄批具呈以爲給示止諭於目前而勒石可垂諸久遠詞甚切至慮遠思長按宋時湘湖水面以

畝計者三萬七千有奇數百年來邑尚書魏驥及御史何舜賓父子相繼清理例禁森嚴近據呈請給示曉諭毋使復行佔墾有妨水利念爾蕭民必不敢再有覬覦以身試法而紳士猶殷殷然堅籲碑禁者誠以傅學明等盜佔於前恐有貪横無知如若輩者或乘其後也夫侵佔之謀不過冀博子孫利耳不知一經控發害卽隨之是其所謂利者尚在未可知之數而其所謂害者已有不能免之條洎乎身罹法網家且先破利害虛實夫又何所倖而爲之儆之舊聞稽之功令其不容佔與不可佔之故不旣較然章著矣乎余故詳列於篇俾規利者知所炯戒而法於是伸利亦從此溥矣是爲記

乾隆五十年四月吉旦

蕭山會館碑記

湯金釗

吾蕭人文蔚起來試禮部者不下五十人向無會館下車逆旅事雜言龐到稍遲輒人滿僦價益昂寒士苦之同人議築館久矣歲辛卯釀金集費買得西河沿房屋一區新其堅完葺其頽敝增其不足整其規模沈君青士諳練工程實董斯役踰年落成凡用

白金五千九百兩計東西兩院爲房四十五間又西偏二所房共二十四間出賃爲歲修費草創甫就屬當壬辰會試朱君桐軒以第二人及第爲吾邑未有之科名雖會逢其適乎亦吉事有祥也繼自今登鼎甲掇大魁者當不乏人後之君子倘同心保護隨時振興擴而充之理而董之俾桑梓公車永得寧宇是所厚望也夫捐助銜名銀數依捐到先後勒於碑陰

臨浦文昌宮新建迴瀾閣碑記　湯金釗

治南三十里有巨鎭曰臨浦浦畔有山曰峙山山下有平地橫亘數里直接麻溪居民不下數千家商而行者賈而居者讀書而掇科第者里相接鄰相比也惟地當浦陽北流之支水勢瀉頗直方流圓折資人力焉歲戊戌蔣君三錫倪君周木諸人議有以障而曲之上儀文昌財祿司命之星於山之麓浦之涯建閣祀之培地脈亦答神庥一時商者賈者從事於詩書者咸踴躍樂施鳩工庀材新猷式煥神其相之矣是役也經始於道光十八年三月越百日而落成名曰迴瀾居其地者其將登斯閣而頌安恬之福

也夫是爲記

今將捐田畝分開列於後

人字壹千玖百柒拾伍號　田壹畝玖分陸釐

人字壹千玖百叁拾貳號　田壹畝陸分捌釐肆毫

人字壹千玖百陸拾伍號　田叁畝叁分

人字貳千叁百號　田貳畝柒分貳釐玖毫

人字貳千叁百拾柒號　田捌分陸釐

案捐田畝分數目有關該閣產業因牽連錄入

孝山碑　傅學灝

孝山者宗人納厥土以奉祀祭者也既事之朝天地明霽神人歡洽宗老迺授簡於小子灝曰前志有之貨無私於子婦孝者民之行也善必本諸父母厚者人之道也今我七宗渙羣有邱赴義欲渴將非先民之澤長歟宜推本前光垂飭後進子其效之灝辭

不聽拜手恭述曰嗚呼遜矣傅氏昭哉世烈有殷宗之中興有聖相之載誕傅巖霖雨初以地而氏人平陸雲仍遂以人而顯地爾迺開漢國而從龍籍陽陵於鉅鹿厄紫蠅之閏位濟白水乎昆陽源合者流極海而同味本茂者枝附土而皆根清河吟避鼠之謠南陽得出幽之句祚丁典午學就安成書篋則尙書起家烏傷則神君蒞縣伊五馬渡江之季實九鳳落羽之年築版斯南稽亭之下旣迺騫鳳閣於臺門衍馬監於蘆砦桐廬杏溪平居鍾墟之宗金山銅塘稠邑莆田之族莫不芬葩蔭映神委茫洋越我高祖六翁會逢艱虞五季走白馬而避人別靑巖而作祖屯田濟美編修連金玉之枝保義貽謀防揭搗狐狸之穴七世以還花山椽構五傳而後吉字峯來睒漸近而可稽椒胥繁而難數繩繩焉總總焉固宜緬世德而作求式靈長於無竟夫何鐘鼓聲沉几筵痛結曾參孝子恨無養老之飴季路貧年最有傷心之事恭惟戊子一月春王三朝騎箕列祖憑角趾而降精占夢大人語子孫而依孝天啟其心申永思於不匱人惎之謀酌生財之有道曰夫大隝山者七宗之童岵也號稱遺利盍致諸公蕭蕭梅里贈來嶺

上之雲滃滃桃源流合溪頭之水百年樹人十年樹木南山喬樹俯作慈枝西谷叢篁抽成孝筍於斯時也官山借敬仲之資新廟藉奚斯之手宋斤魯削未須掄異域之材上雨旁風相繼葺同堂之宇網戶金鋪雕楹玉礎卜初基之有渙庶憑依之攸寧遂迺春披磵底之芹秋椓林中之兔司存籩豆家有鹽梅白榆歷歷升香舒列宿之芒黃目浮浮詔口動晝雲之彩孝孫受福神保歆馨已而堂事既竣族食具來羣昭羣穆之儔一石一斗之量歡宴斯接式禮莫愆賡且孺之什豈伊異人讀惟肖之書無忝爾祖且夫金飆葉落聚千片而根肥鐵豹源深涵百川而波及始於教孝終焉告慈嗟緩急之有時愍鰥寡之無告朱玫亭之盈劑盧酌范文正之衣縑食升斯又上無積重茀祿爾康者矣言未既皆色飛而前雷動而應曰善哉美乎恨不早聞此猶幸今知之咸輙輸供祠祭肇請更名孝山嗚呼婾俗之習非也戶說之難化也作狂則揮金如糞聞義則拔毛亦痛桑門異教也而長者傾施烟花浪遊也而王孫囊罄此朝百萬呼紅彼暮十千舉白至如箕帚假秦一家則色羊牛餽葛再問偏頑人如飛鳥之言生同腐草之化

抑何其戾也我七宗之建斯策也惟源之濬惟本之培躬追養之思五百年而遠舉鳩宗之議百千人而同集羣業於魚鱗傀如顧指起儆族於羊舌不賴諏龜豈非寢食靈麻耳目前教之深者歟子復生子孫復生孫體則分形孝宜繼志覽聖賢之受氏踵將相之恢家勵明道之有人感宣仁之君子近式惠濟之勳仰瞻敦睦之寓既祖武以孫繩亦考薪而子荷推仁廣德如添一簣之山收族敬宗勿翦三荆之樹以享以祀爾祖爾思若乃牛山比性人事自伐倒行逆施塞源拔本慮有杞鄫之事實同蓼六之悲穴社土而成鼯依廟梁而作蠹此固前哲之罪人而亦豈今我之所望於後嗣也敬之哉戒之哉惟天難諶惟孝克世螟蛉有子祝類我於七朝松柏克承竟後彫於千歲愚本無知言皆有自庸黽勉而承教敢揚摧而進規鴻開郭母之碑言之自愧無文未忘籍父之典聞者或亦足戒

戴村信義堂施材公所碑記

湯壽潛

立斯堂以遠眺浩渺乎平疇奥衍村落萬家襟山帶河烟雲彌際翼翼然有斯堂之據

乎孝悌之中極也蓋鄉稱孝悌里號旌賢世道原平傳自劉宋盼凌溪之清漪郭鳳何居湖瓜瀆之長流獨楓安在然其鄉風俗之厚人心之古善人君子到今勿絕殆其遺歟顧相其地勢南連河上踰佳山而可走浦江北接鳳桐航漁浦而可通吳匯東十餘里即是山陰道上西十餘里近接富春灘頭是以熙來攘往之徒轣轆而至而沿途流丐每有病死嘻如是之人亦父母所生天地所養既生爲流民一旦作古安有親戚友朋之可賴若未得棺殮而瘞埋之將暴骸沙礫勢不至於狐狸食之腐蠷嘬之不止而君子一視同仁能忍心耶孫君葵僊承其父志久施松棺苦於力所不逮於歲之丙戌因朱君幸生捐金爲首遂倡斯社更有陶君祖培何君景福丁君葆生韓君旭堂等聯爲同志由是遠方富宦以及過客皆解囊而慨助無如不數年而孫君卒同志等即於戴村凌溪之下流東距瓜瀆不下數百武就孫君所購地以建斯堂越明年成是時百工俱畢門廡堂室黝堊丹漆煥然可觀落成有日夫額其堂曰信義者仍孫君之舊也非稱美耳其意曰信實也義宜也合之即實事求是之義夫事莫患於妄爲苟實事而

求是焉創始可守成亦可是孫君之意夫是爲記

淸光緒二十六年庚子秋立

村口閘碑記

來杰

距邑之西門三里餘有村口閘焉其閘附近官塘前有一峯高峙望之蔚然而深秀者蒙山也右有巨浸瀠洄聆之浩然而澎湃者湘湖也由閘而迤邐西行更有大小排馬二湖瀦水甚夥更西則流分二派一通長安鄉浦沿之曲閘堰之鎮其間濱江而處村落交通者十餘里焉一通長河鄉冠山之秀塔院之幽其中聚族而居守望相助者數千戶焉而要皆賴此閘以爲鎖鑰也相傳此閘昉自宋季爲吾來氏二世祖師安公創建前明萬歷間橋閘傾圮族先達後江龍巖二公（後江公諱端蒙龍巖公諱端操舊志皆有傳）修築完善名遂顯著閘爲三四五三都農田保障藉蓄長安長河兩鄉之水灌漑田禾澤被萬戶故時逢立夏則閉秋分則啓選擇閘夫專司其事而閘夫之選則專歸來氏宗孫不可謂非良法美意矣顧閘而以村口名也何哉或曰斯閘也地居衝要爲各村之門戶故曰

村口或曰閘當各村上游如人之有口然故曰村口而不知皆非也蓋閘之左近有一莊曰杜湖村村中皆爲趙姓而閘則適當其村外故名之曰村口閘清咸豐間村民趙良煥等句覔無賴朦示開牙計圖漁利經族先達衡峯公等稟請前中丞何公縣令倪公出示勒石永禁厥後啓閉不愆趙氏不敢有異議迄今六十餘年相安無事嗟乎水利者利民之本亦利國之源也無水利則何以利民民不利則焉能利國故古先哲之謀國自大禹疏瀹決排而後或穿渠或築隄或設堰或治河皆沾沾於水利而不憚況瘠者良有以也村口閘之爲水利雖與天樂鄉之茅山閘陡亹鄉之三江閘大小懸殊而其爲民利攸關農田保障則一也鯫生不才今年甲寅因閘損而集貲修築實董其事而適當修志之時族人曰是不可以不誌遂援筆而爲之記

記

明

桂香書屋記　　明狀元費　宏

維揚衞侯張幹山有桂香書屋請余記夫桂異種香不凡世謂月桂高五百丈吳剛隨斫隨合此荒唐說君子所不道也然古今上取科目者以之自擬理或然與昔竇諫議子稱五桂雖行善之報要亦學問中來幹山清秀氣宇岐嶷特出且與此桂相宜藏修遊息左右簡編殆弗能捨也時乎秋色平分天香滿屋香透卷書書含香氣香書體幽分外氤氲人知桂之有香而不知書之有香知書之有香而不知衣冠廬舍身心表裏無適而非是香若幹山者上有所傳下有所授他日嗣續名桂香之籍登天府之榮以所修者由家而國則聲名洋溢而香散天下矣何竇氏之多讓哉

厚德堂記

魏驥

黄瑾廷美予邑蕭山故家賢子孫也其家與予有姻戚之好以是歲時嘗過其所居焉其居當邑之黄村霧樓峯之麓山環水繞風氣攸聚連甍者華屋接壤者良田裒然衣冠出而肅客雁行玉立恂恂禮度列於左右先後者又其家之子孫也心竊異之已及升堂覩其楣間顏之曰厚德蓋前太學助教致仕橘樂張先生命之者也予從而詰諸

廷美曰斯堂之名若知其所寓之意乎廷美曰瑾嘗聞之先人壽堂公曰吾家上世金華人有曰諱槐者始遷於此迨今數十世家法以孝友爲本惟農是務暇則誦詩讀書謹門戶時差稅振貧周乏見善則親惡則避未嘗爲一不善之事斯子孫之盛產業之隆未必不由於此助教公名其堂曰厚德者非誇之也良欲吾黃氏子孫繼繼承承勿薄其德而愈厚其德以寓其勉之之意云爾瑾聞先人之言識之於心者久今承執事之問幸獲發之余聞其言方嘖嘖歎曰懿哉助教公於堂之命名與而翁之善繹其義也廷美卽率其子孫羅拜懇懇願爲之記以爲後嗣勗大抵今之人厚財利而薄仁義者紛紛殊不知財利乃身外之物厚之則必爲媒禍之源仁義實天賦之德修之則足爲裕後之本是則於人奚可宜薄之而厚之宜厚之而薄之哉傳曰君子創業垂統爲可繼也夫繼者繼其善也而善莫善於仁義之德今黃氏先世素以仁義之德是厚矣爲其子孫曷可不因之思以加其厚哉剏厚之之道又非其高遠難行之事亦惟循先世之務本抑末至於賊仁害義違孝悖忠之爲不爲而已耳且廷美姿性不凡讀書敦

行力於爲善兄弟子孫亦皆聯芳競爽廷美誠能以身率之不怠其承用力以厚其德殆一門之內孰不爾從若然則不徒先世之德愈昭裕後之謀益大而所謂一家仁一國興仁一家讓一國興讓俾鄉井之德化之而亦厚矣孰不曰黃氏後世子孫以厚德爲家法而有光於祖宗與廷美哉惟廷美勿謂行之已至而以余言爲過論廷美曰何敢何敢請筆爲記於是乎書

清

湘湖記略

來翙燕

邑之湘湖灌溉九鄉田一十四萬六千八百餘畝非燕所私有亦非燕族所私有也慨自癸卯季春湖心定山之北築塘圖佔日計百人聞之既久緣隨叔氏江皋諱起峻買棹進湖至時雨下如注余族諸兄弟多不及上燕且跣足挾叔氏勉躋厥塘長約三里望之不能竟其盡處徘徊長久痛恨實深仍扶叔氏下舟幾不知馬蛭之纏股血之流踵矣傍晚入城與在城諸君子商之咸以湘湖於吾鄉有益爲吾鄉切膚之災各縈私

臆觀望不前燕思湘湖水利縣尹專司其事卽囑衙差名老瓏者連夜往拘壩夫王良千韓聖如二人先爲密押不特圖估者所不知卽同事諸紳俱不之知也次日遂同叔氏公呈縣主劉公特視大堂兩旁觀者如堵具呈者數十人具稟者數百人當提王良千責問供招傅學明等四人發錢挑築又次日卽蒙詣勘劃平此乾隆四十八年四月十五六兩日事也二十一日又蒙劉主庭訊將吳士達周登山王良千韓聖如等分別杖枷而爲首之傅學明任其託病鬼避并不追求固巨猾之狡謀實燕等之疏虞縱之其誰咎哉人僉曰圖估斯亦已矣獨不思罪名未正湖害未除傅學明身爲庫書雖威燄一時爲無恥輩之所畏怯迎奉之不遑而吾儕布衣讀書何事必不敢以一時威燄忘九鄉活命之源爲千萬人之所嘲笑嗣是不避寒暑偕族兄禹尙卽大夏走蠡城往來省會控之南塘分府申詳各憲兼且歷控藩司遲至去秋傅學明業經擬杖發落此案已稍稍有定結矣乃適燕束裝游閩叔氏江臯旋又謝世煢煢孑立惟禹尙一人其間翻覆孔多內難自問幸賴前賢之烈竭力挽回荷蒙藩憲恩裁罪名咸正嗚呼囘思

流血至踵之初越今三載前與叔氏江皋後與族兄禹尙正不知幾費經營者矣誠以案不成碑不立上恐有負於楊魏諸公下恐無顏以見九鄉望理之人耳湘湖一泓豈眞燕之所私哉豈眞燕一族之所私哉茲已奉憲裁定碑文擬將豎諸德惠祠中以徵久遠爰述其顚末如此乾隆五十年歲次乙巳長至後三日

黃閣河朱氏祠田記

朱珪

古者圭田自卿至士皆五十畝所以重祭禮示追遠也我始祖自福三公居蕭山越寨四世德三公始居黃閣河九世長十六近山公有三子曰增四增七增九增九懷山公之子曰英三十二曰章公孫曰雄二十四顯之公誥贈通奉大夫爲珪之曾祖及予祖中書公始遷於北予父鼇屋公念懷山公以下三世之不墓祭也乾隆歲丙子寄金買推國二號田二畝六分有奇一在寒潭橋東一在莊村廟西歸於近山公祭田增四增九房輪掌之珪歷官福建及司藩於晉復視學於閩乾隆癸未甲申庚寅壬寅年間先後置田二十三畝五分有奇歲以族祖父行及予兄弟行增字子孫兩甲輪值祭祀其

田入於宗祠春秋合祀祠主及增七英三十二雄二十四公之墓蓋雖未及圭田之半然珪固竊承先考之志而猶未之逮也凡我族人其永守之後有同斯志者亦可推廣於無窮也已

圭田記　朱珪

珪籍大興而蕭山爲祖籍自先資政公初置祭田二畝六分有奇乾隆癸未珪司閩臬暨壬寅視學於閩先後二十年續置田二十三畝有贏未及圭田之半也歲丙午典試江南復拜浙江學政之命具摺呈明祖籍奉硃批一切勉爲之欽此跪讀恩旨感惕泚睫乃盟心曰若不倍常敬慎負君恩而辱祖宗不可爲人矣丁未戊申春歲科兩試紹郡竣及今年夏由台州旋過蕭蓋三拜掃於越寨及黃閣河西山之祖墓三年中增置祭田併姪錫彤所寄買者前後約七十餘畝矣於是以二畝八分有奇歸於越寨以二十畝歸近山公增七公英三十二公雄二十四公爲祀墓田而以五十餘畝屬之宗祠竊取圭田之意其內二十五畝準前議四甲輪年十畝爲義田歲終分濟族人之貧無

告者十畝爲學田五畝有奇備納賦其章程詳載於條約雕版印百數十部於縣學各有案其餘分授族人俾互相稽以期久遠他日能從而廣之更善也嗚呼我祖累世積善庇佑我子孫珪碌碌無狀而天恩渥被榮於鼎享敢不益厲晚節保此清白耶凡我族人期共勉於善忠厚勿媮庶幾思圭潔之義而白華之孝養大田之仁恕孳孳乎培根本於勿撥也夫

石峽村記

郭倫

石峽在蕭山之南山之小者也有石於溪之滸若蛙若鯉若冠磊磊嶙嶙或特或羣而山臨其上故名石峽之旁無鉅姓郭氏最久而著故稱郭氏曰石峽自村而望石峽其南山也南山之外聳立而削傲者曰郭母峯世傳郭璞葬母之山也或曰劉宋孝子原平之母葬焉北曰白墅始不知何名梁平北將軍白敏之別墅也梁大同時敏與魏人戰淮上喪其元武帝賜金元以葬當是時武帝好佛敏子中書郎白珩奏以墅爲寺而祀父於其別宮此寺之所由始也敏亦石峽人今子孫耗矣其西尾溪首湖如伏者龜

山也東曰橫山西之遠山曰雲門曰石牛曰九峯而東則宋諸王陵寢山陰之淸化諸山也村居石峽之北而郭氏世其地者五百餘年水曰盤溪自村西來環其族匯於南凡八九曲而東其田肥衍水有菱魚之饒人務農桑俗儉嗇國初山寇俶擾村落邱墟土地蕪斥今則里屋鱗次隙地皆毛朝飧夕粥塗歌巷謠熙熙樂太平之化也余家村之東北隅門繫一小舟每天淸月朗與諸弟輩泛棹南湖歷村前後四顧南北東西行山如故而盛衰興廢之感怦怦不能去悲夫石峽特天地間一塊土石耳石亦何足輕重而余獨區區於此者蓋自秦漢以來姓其土廬其澳者何止一人代禪代更而今爲郭氏行更歷數千百年又烏知余爲石峽人也

敬藏遠祖神像記　韓欽

咸豐乙卯余舉於鄉謁峽下宗祠獲瞻遠祖神像二軸蓋自諫議公魏國父子暨文定忠惠節端兄弟凡三世爲像五又二像則資政端明兩學士爲魏公曾孫南渡卜居郡城並峽下者也宋季迄今逾六百年粉墨未蝕鬚眉儼若生內有仁廟哲廟兩朝誥命

天章寶璽煥若初頒名臣若李忠定張文忠鉅儒碩彥若曾子固蔡西山王梅溪楊誠齋陸放翁輩各有眞蹟題贊古色古香洵吾宗至寶也歲辛酉賊匪竄境里社爲墟癸亥官軍收復邑城孑遺之民生意不絶如髮忽有客貿貿來手二軸族祖伯文見而詢之曰是君家祖像宜爲君有意在易數緡也族祖計無所出商之堂弟雲衢雲衢知是物貴重即承平時百金未易覯見先世遺容豈可交臂失顧兵荒之後安所得錢適雅亭叔歸自江右因假二番蚨給客去而斯幀遂歸吾族時余避兵嶺南未之見也洎歸而族祖捧像示予予敬展諦洵峽下舊藏物非贗鼎族祖乃曰余居隘未能妥先靈子盍寶藏之予唯唯於是緘以錦櫝供諸神龕之左因喟然曰物之顯晦靡常而遇合有數也固是若是耶峽下秘藏是軸顧遭亂棄去脫不幸爲他姓所得雖甚珍護吾先人必有愵然不安者矣祖宗非有私於子孫而斯圖之偶得失若有天幸焉意者佑啓後昆將以昌吾宗乎獨是燎原所及百物成焦而曠代奇珍不共劫灰爲遷變益以見在天靈爽實式憑之而典守所司宜如何謹而又謹也時光緒元年六月裔孫欽謹記

錢烈女記　　來鳳翽

向者往義橋鎮經蔣家山其地故冢纍纍荆蒿滿目爲欷歔者久之路旁數十武一冢高僅盈尺大如三斗器誌曰烈女錢大姑墓竊意烈也者必其存萬不獲已之心處萬難自全之勢而捐其生以死者也吾觀古今來之爲勇將爲忠臣爲孝子爲悌弟爲義士爲仁人者皆先抱一塞天地貫江河之志氣而幸而時當其順則勇焉忠焉孝焉悌焉仁義焉及勢不可爲其志氣亦終不自滅也烈而已矣若恃其血氣之勇激於旦夕以就死者初何烈之足云烈之時義大矣哉即其在巾幗中若曹娥若高愍孝而烈者也若馮婕妤若費宮娥忠而烈者也若梁媛若封氏節而烈者也命殞一朝流芳千古挽紅粉之狂瀾勵香奩之氣節者不恃有區區一二人哉幸相去數十里而得此偉人焉是不可以不考乃詢其土人罕有識者歸而問諸里黨亦卒莫得其詳越三年表兄倪遠樓來（名承志新壩人）始言姑嘉慶間人爲義橋富室某家婢貌甚都富室屢欲犯之始以義拒繼以死抵雖鞭朴交加卒不動富室知其終不可干也恚益甚乃送於素所狎暱

之妓船率多人强舁之去意務欲奪其節而後遂其私耳既下船衆妓爲之改妝敎之逆客姑泣而不答誓以必死衆妓邏守之不獲間居半月有蕩子飲於船衆妓盡醉姑乃破窗出落水死經宿尸逆流而上面如生異香四散土人憐之歛而瘞諸道左之義冢同邑韓生爲之立一小碑故其墓猶僅僅可識至其生之里居死時日則遺老盡矣嗚呼世之好色如狂趨美若鶩而於虎邱之眞娘錢塘之蘇小往往涕泣之歌詠之饋奠之好事尤甚者又恐其墳不保也亭以覆之恐其名不傳也碑以記之而卓卓如大姑者無復過而問焉徒令黃土一坏旦夕不保其名其節可信可疑九原有知淚與血迸孔子云吾未見好德如好色者也人心世道卽此不重可憂耶且夫造物之生一偉人也豈偶然哉節愈苦者報愈隆事愈奇者名愈播是故古今來之爲勇將爲忠臣爲孝子爲悌弟爲義士爲仁人而捐生以死者雖其存萬不獲已之心處萬難自全之勢而未嘗不爲死後之爲鴻毛爲泰山計也而獨此大姑者上之不克膺朝廷旌表爲泉壤光下之幷不獲銘詞誄語掛齒頰於搢紳先生大之不克與曹娥高愍諸人爭輝史

册次之又無從於春露秋霜享灌地者一卮酒是何造物者之遏姑於生前而幷抑姑於死後也豈不痛哉雖然今富室已就衰矣或者冥冥之償報乎且人以富室故不敢言姑寃後必有揚其墓而表其閭者謹爲之記以俟夫修女史者得焉

古塘缺記　來壽田

長河鎭迤西三里土名破塘缺古塘缺口也有橋一座未詳所自道光季年衆姓集欵重修長十二尺闊十三尺比大路略高有閘門可用板束水橋上可造神堂鎭風水後以衆議不合而止每逢大雨時行路北來水俱由此橋下落衖塘河匯山南百丈江趙婆湖等水源頭漸大經白馬湖出村口閘閉閘後瀦以灌漑田禾洎秋湘水接濟閘上田稱膏腴以此今歲甲寅春夏間喜任事者將實行開墾湘湖之說壩之啟閉不時湖水已洩何以備旱曠觀七十年來苦歲旱者以咸豐壬子爲最今歲尤甚前次尚有湖水可挹注今則莫沾一滴致我長興一鄉又無收穫幾等石田且不惟一鄉然餘鄉亦皆受害幸賢知事虛心訪問衆士紳協力維持湖得不廢倘異日天不悔戫旱魃爲虐

將湖壩一啓依舊源源而來不大慰農人之望哉雖然猶有慮焉慮乎爾孔家埭以內河道淺狹非隨時疏濬不爲功僕生長於斯粗知利弊因誌橋井及之俾此中人弗諼云

雜著 蕆贊頤

蕭山三政或問

明進士黃九皋

或問蕭山三政何謂也黃山人曰第一江村沈郡伯清理田粮案驗第二華江施邑侯均平里役申文第三施侯申請該催排年代粮長徵運本圖稅糧原稿三政切蕭山民瘼而紀之也或問蕭山政止于三乎山人曰蕭山名宦所及聞者朱侯栻阮丞璉王侯聘張侯選林侯策後先相望留神蓄慮灌注醇馥於邑之士民善政典則奚止三哉然非可比而同也或問所紀何以切蕭民之瘼山人曰蕭山地當水陸之衝民力官逋日益可憫竭力耕作而不能給其家者全區粮長之累甚酷也無藉之該催排年外縣之官家寄籍即爲粮長之蟊蠹而水頭折閱亦果有之加以地遠面生狡狹撥制徵收愆

期供費浩繁焉得而不賠累哉是必該催徵糧之便民也蕭民久欲援他縣之例該催帶徵未得如其所請蓋因黃册相沿排年世守里役之後排該催粮富者少而貧者多山野貧民一籌不展鄉市無藉百計侵漁焉可任□□之寄哉是必均平里役之便民也識者欲均里□□富家之田不掛戶而受寄之戶非其田田土之□□□人而探糧之戶全無產匿膏腴而目之爲坍□□開除而不歸于實在買閑者以計脫爲幸攬役□□招收爲能雖欲均之而不得其實是必清理田□□便民也江村沈郡伯清理田糧而各歸本戶則□□恆產矣華江施邑侯均平里甲而析撥如數則□□定式矣輪該催糧之年僉認糧運所收止于本□則彼此互役而不欺排役各有年分則賦役適均而不偏向非沈公孰清其源非有施侯孰處之當心源相授始末相成三政備之矣或問三者何以謂之政乎山人曰政者正也所以正人之不正也今刻案驗申稿歷歷所指悉中肯綮自非正色臨之悉心體之則狡且富者日恣肆而朴茂之民日受抑矣三政之出宿弊一洗貧富安業詭詐息滅愚不敢欺是正己而物正民均而無貧焉得

紹興大典 ◎ 史部

不謂之政乎或問沈公以受謗去而子以正己歸之何也山人曰沈公修政復古清查田土爲貧民也勢豪何利焉蘇子瞻所謂恩德已厚怨讟易生者勢所必至爲民而勞心爲民而受謗民自知之公自安之得失何損益哉遇不遇數也君子據理論事而數不與焉或問咸則三口勘合糧長古制也山陰以爲擾民而蕭山以爲善政可乎山人曰則壤成賦以土均之法辯十有二壤之名物以教稼穡古制也但魚鱗圖籍久而散佚矣推收不常畦畛數易移坵換隴漫不省識積弊日久未流滋蔓大抵大穫之田開下則而上則之田未必稔坍江之田不濱水而親懇之田不自實大戶寄田於富竈而鹽丁影免則雖數十頃而無力差之繁奸豪灑糧於下戶而貧老賠累則雖十數年而無敢露之日指膏腴爲坍江則粮差可得而飛灑也徵貧老之賠逋則富家可得而坐笑也摘茅簷爲里長則華屋可得而買閑也擠中戶爲粮長則里老市儈可得而脅詐也竈丁受寄以免差起家無藉攬田以認役覓利民僞日滋名實乖戾則壤之法廢土均無可辨也清查其容緩哉山陰事體所未知者要非得利者未便口慮事者未精也

若壤量出之田于重則寬步弓之口口水鄉山陰亦是心服豈可以彼而泥此哉至於口口糧長之制畿郡州縣亦該催帶徵本府新昌倘口口口奏准該催收運免僉糧長數十年來民甚稱口口民口欲比例而不可得今觀施侯申稿言昌慮口口欲求爲永例若究勘合之制畿輔亦該催運繳口口口邑耶若究則壤之制揚之下下近乃爲全賦口口口之上下近容有不耕之田要之治道因時者口口古而不宜於時治亦不足觀矣故善學古者得口之正不必罍爵也得食之正不必籩豆也得衣之正不必冕弁也得書與文之正不必科斗墳典也江村郡伯清查田土而得實華江邑侯分析里役而適均該催供賦而早達酌古之典時制之宜也雖未必事事當可人人悦之然田無匿糧灑糧詭寄者不久而歸戶矣役有定式全區賠累者分任而更役矣惟後來董册之賢覈實而調劑之善政寧有窮耶蕭山西捍大江北接省治東濱明台南環諸暨陸海衝疲日不暇給東南小警加以防江守城之役公使絡繹輒有輿皂廩舟之需稍不如意箠楚不勝戶樞車轂開闔突撞早暮酬答跛鱉困踣蕞爾小邑當方千里之控制

省治諸暨倚以爲安坐視而不顧我知必無是也均之屬邑苦樂不均如此愚民欲撤白洋弓兵以充龕山之守借諸暨工食協濟西興之用申復湖州久假不歸之北折分𨓏泌浦不耕代賦之湖田口辦且不敷也派辦合行於腹裏而何概及於衝繁口兵不容已也勇士合取諸山邑而何重役乎劇口亦蕭政所當議者乘閫邑耆長之請露其緒於簡端

箴

清

譔美堂四箴　　汪輝祖

敬先箴

奕奕斯堂世德流馨傳紀頌賦歌讚箴銘乞言卌載稽拜涕零繩繩勿替敬妥先靈

藏書箴

詒孫有穀書爲良田稽古有獲是謂豐年可以用世可以樂天儲藏非易賣文之錢來

無不義書難求全勿散勿褻庶永吾傳

守身箴

吉士守身嚴於處女遠嫌愼微動循規矩青蠅玷圭辱不在鉅寧介毋隨勿狂與腐小人所譏君子所取徇物者愚人貴自樹

治家箴

克振家聲務本爲大媚莫繫援交毋嚮背勿吝而鄙勿夸而泰重學尊師守常遠怪御下宜寬睦鄰須耐要言不煩此其大概

銘

元

蕭山縣惠愛堂銘　　樓齊賢

於昭爾堂經營孔張令尹戾止鼓琴壽康吏無私吾屋民無速吾獄吾吉吾卜播吾百穀曰惟年豐垣墉既崇獻賦於公多福攸同誰其以之伊帝之功

按此銘前序郎公署所載惠愛堂下之記字句略有一二歧異可不錄惟樓齊賢字思齋前相沿作樓思可蓋誤

清

億年無疆瓦硯銘 并叙　王紹蘭

乾隆壬子之春應京兆試薄游長椿寺有持瓦當求沽者背文曰億年無疆瓦質既堅篆文彌古已琢成硯矣試之甚宜墨千錢易之銘其郭云

漢之瓦誰之屋麗億年無薜㬥傴僂俯渾灝噩告旊人池斯鑿歌勤苦膏澤沐幹年土黔首樂敎子孫守樸學方毋毀墁毋畫銘者蘭唾銅雀曼壽察書韞諸匱

秦元十二年 五字皆反體 甎銘　王紹蘭

晉曜紀元泰太同讀緊十二年大風發屋百堵興雲萬甎削玉聘戴徵龔拾遺空谷匠可與權偏反華族中郎珍之完茲大璞

贊

明

萬載侯古直公讚 有序　　　　　　　　　　　　徐官

此江西萬載知縣韓公像也公以少年壁經登科春闈屢蹶後侯選天曹授以萬載知縣視篆一紀政聲藉甚吏民畏服豪强歛跡搢紳賢達以龔黄卓魯稱之不幸宦席未煖遽以仙化民感德惠以木肖像奉祀於家袁州府誌載其政績而今膾炙人口惜哉予致休林下君之内姪朱君德秀奉像求贊予子大謨乃其甥壻也與君既親且友理不容辭故綴數語於上然年老才讜不能揄揚大德深爲愧耳諱憲字克有古直其別號云

體禮朝服容著朝儀勃然厥色肅然厥威天顔咫尺敬愼無違政行萬載化及羣黎龔黄卓魯今古名齊夫何玉樓召賦竟入仙墀宦席未暖朝野咸悲噫天若假年必其超遷當路大展所施經綸康濟伊周事業可期也耶

清

蕭山西河單氏六代像贊　王紹蘭

單氏之興權輿周代穆襄靖成王室是戴高密臨川雲間吳會族茂宗生猗歟四派其一

懊懊承祀餘暨肇祥西河之水源遠委長西山之木本固幹彊先生之風積厚流光其二

咢咢隱居二世今愷四柱魚鱗管收除在車灌猇猄代農功倍鄉賢報功俎豆千載其三

俄俄冠帶三世攸宗莊首儼恪束身鞠躬悏達厥度齊遬其容三毓鳳兮有鳴喈雝其四

觥觥成均其四世也禮習三雝樂觀九夏儒行文多吉人辭寡生克承家歿宜祭社其五

恂恂鄉賓五世其昌飲辭洗觶射拜送觴六子命名皆從示旁兆徵世祀族大餘慶其六

堂堂奉政厥世惟六嘉乃詒謀受斯章服仰之若山卽焉如玉寵賁九泉燕綏百福其七

諸公遺像由明溯元孝孫合繪僾慨依然昔在單子叔向有言室家之壺子孫必蕃其八

歸盧老人畫像贊　王紹蘭

元道州可謂良吏而世爲清節士陽道州亦可謂良吏而勉人爲孝子良吏也清節士也兼之者其惟汪道州是乎

蔡烈婦曹馬兩孺人贊　張之洞 南皮

大盜渡浙不戰而潰節使跳免枕骸拄地蔡氏之適脱珥赴義庶亦𦨶𦨶罌瓶挈智君既免矣溺以明志婉婉弱子併命一時載沈載浮甘之如飴禮不弔溺豈苛於斯江水汩濁不滓其身江水清泚如招其魂猗嗟巾幗乃媿薦紳豈亢剺面抱樹之儔曹娥之靈相將而遊

頌

清

汪氏雙節旌門頌 有序　曹錫寶 上海

去年冬余於同年王庶子鷺仲齋頭諾湖南寧遠汪明府輝祖爲其母雙節詩之請今年春二月明府子孝廉繼坊計偕入都來謁余述奉庭訓自任所遠寄陸續徵刻各種篇體已得六册發函雒誦皆海内賢士大夫有道而能文者之所作附以閨秀淑媛蘭芬藻韻咸足以闡苦節而揚幽光於不朽又奚藉蕪筆

更爲贅陳雖然余不敢以不文辭令明府方以名進士作宰嗣子繼登賢書亢
宗光族正未有艾皆兩節母累數十年冰筠霜荻中含淚培護之所成以苦節
啓純孝綱常賴以扶植焉錫類於以光大焉其重關於聖朝孝行之書者於是

乎在寧可無一言以塞明府之請爰系以頌頌曰

卓哉二母雙璧完貞蓼甘霜飫松下雪驚魂招粵東藐孤是鞠鏡水稽山孀娥伴躅以
養以教三十餘齡羽成丹穴春轉冰扃兩母一心懷淸禦侮上感袞姑旁諧戚戶光齊
須婺顛廈重支若敖延祀趙孟存兒至誠感神靡德不報祿奉潁羹封兼石窌析薪克
荷疊煥門閭子簪孫笏如日之初二義大經惟節惟孝拜後揖前永世克紹西京旌閱
頌溥南湘筠慈鶴蔭丕式前光

越中素號人文淵藪蕭爲越之望邑歷代以來實多健者觀於諸家著述經史子集衆
體俱備各抒其所心得卓然成一家言則信乎作者之林也吉金樂石摩挲殘闕匪特
信而好古實亦有助於志乘之文獻至於紀述歌詠一邑之事蹟摭實傳遠其大者莫

如水利諸記吉光片羽則又不可但以藝文目之矣

蕭山縣志稿卷末

舊序 舊序爲全志攸關故以爲殿不列雜序中

蕭山縣志序

邑令張崇

永樂十六年夏四月詔天下纂輯志書務在文簡事該昔之失實者正之今之當入者增之以府縣通文理官一員總其事而邦人士爲之采輯焉蕭爲紹興支邑予忝爲宰愧以菲材恭承明命與訓導南昌祝以中暨邑人樓觀戴汝東張子俊共爲搜討本之舊聞益以新得既繕寫進呈樓觀等將以副墨鋟諸梓以備一邑之觀覽請序於余夫蕭山古吳越地爲浙東上游山川之明麗民物之阜蕃可記可書不一而足惜兵燹之後無舊籍可稽間有事蹟附於郡志然挂一漏萬識者不能無憾今奉文訂正敢不考古證今以補前事之缺是志八卷悉遵部定體例凡山川人物開卷瞭然因梓以傳俾觀者知所自云

蕭山縣志後序

邑令劉會

蕭山志粤古初靡按矣我明與二百餘禩無慮六易書而惟嘉靖辛丑志稱最體裁正且謹嚴也然則曷爲而今復輯之耶策雖長不及馬腹鸞鑑一爲坌翳不稍加拂拭則黯暗無以自明自辛丑迄今四十餘年往蹤裒聚詎直一鸞鑑哉余承乏茲土業已五閲歲矣操刃幸不血指且有餘閑披籍而重慨夫坌翳四十餘年鑑也爰暨戴生文明蔡生大績張生諒昕夕遐訂邇采平其衡以拂拭勒爲成書而其比類引之見所重輕據事詳之便覽顛末即紀底績囗事防也不嫌於矜未事而論囗囗告來者亦不爲贅計而其凡例一準諸嘉靖志云或曰嘉靖志出令林公策孝廉張君燭諸生錢穀手輒有補遺議其後今志準嘉靖倘復有是奈何余曰無之矣無之矣宜志而舊未志者增入之舊以意削者復筆之府志略者更攷而詳之奚遺而奚補哉蓋有之矣或百年論定事乎譬如駝不加乎千觔驥無軼足於千里外力所限也余安敢辭顧自修者宜如波斯賈珍積而照乘而好爲補遺議者則將臭厥載矣吾固願大夫以照乘自待慎毋以臭載自雄遂多咎駝驥力哉是役也囗自好也厝費囗囗囗煩公帑

蕭山儒學志敘

來宗道

自兩都省會州郡衛邑莫不各有志書至如名山古刹亦多邀靈於鉅公韻士以彰厥美而學志則罕覯或以學統於邑不煩再見夫山川土田寧不具載郡邑中乃靈異之境輙加標識豈其濟濟賢士發迹之所顧不得比於一邱一壑之奇耶夫亦居是官者志意摧沮才情亦若有限率優游歲月而鮮所發明爾蕭山之有學志始自閩忠菴王先生而成於豫章張君方余執經於王先生之側聆其議論該洽揚搉古今不失鍼鋒少暇輙召弟子班坐課學業進止時出酒醴相勞左右秩秩如也謝絕修脯歲時無及門者居二載餘出所手編學志數卷以示諸生大約於人物獨詳他如建置沿革不無挂漏蓋義取於立風範昭勸懲意各有所重也當日亦未及梓行歷三十餘年而有張君張君之持楷模也甚嚴其博雅高峻一如王先生而精專過之既得王先生舊本欣然曰以竟此則鴻裁也遂搜訪考證用力既勤而又冠以高皇帝臥碑肅皇帝敬一箴及註心箴視聽言動箴夫干戈甫定洋洋聖謨所誥誡於學宮甚晰豈其熙洽而忘之

而貴爲天子猶競競不敢怠皇何况子衿開卷及此若明範人於規矩準繩之內處則碩士出則名卿端必賴之又豈徒詳略有體華質兼長稱鴻裁云爾昔王先生時令茲土者白下沈廣乘先生以清節著能加禮庠序以成王先生之志今日錫山陳侯爲政一如沈先生其遇張君一如沈先生之於王先生機若相待抑何其符合也歟維時學訓阮君江君咸贊厥成法得備書

按蕭山儒學志萬歷時教諭王學孝撰天啓時教諭張汝醇修是敍作於天啓五年乙丑三月廿八日所稱學訓阮君名夢日江君名養潛

萬歷己丑歲夏五之望知蕭山縣事温陵劉會書

蕭山縣志序

來集之

邑之有志也歸於摭實徵信一以備太史之采輯一以備賢有司之顧問一以備後來之居茲土而涖茲土者有所則傚而有所考證非可取烏有先生亡是公之論以鋪飾楮墨誇多鬭靡也蕭蕞爾一區顧乃分吳界越右海左江發脈引源遂成千巖萬壑偪處省會每見虛往實歸似宜英材之蔚起物產之殷繁矣然東西隔而舟車湊應接之衝疲爲艱壤地高而巨波環旱澇之生災最易具經世之略者豈無深慮而卻顧者乎此志書之不可不輯也考之有明凡三四更定矣况今者乾坤朗闢雲雷滿盈夏商周之損益可知漢唐宋之遺蹤具在天祿石渠之間方修勝國之正史纂新朝之實錄輶軒之使采風四出安在下邑可不具有成書於是郡伯張禹翁先生率先而倡議邑侯鄒扶皇先生殫力以圖功某遂得從諸君子之後搜輯編次舊者刪潤之新者增綴之閱數月而畢其賦役之新式特詳者以爲事在利民可垂永久也嗟乎大禹會計執玉

帛者必由蕭以達越斯王風之遺也句踐入吴臨水祖道軍陳固陵斯伯業之盛也一錢投於西小之江片石載於錢塘之滸清風襲人今古一轍蕭雖蕞爾亦足以雄矣

縣志序

邑令吴汝方

予宰蕭山之明年邑之儒士婁惟觀以前令張公崇所修圖志示予且曰斯志之修也本乎舊志雖上承朝命然非邑令之賢任重提董同志之士採摭裨補以成一代之盛典不幾有缺漏失實之誚矣乎惜乎書成將欲版行而令以秩滿去任匆克遂厥志副本雖就未免有魯魚亥豕之患而吾邑之志終不可得為成書矣譬若掘井九仞而不及泉猶為棄井也深可慨焉後二年予以貢賦抵京師獲與中書公張子俊氏語之而亦以為歉故拳拳焉欲以斯志刻梓為勸予維斯志也所以志夫邑治之沿革山川之勝人物之盛風俗所尚土地所宜不一而足者既皆錄而上進將以昭示於天下後世豈特為一邑之私哉予承乏斯邑鉅可不任其責以承其美乎洎歸遂偕邑庠教諭陳顏仍伯齊重加考訂用鋟諸梓以永其傳俾後之覽者井然有條粲然明白雖數千百

載之下目之猶一日也如此則不惟前令之功不泯中書之言不負而予之任責亦庶
乎其可塞乎於是乎序

宣德三年歲次戊申　令吳汝方撰

蕭山縣志序

任辰旦

治世重文文事重史志史屬也邑志又諸志之基也漢建元中天子好儒術歆禮名賢而左氏春秋之屬以出唐開元中選儒士馬懷素褚無量等禮之師傅而吳兢之直筆以出宋天聖明道間幸邇英延義崇政諸殿閣雙日經筵隻日講讀而孫奭之無逸圖孫復之發微尊王歐陽修之五代史亦鱗次出今聖天子雅意右文推擇館職論道經邦優崇備至無者使有廢者使葺國家書乘莫不按部就班邇以會典將成蒐輯省志以備一統規模文章之盛將且高掩前代余不敏愧未翺翔秘閣從事於三途五難之間幸而簪筆帝廷獻可替否更欲以文章一道上報國恩念向時待補之暇偕同學好古之士採次舊聞以續邑志今蒐羅之命甫下邑父母劉侯益廣前修對揚譽命第休

文之輯宋志也以削稿鳴謙景純之序方言也以燕石致懼孔才人物志但曰補綴遺忘應邵風俗通自謂人知我過今劉侯猶惘然於摭拾未廣揚搉未精不足以副聖天子博采旁求之意而補苴斟酌細爲討論寧有媿於當宁之獻與高文大策竝麗典章哉時

康熙二十二年歲在癸亥秋日賜同進士出身內府工科給事中前松江府知上海縣事丁己江南同考官任辰旦敬題

重修蕭山縣誌序

邑之有志所以網羅舊聞使前之無所遺後之有所攷以垂證鑒而備典故者也事不綦重哉夫以九州之廣四海之大所當詳人所必紀鱗炳昭爍著於天壤灼於古今者何限蕞爾邑介於宇合中眞不啻太倉之粒九牛之毛雖有闕略似無關於得失之林也然積鄉而爲邑積邑而爲郡由郡而省而京畿其中山川城郭之廢興若何事人物戶口之榮悴若何家以至兵刑錢穀之紛錯忠孝節義之著聞苟任其殘失遺落闕焉

不講非特好古深思之士無所究覽今聖天子出矣將有事於禮樂辟雍以大崇文之治高虎觀之略命輶軒歷郡邑採遺聞輯舊典一有未備其何以上應王制而廣見聞哉則甚矣邑志之爲重也幸各憲臺奉朝廷之命輯通志之書於省會提綱挈領之餘條分縷晰自郡志而外分逮屬邑各萃其集裒成大典維蕭之邑宰鉅甫劉父母殫心窮究搜羅典實進同志而攷訂之以副各憲臺之意庶可共勷厥成焉然於斯不能無慮夫史有三難邑志尤甚義取乎詳則收之不勝收而卷帙有煩重之憂意崇乎簡則棄之不勝棄而記載有脫漏之虞考核無憑則立定哀以指隱桓而或傳聞之異辭毀譽失實則居邦不非大夫而或尊親之當諱其間參酌盡善損益得宜非英絕領袖爲一代之大儒者其誰與歸昔太史公之爲史記也多本左國而集最龍門班椽之爲漢書也事仍舊史特稱八志然則書以事重亦以人重毋曰邑乘小事庶足備大觀云時

康熙廿二年癸亥秋月賜同進士出身內閣中書舍人本邑王先吉敬題

重纂縣誌序

邑令劉儼

易曰久道化成言致治之不可旦夕奏效也余不敏拜命涖固陵甫下車奉諸憲大人檄修邑乘刻期告竣將偕八邑觀成書余不禁爲之驩然以喜又不禁爲之惕然以懼喜則喜我郡憲公三年報最治平第一行膺朝廷不次之擢於八邑之風物山川土宜政事莫不洞悉於胸中瞭然於掌上凡可以興利除弊爲民請命者何患不悉力以陳乎茲可爲喜者也懼則懼夫以受命纔三旬之吏地方之利病茫乎其莫辨也民生之休戚慨乎其未聞也材謝三長胸慚一得搦管而入得失之林寧不滋懼雖然幸邑有舊乘重修於撫寧鄒公蓋康熙辛亥歲也不存志將安取耶亟欲釐正簿書鞅掌未能也因迺撮其大要與張子邇可商訂之張子好著書習典故余信之有素今果不余負也已殫精聚力不間晝夜博采舊志益以新裁訛者正重者削缺者補上下不相聯屬者條貫而有序閱數月而來復謹之至也抑余更有說志邑乘也采之即備國史也忠孝賢節不可溢爲褒美也明甚何向之裒輯者多失之濫也後之從事於斯者與爲要譽毋寧覈實與爲負謗毋寧謹嚴於以報朝廷而取信後世也可矣

康熙癸酉四月望日文林郎知蕭山縣事加一級廣川劉儼謹序

重修蕭山縣志後序

張遠

邑有志所以徵信也有天道焉有地道焉有人道焉何謂天道分野災祥是也何謂地道山川疆域是也何謂人道風俗制度是也蕭山邑志之修撫寧鄒君謀其始廣川劉君告其成閱今十餘載又復重葺葺之之略或從異或從同從同奈何自劉君之來陰陽和風雨時天道適常可不志從異奈何西偏偪處大江衆流滙之海潮嚙之岌岌孤堤與江爭土癸亥一徙丙寅再徙辛未又徙不有神功幾成澤國此則地理之宜志學校重聖賢也向者傾今改觀矣國之大事在田賦向也漏今則犂然矣爾迺闡潛德鼓英才鄉賢賓薦歲時屢告此則人事之宜志劉君來尹蕭士風移俗革百廢修舉退食之暇殫心邑志甚盛事也不棄芻蕘索余勷事余不敏恐負斯責惟是糾訛補缺據實直書備他日采志者所徵信誠慎之也誠重之也

康熙三十二年四月歲貢生候選訓導邑人張遠謹撰

重脩蕭山縣志序

邑令黃鈺

周禮春官小史掌邦國之志外史掌四方之志及地官土訓道地圖以詔地事道地慝以辨地物而原其生以詔地求誦訓掌道方志以詔觀事王巡守則並夾王車後世郡國諸志所自始也唐書藝文志地理家多至一千二百九十餘卷亦富甚矣蕭邑志昉於明永樂二十年邑令張崇屬草未刻至宣德戊申令吳汝芳增修乃授梓弘治戊申丞何鍡修之正德丁卯令朱儼又修鄉先達田惟祜爲之訂正越數年乃成嘉靖中林魏二令又續增之今俱不傳所傳者惟萬歷己丑劉令會所修本而已國朝康熙間邑令鄒勷聶世棠劉儼俱有增輯本其書率沿訛襲謬漫無考訂毛西河縣志刋誤不過舉其較著者而已然亦有誤處自康熙癸亥迄今六十餘年未有起而議修者乾隆十年括蒼楊司馬攝縣篆始謀重輯越三載不成歲己巳余於內署之西偏別建書屋延請老宿搜輯增訂逾年成書四十卷其與前志異同分合之處具詳凡例豈故求異哉亦愼之至耳蓋志準志也商書盤庚篇云若射之有志疏謂志之所主欲得中則志即

射之的耳射者有的臨民者亦有的夫一邑之務雖繁不外土地人民政事舉三者以爲綱則志土地當思所以靖安之志人民當思所以撫綏之志政事當思所以整飭而敷布之是卽射之有的也舊志土地或混餘暨爲諸暨之分人民則濫廁眇不可知之先世以誇其閥閱政事如田賦兵防風俗物產皆關治要乃屢經修葺徒勦舊說未嘗援古證今以致煩猥錯迕詳略失宜不有以正之何以審固而命中乎矧當聖天子綜核名實之世一有不愼則所謂準志者安在用是夙夜兢兢寗約毋濫庶幾備他日信史之采焉

乾隆十有六年歲在辛未正月既望知蕭山縣事黃鈺謹序